Sabine Reichel
Zwischen Trümmern und Träumen

SERIE PIPER
Band 1621

Zu diesem Buch

In einer Zeit, da deutsche Gewalttäter wieder auf Menschenjagd gehen, Tausende ihnen applaudieren und Abertausende schockiert, verwirrt oder beifällig schweigen, gewinnt dieses Buch neue Aktualität. –

Sabine Reichel, 1946 im zerbombten Hamburg geboren, wuchs auf im Schatten einer verdrängten Schuld. Sie wagte die Tabus zu brechen, mit denen eine Mitläufergeneration sich vor der Konfrontation mit ihrem Versagen schützte.

»Die Gnade der späten Geburt – was für ein lächerlicher Gedanke! Noch immer, schließt Reichel ihr Buch, ist Deutschland ›das Land der kalten Blicke, harten Stimmen, ein tränenloses Land‹.« Der Stern

Sabine Reichel ist Publizistin (u. a. für BRIGITTE, Süddeutsche Zeitung und ZEIT-Magazin sowie amerikanische Publikationen) und lebt in New York und Hamburg. Im Frühjahr 1993 erschien bei Piper »Frustriert, halbiert und atemlos – die Emanzipation entläßt ihre Frauen«.

Sabine Reichel

Zwischen Trümmern und Träumen

Aufgewachsen
im Schatten der Schuld

Piper
München Zürich

Die Originalausgabe erschien 1989 unter dem Titel
»What Did You Do in the War, Daddy?«
bei Hill & Wang, New York, einzelne Teile bereits vorab in
»The Village Voice« und im »Rolling Stone«.
Bertolt Brecht, »An die Nachgeborenen«,
aus: Gesammelte Gedichte Bd. II, S. 724.
Mit freundlicher Genehmigung des Suhrkamp Verlages Frankfurt.

ISBN 3-492-11621-3
Juni 1993
R. Piper GmbH & Co. KG, München
Lizenzausgabe mit Genehmigung des Hoffmann und Campe
Verlages, Hamburg

Umschlag: Federico Luci
Foto Umschlagrückseite: Michael Abramson
Satz: Utesch, Hamburg
Druck und Bindung: Clausen & Bosse, Leck
Printed in Germany

Inhalt

Ihr, die ihr auftauchen werdet aus der Flut
In der wir untergegangen sind
Gedenkt
Wenn ihr von unseren Schwächen sprecht
Auch der finsteren Zeit
Der ihr entronnen seid.

Bertolt Brecht, An die Nachgeborenen

Spionage an der Heimatfront – eine Einleitung

Es ist immer noch kein besonderes Vergnügen, Deutsche zu sein. Es ist fast so, als hätte man eine Erbkrankheit, gegen die noch kein Mittel gefunden wurde. Ab und zu, wenn mich ein redseliger New Yorker Taxifahrer wohlgelaunt fragt: »Woher sind Sie?«, erhält er nur ein knappes, eisiges »Warum?« zur Antwort, als wäre es ein Akt von Verrat, wenn ich meine nationale Identität preisgeben würde, oder als könnte sie gegen mich verwendet werden. Geschichte ist ein gemeiner, hinterhältiger Verfolger. Er lauert irgendwo im Dunkeln, kriecht langsam an dich heran – und schlägt zu. Geschichte tut weh und verfolgt dich, sie hinterläßt unsichtbare Narben, sogar in samtiger, rosiger Babyhaut. Aber früher oder später brechen sie auf. Ein ehemaliger Naziverbrecher wird irgendwo dingfest gemacht, ein neues herzzerreißendes Tagebuch einer tapferen jungen Jüdin, die das Konzentrationslager nicht überlebt hat, wird gefunden, ein Foto von hinterhältigen Männern in Reithosen, die kleine Kinder brutal in einen Viehwaggon schubsen, taucht in irgendeiner Zeitung auf – und ich fühle mich persönlich angesprochen. In diesen Momenten hasse ich Deutschland.

»Laßt unsere Kinder aus der Sache raus, sie sind unschuldig«, sagte mein Vater zu den ersten amerikanischen Soldaten, die er im Frühjahr 1945 in Österreich traf. Ich weiß nicht, was die

Amerikaner geantwortet haben, aber ich weiß, daß seine Bitte nicht viel genützt hat. Sorry, Vati, aber Schuld ist vor allem auch ein Gefühl und nicht nur eine Tatsache, und einfach nur auf mein Alter zu verweisen, hat mich nie von der Last befreit, die die Schuld deiner Generation für mich bedeutet.

»Here ends the civilized world. You are entering Germany. Fraternizing prohibited«, stand auf den Schildern, die die Alliierten 1945 überall in Deutschland aufstellten. Nette Beschreibung für ein Vaterland. Ich bin genau am Ende der Zivilisation geboren worden und wuchs zwischen ungewöhnlich unzivilisierten Ruinen auf, 1946 in Hamburg – ein deutsches Mädchen in einem wertlosen Land, Erbin einer ungewollten Erbschaft, auf die sie nie vorbereitet worden war. Und was hatte die Generation meiner Eltern mir als Geburtstagsgeschenk dagelassen? Einen Schrottplatz von einem Land, ein fahles, ödes Niemandsland, in zwei Teile geteilt und durchtränkt von Blut, sein Geist erstickt von den toten Seelen der Menschen, die mit leichtem Herzen und sicherer Hand getötet wurden. Es war ein Platz voll von schwarzen Schatten, die dich plötzlich verschlingen konnten. Ich war haargenau da plaziert, wo sich die Überreste des Tausendjährigen Reichs über mich ergießen konnten, und man erwartete von mir, daß ich mich irgendwie zurechtfinden sollte in ihrer zerstörten Welt, ohne Instruktionen, immer im Dunkeln nach ein bißchen Identität wühlend. Wer bist du, wenn du keinen Glauben in dein Vaterland hast, keine Liebe für deine Landsleute aufbringen kannst, wenn deine Wurzeln bis zu einem Stumpf abgehackt sind, ohne Hoffnung, jemals wieder auszuschlagen, weil die Erde vergiftet ist?

Noch immer fühle ich Deutschlands deprimierende Aura, als wäre es vom Rest der Welt hermetisch abgeschlossen – ein Land, gefangen in seiner nicht akzeptierten Schuld, in dem die Nazi-Vergangenheit die Einwohner wie eine unzerstörbare klebrige Schicht so fest umschließt, daß man sich am

liebsten die Haut abziehen würde. Ich habe vielfach versucht, mich von diesem erdrückenden Erbe fast schon gewalttätig wegzureißen. Aber es blieb ein Teil von mir, genauso wie Sommersprossen und schiefe Zähne.
Du siehst ein Fernsehprogramm, 1965, 1972 oder auch heute. Du siehst Filmausschnitte über Auschwitz und die Befreiung Dachaus, deine Augen füllen sich mit Tränen, dein Magen zieht sich zusammen, du siehst deinen Vater an – falls er neben dir sitzt, wenn nicht, dann denkst du an ihn – und verfluchst deine Verwandtschaft zu ihm. Du möchtest schreien, dich verstecken, möchtest dir deine Gene herausreißen, deinen Paß verbrennen, lieber vom Mars kommen, statt zu diesen furchtbaren Menschen zu gehören, aber alles, was du bist, ist eine unrettbar deutsche Tochter, die sich nirgendwo verstecken kann.
Wie kann es nur angehen, fragte ich mich später immer wieder, daß ich mich nie bewußt mit einer Vergangenheit befaßt habe, die mein Leben bis in die Gegenwart so unentrinnbar überschattet? Wie habe ich es geschafft, das Thema über die Jahre so einfach aus meinem Gehirn zu verbannen, ohne es je wirklich gemerkt zu haben? Da müssen sehr komplizierte Mächte am Werk gewesen sein, mächtiger als jede Neugierde und effektiver als jede bewußtseinsverändernde Droge. Uns Nachkriegskindern ist allen eine bewußtseinstötende Überdosis injiziert worden, bevor wir überhaupt unabhängig denken konnten. Als Nazi-Deutschland endlich zusammenbrach und die Wahrheit nicht mehr verleugnet werden konnte, arbeiteten die demoralisierten Deutschen einen Friedensvertrag mit ihrer Seele aus, um neu anfangen zu können: Es wird keine Diskussionen über diese schändliche Vergangenheit geben, kein Analysieren, keine Reflektionen, keine Trauer und kein Mitleid. Es wird kein Bedürfnis geben für Antworten, solange niemand Fragen stellt.
Die Stunde Null startete mit diesem fatalen Pakt, und so fing, als der Krieg vorbei war, das Vergessen an. Eine Legion von

besiegten, am Boden zerstörten Menschen war fest entschlossen, weder Reue noch Bedauern zuzulassen, die den Weg zu einer neuen, aus Trümmern hektisch zusammengekratzten Gückseligkeit hätten versperren können, auch wenn das, was da entstand, so hohl und unecht war wie ein goldenes Kalb. Natürlich war es für die Deutschen unmöglich, die nachfolgenden Untersuchungen und Prozesse einfach zu ignorieren und einer schockierten Welt Rede und Antwort zu verweigern (sie haben's weiß Gott versucht) – aber ihre Kinder waren unschuldig, stellten keine Fragen, konnten sich kein Urteil erlauben. Wir waren keine Zeugen gewesen, als die Nation in die Zerstörung marschierte, hatten die perfiden, haßerfüllten Tiraden des Führers nicht gehört, hatten nie die ekstatischen Gesichter gesehen, die »Heil« schrien, und auch nicht die lächelnden der SS an den Massengräbern, die »Feuer« befahlen. Wir wußten noch nichts von Völkermord und Gaskammern, Rampen und Viehwaggons mit dem Endziel Auschwitz und Treblinka und Majdanek und Bergen-Belsen. Alles war gewissenhaft für das Verschwinden dieses traumatischen Kapitels präpariert. Die Neugier für gewisse Themen wurde uns einfach aberzogen, bequem und ohne Fingerabdrücke – das perfekte Verbrechen. Unsere Eltern schufen sich die Illusion, daß sie etwas Nobles taten, indem sie ihre Kinder »schützten«. Letztlich ging es ihnen jedoch nur um ihren eigenen Schutz. Eine Generation mit großer Zukunft und verdrängter Vergangenheit begann in Deutschland aufzuwachsen. Aber es war für viele der Beginn eines Lebens, das von tiefem Mißtrauen und tiefer Schande durchzogen wurde.
Oberflächlich betrachtet, hatte die Strategie Erfolg. Was auch immer die unerwünschte Erinnerung hätte wachhalten können, wurde umgehend beseitigt, und als ich aufwuchs, hatte man sie längst aus dem Blickfeld geschafft, die Nazi-Vergangenheit. Zusammen mit dem Führer, den Juden, den Hakenkreuzen und den »Adolf-Hitler-Platz«-Schildern verschwand

das Bewußtsein eines gesamten Landes in einem Anfall von Gedächtnisschwund und wurde durch ein unheilvolles Schweigen ersetzt. Selbst als mir die Existenz der Nazi-Verbrechen anhand von Fernsehdokumentationen, durch einen lächerlichen Geschichtsunterricht und einzelne Erzählungen meines Vaters langsam bewußt wurde, wollte ich immer noch nichts von den Tätern wissen. Ich spürte die Gefahr, die sich dahinter verbarg.

Für mich hieß schon als Teenager die Generation, zu der auch mein Vater gehörte, immer nur »sie« – verachtenswerte Fremdlinge aus einer anderen Welt, die mir vorkamen wie Krüppel, denen man sein Erschrecken und eine gewisse Neugierde nicht zeigen durfte. Ihr Gebrechen war ihre Vergangenheit, und ich behandelte sie so, wie ich gelernt hatte, Behinderten zu begegnen: indem ich höflich über ihre Entstellung hinwegsah. Die so nach Perfektionismus strebenden Deutschen waren in Wirklichkeit unvollkommene Kreaturen mit Rissen und Löchern in der Oberfläche, die trotz aller noch so großen Anstrengungen um ein kunstvolles Stopfen nie wieder ihren alten Glanz zurückerhielten. Trotzdem war mir selbst mit Anfang dreißig immer noch nicht klar, wie historisch signifikant die älteren Leute um mich herum waren und welch explosiven Ballast sie mit sich herumtrugen. Tatsache war, daß ich von klein auf vom gesamten Spektrum des Dritten Reichs umgeben war.

Kann sich irgendeiner vorstellen – der es nicht am eigenen Leib erfahren hat –, wie das ist, wenn man unter Menschen mit einer so fürchterlichen Vergangenheit aufwachsen muß? Genau die Leute, die wie herzensgute, freundliche Nachbarn oder vertrauenswürdige Politiker aussahen, waren vielleicht einmal die, die »nur ihre Pflicht getan« hatten. Kann man überhaupt einen älteren Deutschen ansehen, ohne zu denken: »Ich möchte zu gerne wissen, was für Befehle der ausgeführt hat?« Ich konnte sie alle nicht ausstehen, und meine Verachtung basierte hauptsächlich auf Gefühlen, die tief aus dem Bauch kamen, doch oft auch auf wirklichen Begegnungen beruhten. Ich brauchte nicht unbedingt Einzelheiten über das Leben eines jeden einzelnen zu wissen, um ihnen zu mißtrauen, denn als ich um die zwanzig war, hatte ich genug emotionelles Belastungsmaterial über sie gesammelt, um sie zu meinem größten Feind zu erklären, hauptsächlich weil sie – damals in ihren frühen Fünfzigern – immer noch am Hebel saßen und den Ton in Politik und Kultur bestimmten.

Während ich älter wurde, wurden auch sie älter – und das war eine Katastrophe. Sie verwandelten sich in eine Armee aus sauergesichtigen, krückenschwingenden, sich ewig beschwerenden Pensionären, deren unaufdringliche und harmlos aussehende Erscheinung nichts mehr von der Gefahr und Brutalität barg, für die sie einmal von der ganzen Welt gefürchtet wurden. Der erschreckende Stechschritt in blanken schwarzen Knobelbechern wurde zu einem schlurfenden Dahinschleichen in abgetragenen, braunen Schnürschuhen mit Gummisohle, die einst schlanken Oberkörper, womöglich einmal mit dem beeindruckenden Sortiment der Nazi-Couture bedeckt, wurden zu runden Bierbäuchen, verstaut unter hellblauen und beigefarbenen Freizeithemden. Kleine Hütchen aus Filz oder Kordsamt thronten auf dem immer noch tadellos gekämmten, kurzgeschnittenen Haar, genau dort, wo einst die furchterregenden Mützen mit der hohen Vorderfront saßen. Brillen mit Goldrand vor mißtrauisch zugekniffenen Augen vervollkommneten das Bild eines riesigen Clubs von Überlebenden, deren strenge Kleidervorschriften eine scharfe Kehrtwendung von Militär-Pomp zu Pensionär-Polyester vollzogen hatten. Alles in allem sahen sie den häßlichen, stiernackigen Preußen-Karikaturen, so wie sie der von den Nazis verbotene George Grosz nach dem Ersten Weltkrieg gezeichnet hat, nicht unähnlich.

Ich erinnere mich noch ganz genau an meinen ersten Zusammenprall mit einem dieser älteren Mitbürger, als wäre es heute. Schauplatz war die Reeperbahn in Hamburg, damals ein sehr beliebter Platz für die zahlreichen britischen »Beat-Gruppen«, die mit dem Schiff zu uns herüberkamen, um nach enthusiastischen Fans und harter Deutschmark zu fahnden – immer in der Hoffnung, den legendären Erfolg der Beatles zu wiederholen. Es war das Jahr 1968, und ich war mit einem Freund zusammen, der einen Dokumentarfilm über die sich auf Tour befindliche Spencer Davis Group drehte. Und während wir dastanden und uns mit den Musikern unterhielten, die übrigens nichts Verwegeneres als weiße Lackschuhe, Hemden mit Türkenmuster, bunte Samthosen und Haare, die kaum das Ohr bedeckten, trugen, kam ein Mann auf uns zu, der uns schon seit einiger Zeit mit giftigen Blicken bombardiert hatte. Nun muß man dazu sagen, daß ältere Herren – manchmal auch Damen – die jüngere Leute beobachten, nicht unbedingt Anlaß zu Alarm geben müssen. Es ist eine deutsche Eigenart, daß sich Pensionäre gern als Detektive und Arm des Gesetzes aufspielen und arglose Mitbürger über so kriminelle Handlungen wie falsches Parken oder zu lautes Lachen ungefragt aufklären und mit der Drohung versehen, notfalls die Polizei zu holen. Der alte Mann, mehr Kiezbruder als ehemaliger Buchhalter, sagte, ohne speziell jemanden anzusprechen: »Wer sind diese filzigen, langhaarigen Ratten?« Ich war sofort hin- und hergerissen zwischen dem Wunsch, ihm die Zunge rauszureißen oder hundert Meter tief in den Boden zu versinken. Blut schoß mir in den Kopf, als ich »Halt's Maul!« schrie, so laut ich konnte, in der Hoffnung, ihn so zum Schweigen zu bringen, bevor er noch etwas in derselben Richtung hervorbringen konnte. Ich schielte nach den Musikern, um ihre Reaktion zu sehen. Sie schienen leicht amüsiert, offenbar mehr über meinen leidenschaftlichen Ausbruch überrascht als über den Mann. Ausländer vermuten wahrscheinlich, daß überall in Deutschland Nazis lauern, dachte ich – und haben völlig recht.

»Hitler müßte wieder her, der ist genau der Mann, den wir

hier brauchen«, fuhr der unerschrockene Nazi fort. »Im Dritten Reich hätte es das nicht gegeben. Solche Elemente gehören in die Gaskammer oder sollten zur Abwechslung mal hart arbeiten. Schade, daß es keinen Arbeitsdienst mehr gibt«, grölte er und versicherte uns, daß Adolf die Sache anders in die Hand genommen hätte, als es heutzutage üblich sei.
Ich war schon öfter Zeuge von dem von Männern und Frauen gleichermaßen freimütig geäußerten Wunsch nach des geliebten Führers Wiederkehr gewesen – aber dieser Zwischenfall war anders. Es ging um Ausländer, Freunde, Idole, britische Musiker, die meine favorisierte Kultur und Sprache repräsentierten; ich wollte von ihnen gemocht und akzeptiert werden. Noch schlimmer war, daß sich meine englischen Freunde in der ihnen fremden Sprache nicht verteidigen konnten, sie waren mal wieder zu Opfern gemacht worden, zu potentiellem Gaskammer-Material.
»Verdammtes Nazi-Schwein«, fluchte ich und ging wutschnaubend ein paar Schritte auf ihn zu. Ich haßte ihn, haßte Deutschland, haßte es, Deutsche zu sein. Er und ich sprachen dieselbe Sprache. Ich schämte mich, war peinlich berührt und fühlte mich erniedrigt und so mit Wut erfüllt, daß ich womöglich tatsächlich auf ihn losgegangen wäre, wäre er nicht langsam davongeschlurft. Hier, vor den Augen von Ausländern, zerstörte dieser verdammte alte Deutsche wieder einmal die Hoffnung, daß ich erfolgreich würde vergessen können, woher ich kam. Er entlarvte mich und mein Erbe, ließ mich völlig nackt dastehen.
Für einen Moment herrschte ungemütliches Schweigen. Die wenigen Deutschen in der Gruppe schienen aufgerüttelt. Sollten wir uns dafür entschuldigen, daß wir Deutsche waren, und unseren englischen Besuchern versichern, daß wir dennoch wirklich ganz anders waren? Aber das war doch selbstverständlich, oder? Die Briten wiederum, mit ihrem typischen Understatement, schienen den Vorfall nicht allzu tragisch zu nehmen, sie lächelten mit Verständnis und Sym-

pathie. Kein Wunder, sie betraf das ja alles nicht, sie waren keine Deutschen. Ich beneidete sie darum.
Hatte ich völlig verrückt reagiert? War ich zu empfindlich, zu sehr bereit, einen trivialen Zwischenfall groß aufzublasen, reagierte ich etwa paranoid auf ein paar konservative, rechtslastige Bürger, die letztlich keine Bedrohung für eine wirklich demokratische Nation darstellen? Amerikanische Freunde bestätigten mir später: »Ach, weißt du, wir haben hier in den sechziger Jahren die gleichen Erfahrungen mit solchen Leuten gemacht. Sie sagten dieselben Dinge, haßten uns und wollten uns loswerden.« Aber jene Amerikaner konnten einfach nicht dasselbe gesagt haben. Es ist nicht dasselbe, doch vielleicht kann das nur ein Deutscher meiner Generation verstehen. Natürlich muß man kein Nazi sein, um Minoritäten, die einem nicht passen, mit üblen Bedrohungen zu überhäufen – aber nirgendwo in der Welt müssen sich Menschen mit einem so verheerenden historischen Verbrechen auseinandersetzen wie wir in Deutschland.
Ich verließ Deutschland ohne große Trauer, als ich 1975 nach New York zog. War ich froh, endlich den Schatten der Schuld zu entfliehen! Aber meine Abwesenheit von Deutschland hatte einen unerwarteten Effekt. Langsam holte mich die Vergangenheit ein. Mir fing an klarzuwerden, daß ich immer noch nicht genau wußte, was mein Vater im Krieg gemacht hatte. Wie ein Boomerang, der zwanzig Jahre zuvor irgendwo in der Luft verlorengegangen war, nun zurückkehrte und mir an den Kopf knallte, kam mir die Erkenntnis, daß mein Vater und seine Generation als Zeitzeugen unersetzlich waren und daß ich sie mit ihrer Vergangenheit konfrontieren mußte, bevor sie alle starben und mir damit für immer entkommen konnten.
Meine Motive waren alles andere als nobel. Es war nicht gerade der Historiker in mir, der unbedingt mit der Vergangenheit ins reine kommen wollte, sondern Wut und Empörung gaben den Ausschlag, Wut und Empörung gegenüber

Menschen, die mich mit ihrem Schweigen betrogen und mit ihrer Weigerung zu sprechen irgendwie verkrüppelt hatten. Sie hatten als Lehrer und Eltern versagt, und ich fand, daß sie mir ein Zusammentreffen schuldeten, in dem ich sie zum Sprechen bringen würde – von Angesicht zu Angesicht.
Was wollte ich von ihnen? Keine Geständnisse. Ich wollte das Vakuum in meinem Kopf füllen, mir ein Stück Vergangenheit greifen, nur für mich. Dafür mußte auch ich mich ihnen seelisch wie körperlich stellen. Zurück nach Deutschland, zurück zur Quelle des Schmerzes. Psychoanalyse auf der Couch der Nation. Meine Mission: Seelenspionage. Ich kam mir vor wie ein Archäologe, der einen seltenen Fund ausgraben will, wie ein Detektiv, der nach dem verlorenen Gewissen eines ganzen Landes sucht. Detektive brauchen eine Verkleidung. Ich benutzte diejenige, mit der ich geboren bin. Indem ich mich als neugierige, jüngere Frau mit scheinbar unschuldigen Fragen darstellte, war ich keine Bedrohung für die alten Krieger, deren Kopf sowieso nicht von dem Gedanken belastet war, daß eine Frau über ein möglicherweise gut funktionierendes Hirn verfügen könnte. Meine Rolle als respektvolle, bescheidene Tochter aus gutem Hause, die alles glaubt, was man ihr auftischt, kam gut an und brachte die joviale, väterliche Seite meiner Gesprächspartner zum Vorschein. Außerdem war ich ja eine Deutsche. Es war sehr einfach, Leute für meine Interviews zu bekommen: Jeder ältere Deutsche war schließlich ein potentieller Gesprächspartner, den ich einfach ansprechen konnte, egal ob auf der Straße, in Parks, in Restaurants, in Zügen und U-Bahnen – und sogar auf dem Friedhof –, was ich auch tat, ohne auf besondere Ablehnung zu stoßen. Ich glaube, ich habe zu einer Zeit mit ihnen gesprochen, in der viele schmerzliche Erinnerungen bereits zu unglaublichen Abenteuern aus einer beinahe exotischen Periode geworden waren und in der sich viele von ihnen außerdem des nahenden Todes bewußt waren. Niemand verlangte nach detaillierten

Informationen über meine Gründe für so viele Fragen – es war ihnen genug, daß sie reden konnten.
Einerseits waren meine Interviewpartner recht offen, ja sogar geschwätzig, glücklich darüber, daß sie endlich mal ein paar unfaire, völlig verdrehte Visionen über Nazi-Deutschland geraderücken konnten. Manchmal waren sie sogar zu Tränen gerührt durch die eigenen Erinnerungen, die sie zugegebenermaßen für zwanzig, dreißig Jahre verdrängt hatten; es schien ihr Gewissen ein wenig zu erleichtern, jetzt darüber zu sprechen. Andererseits jedoch – ohne es wirklich zu sagen – signalisierten sie ein energisches »Finger weg«, indem sie die Vergangenheit als ihr Privateigentum beanspruchten, und sie hielten an ihr fest, weil sie nicht zuletzt ein Beweis für ihre Existenz war. Nicht für einen Moment entließen sie diese zwölf entscheidenden Jahre aus ihrem Sorgerecht. Diese Jahre waren zu wertvoll, hatten zu viele Opfer gefordert, es war allen zuviel Schmerz zugefügt worden, als daß man nun einfach einer jüngeren Person hätte erlauben können, sich so in diesen Teil ihres Lebens hineinzustehlen und sich mit ihren wertvollsten geistigen Besitztümern aus dem Staube zu machen. Sie hatten einen stark entwickelten Sinn für »Zuständigkeiten«, auch in historischen Bereichen. Wir sind ja alle Experten von irgendwas. Mir war erlaubt, alles mögliche über Popkultur, Hippies, Drogen und Rock'n'Roll zu wissen und darüber auch Urteile zu fällen, aber bitte, laß uns *unsere* Spezialität, das Dritte Reich, schienen sie zu sagen.
Ein ehemaliger U-Boot-Kommandant wurde während unserer langen Unterhaltung in seinem eleganten Haus immer feindseliger und mißtrauischer. Um mir eine Lektion über die Banalität des Bösen zu erteilen, bemerkte er aus heiterem Himmel mit einem listigen kleinen Lächeln, daß ich nicht so radikal anders aussehen würde als viele der jungen Aufseherinnen in den Konzentrationslagern – wogegen ich allerdings mit Vehemenz protestierte. Er rief später an und verbot mir, sein Interview zu benutzen. Er war eine Ausnahme. Ich

wurde auch gewarnt – zu meinem eigenen Wohl natürlich –, weil einige der älteren Männer ernsthafte Zweifel an meiner Kompetenz zu beunruhigen begannen. Ein achtundsiebzigjähriger Sozialdemokrat und Zeitungsmann, der seinerzeit viele Zusammenstöße mit den Nazis hatte, hielt mitten in seinem Redeschwall inne, schenkte mir einen besorgten Blick und gab mir schließlich einen offenen Ratschlag: »Was Sie hier tun, kann sehr gefährlich werden, wenn es nicht von einem Experten durchgeführt wird. Ein Archäologe muß ja auch genau wissen, wie er die Scherben einer Vase wieder zusammenfügt.«

Nun war ich nicht so sehr daran interessiert, eine Vase zu rekonstruieren, als vielmehr einige Scherben meiner zerschmetterten Vergangenheit zu identifizieren. Ich versuchte weder eine umfassende soziologische Studie zu erarbeiten noch eine alles erklärende Antwort für das schreckliche, unerklärliche Rätsel zu finden, das den Kern der jüngeren deutschen Geschichte ausmacht. Ich wollte etwas viel Bescheideneres versuchen. Ich wollte ein persönliches Memoire schreiben, eine Serie von Überlegungen, die im Bereich der Fragen liegen, die immer noch nach Antworten verlangen. Ich wollte meiner nicht weniger werdenden Wut Ausdruck geben. Ich wollte mich mit meiner Vergangenheit auseinandersetzen. Ich sprach mit mehreren Dutzend Männern und Frauen, die mir beispielhaft vorkamen, und habe ihre Geschichten mit eingewoben in die meiner Mutter und meines Vaters. Dieses seltsame Buch ist das Resultat. (Namen wurden, wo immer es nötig war, geändert.)

Warum habe ich dieses Buch zuerst in englischer Sprache geschrieben und veröffentlicht, um es dann später ins Deutsche zu übersetzen? Deutsch ist eine schöne Sprache, sehr kompliziert, sehr klar und sehr reich – und es ist immerhin meine, in meinem Fall, Vatersprache. Ich brauchte wohl eine Schutzwand, eine Distanz zwischen mir und einem Thema, das immer noch schmerzlich und gegenwärtig genug ist, um mein Leben von Zeit zu Zeit zu verdüstern. Ich wollte Abstand von der offiziellen Amtssprache von Auschwitz, und so suchte ich Zuflucht in der sicheren und schönen Welt des Englischen. Das Schreiben in einer fremden Sprache zwang mich in besonderer Weise, nach sprachlichen Bildern zu suchen, die meinen oft sehr bedrückenden Überlegungen Kraft und Treffsicherheit verleihen konnten. Das Suchen gefiel mir. Es paßte zu meinem Thema, das gleichermaßen aus Suchen und Ausgraben bestand. Ich kam zu einer Übereinkunft mit mir selbst: Ich würde auf einige sprachliche Feinheiten und elegante Formulierungen verzichten, wie sie nur in der eigenen Sprache gelingen, dafür aber eine unpolierte Intensität und eine Art primitiven Sprachreichtum gewinnen. Auf englisch zu schreiben war auch ein sehr symbolischer Akt. Es war die Fortsetzung einer Reise, die erst anfing, nachdem ich Deutschland bereits verlassen hatte. Dieses Buch hätte nie geschrieben werden können, wenn ich nicht in Amerika gelandet wäre. Erst hier war ich in der Lage, diesen Blick nach drüben in mein Heimatland zu werfen.

Als ich dann anfing, mein Buch ins Deutsche »zurückzuübersetzen« – zu »erfühlen« wäre der korrektere Ausdruck –, was eine verrückte Erfahrung voll von Tücken und Fußangeln war, merkte ich bald, daß ich mich mit der Entscheidung, es zunächst auf englisch zu schreiben, tatsächlich geschützt hatte. Ich hatte die zweite Sprache offensichtlich für meine vorsichtige Annäherung an die Vergangenheit gebraucht, um so den Zusammenprall mit der Brutalität und Unentrinnbarkeit der Wahrheit etwas zu mildern. Mit der deutschen Übersetzung war dann die Schonzeit vorbei: kein Versteck war mehr für mich übrig, ich mußte mir die letzte Schutzschicht abreißen und noch einmal durch das Ganze durch – auf deutsch für Deutsche und daher auch für mich. Illusionen, Abschwächungen und Verschönerungen waren nicht mehr möglich. Vieles klang nicht mehr übergreifend, geschmeidig, witzig oder gar harmlos. Worte und Begriffe sausten mit der

Schärfe eines Fallbeils auf mich nieder. Deutsch ist wohl doch die Sprache, die dem Inhalt des Buches am besten entspricht, ist seine direkte Reflexion. Es sind harte, kantige, unbiegsame Worte für eine mitleidslose Vergangenheit, die ich aus der ausländischen Verpackung wickeln mußte. »Final Solution« klingt weicher als »Endlösung« und auch »Extermination« irgendwie anders als »Ausrottung«, und so wurden die Worte und Begriffe, die zusammen mit den Taten erfunden wurden, wieder sprachlich und gedanklich zu einer Einheit zusammengeführt. Was für mich aus der doppelt erlebten Katharsis nachblieb, war eine Betroffenheit, die so frisch war wie an dem Tag vor sieben Jahren, an dem ich das Buch angefangen hatte.

1
Herr Hitler hat das gemacht, Schätzchen

»Mami?« Ich zupfte am Ärmel ihrer roten Gabardinejacke – der aus Amerika mit den breiten Schultern und den großen, goldenen Knöpfen – und fragte ziemlich laut und deutlich: »Mami, warum hat der Onkel da drüben nur ein Bein?« Plötzlich begann sie schneller zu gehen und mich fortzuzerren, während ich mich umdrehte und weiterhin den fremden Mann auf Krücken beguckte. Als wir weit genug von ihm weg waren, sagte sie: »Das hat er im Krieg verloren, Schatz.«
Da war es wieder: »verlieren« und »Krieg«. Diese zwei Worte wurden mir immer so hingeworfen. Egal, was ich über diese interessant schäbige, kaputte, bizarre Welt und die Menschen, die sich in ihr bewegten, wissen wollte, diese zwei Worte schienen immer ein Teil der Antworten zu sein.
Einmal fragte ich: »Was ist Krieg, Mami?«
»Hm«, seufzte sie und zögerte einen Moment. »Das ist, wenn Bomben vom Himmel auf die Häuser der Leute fallen. Dann sind sie tot oder verletzt, und alles ist kaputt.«
»Und was sind Bomben?«
Meine Mutter war eine schöne Frau, spontan, warm und sehr verspielt – an rationalen Erklärungen oder politischen Diskussionen war sie nun wirklich nicht interessiert. Und so lächelte sie einfach nur ihr unwiderstehliches, leicht verschmitztes Lächeln, mit ihren knallroten Lippen, die unregel-

mäßige Zähne umrahmten – und die Bomben verloren sich aus meinen Gedanken. Mütter haben ihre ganz eigene, wirkungsvolle Taktik, um selbst einfache Antworten auf die komplizierten Fragen einer Vierjährigen zu vermeiden, indem sie ganz nebenbei das Thema wechseln und schnell einen sehr viel spannenderen Aspekt in die Unterhaltung bringen. »Wie wär's, wenn wir jetzt nach Hause gingen, und du malst dann ein schönes Bild mit den neuen, amerikanischen Ölkreiden, du weißt doch, die so komisch riechen?« schlug sie vor, und das war viel besser, als das Geheimnis des Mannes mit nur einem Bein lösen zu wollen.

Das Gefühl von Verlust. Und von Niederlage. Der Verlust von Ehre, von Vertrauen, Verlust von Freude und Verlust von vielen, vielen Armen und Beinen. Zerbrochene Köpfe, zerstückelte Herzen, zertrümmerte Knochen und mühsam zusammengenähte Narben füllten mein Deutschland von 1950. Die Ära der Krüppel hatte begonnen. *Er* schien immer irgendwo auf einer Bank zu sitzen oder an einer Straßenecke zu stehen – fest angelehnt an die brüchigen Überreste einer Mauer, die wahrscheinlich einmal Teil eines netten Wohnhauses gewesen war, seine hölzernen, bleichen Krücken neben sich aufgestellt. Er trug meist einen Zweireiher mit Nadelstreifen, entweder dunkelblau oder braun, und rauchte mit der unverhohlenen Gier lang entbehrter Lust eine Zigarette. Sein Anzug war ihm oft zwei Nummern zu groß – vielleicht war der Träger einmal viel dicker gewesen, möglicherweise war der Anzug aber auch das Geschenk einer barmherzigen Witwe, die für die Kleider ihres gefallenen Ehemanns selbst keine Verwendung mehr hatte. Ein Hosenbein, jetzt nur noch ein flaches, leeres Stück Stoff, war säuberlich umgeschlagen und mit zwei großen Sicherheitsnadeln oberhalb des verbliebenen Stumpfes befestigt. Die Einarmigen steckten den leeren Ärmel ganz einfach in die Tasche. Ich war so froh, daß mein Vati noch ganz war. Komisch, Mütter liefen nie an Krücken.

Aber da gab's auch noch etwas anderes. Ein Kollege meines Vaters hatte eine steife, braune Lederhand mit dünnen, harten Fingern, die ich einfach nicht schütteln wollte. Gott sei Dank gab er uns immer seine richtige Hand zum Gruß. Noch faszinierender war das Glasauge eines anderen Kollegen. »Ich weiß, welches es ist«, flüsterte ich in das Ohr meines Vaters, aber er schob mich nur weg und sagte: »Psst! Geh nach draußen und spiel ein bißchen.«

Ich fühlte mich sehr zu diesen geheimnisvollen Männern auf der Straße hingezogen. Sie hatten so etwas ansprechend Tragisches. Sie schienen Aussätzige zu sein, und doch gehörten sie zu meinem vier Straßen umfassenden Territorium, genau wie »Lumpi«, der gelbe Labrador vom Eisenwarengeschäft, der später meine vertrockneten Schulbrote bekam, und die Hühner, die am Ende der Straße hinter einer Mauer und stacheligen Büschen wohnten. Diese Männer sahen immer sehr blaß und ungesund aus, mit ausgemergelten Gesichtszügen und stechenden Augen, die oft voller Verachtung blitzten oder nur traurig und verloren in die Gegend starrten oder ziellos hin und her irrten. Sie taten nie etwas Besonderes. Sie waren einfach nur da. Ab und zu saß ein Krüppel – so wurden sie von den Erwachsenen genannt – auf der Bank, die neben unserer Sandkiste im Hof stand. Allerdings nicht lange. Da war immer eine besorgte Mutter, die aus dem Fenster brüllte: »Hau ab hier, geh woanders hin, das ist ein Spielplatz für Kinder!« Sie standen dann langsam auf und trotteten davon.

Kinder waren wertvoll im Nachkriegs-Deutschland. Unsere Eltern wollten uns vor den umherstreunenden Kreaturen beschützen – vor den Bettlern und Hausierern, Landstreichern, Trinkern, Straßenmusikanten, Lumpensammlern und natürlich vor den Krüppeln, den schweigenden Krückenmännern, dem arbeitslosen Abfall der Gesellschaft. Die Unglückseligen beobachteten uns Kinder mit melancholischen Gesichtern und traurigem Neid. Ich überlegte manchmal, ob ich ein

kleines Lächeln riskieren sollte. Ich wußte, daß ich nicht mit Fremden sprechen oder mitgehen durfte, es waren zu viele »Mitschnacker« da, die angeblich kleine Kinder mit Bonbons lockten. Meine Schwester Sylvia, die drei Jahre älter war als ich, wurde mit der undankbaren Aufgabe bedacht, mich und meine munteren Seitensprünge zu überwachen.
Weniger neugierig und ängstlicher als ich, war sie der perfekte Aufpasser. Unsere Mutter hatte uns beide gewarnt. Aber wovor? Woran lag es bloß, daß sie sich oft so streng benahm und so unerbittlich klang? Da war offensichtlich etwas nicht in Ordnung mit gewissen Männern.
»Mami, warum gehen diese Leute nicht jeden Tag zur Arbeit wie Vati?« wollte ich eines Tages wissen. Das war einfach zu beantworten: »Sie sind arbeitslos. Manche können nicht arbeiten, weil sie krank sind, und manche sitzen vielleicht auch lieber herum. Ich nehme an, sie haben kein Zuhause.« Kein Zuhause! Warum nicht? Ich hatte eins. »Viele Leute sind im Krieg ausgebombt worden«, erklärte meine Mutter. Der Krieg, immer der Krieg. Ich verstand das nicht. Mein Vater war sehr gutaussehend, sauber rasiert und schick angezogen, nicht so wie einige dieser schmuddelig aussehenden Männer mit den schlechten Zähnen, den schwarzen Fingernägeln und den langen, zerrissenen Pfeffer-und-Salz-Tweedmänteln. Er ging nicht an Krücken und klopfte auch nicht an Haustüren, um Geld und Essen zu erbitten, wie es viele der Tweedmäntel-Männer taten. Er kam Punkt halb sechs aus seinem Büro beim Nordwestdeutschen Rundfunk nach Hause, und mein Herz klopfte schneller, wenn er auf seinem imposanten schwarzen BMW-Motorrad um die Ecke sauste und es in dem kleinen Schuppen parkte, der an unseren Balkon gebaut war. »Juhu!« schrien Sylvie und ich und hängten uns an seine Arme und seinen Hals. Wir waren zwei stolze kleine Mädchen, die ihren Papi durch die Hintertür begleiteten und ihn in den offenen Armen meiner Mutter ablieferten: eine normale, glückliche deutsche Familie.

Unsere Zweieinhalb-Zimmer-Wohnung war klein, aber das war ich auch. Der Tod meiner beiden Urgroßeltern im Jahre 1946 und die bemerkenswerte Finesse, die mein Vater bei seinen Verhandlungen mit der alliierten Bürokratie an den Tag legte, hatten es unserer vierköpfigen Familie möglich gemacht, endlich unseren eigenen Platz zu haben. Nachdem sie fast drei Jahre als Schwiegertochter im Haus meiner Großeltern gelebt hatte, war darüber natürlich niemand glücklicher als meine Mutter. Wohnungen waren wertvoll in jenen Tagen – mehr noch als Zigaretten, Schokolade und Nylons.
Unser vierstöckiges Reihenhaus aus rotem Backstein gehörte zu einem Wohnprojekt aus der Vorkriegszeit und stand in einer Arbeitergegend in einem Vorort von Hamburg. Ich liebte die Gegend und meine Spielkameraden, aber meine Mutter beklagte sich oft über die ordinäre, langweilige Nachbarschaft und wünschte sich sehnlichst, in eine elegante Wohnung in der Stadt zu ziehen. Wir hatten einen kleinen Balkon, von dem man den Hof überblickte, ein Wohnzimmer, ein Schlafzimmer, eine kleine Küche, ein Badezimmer mit Wanne und das »halbe« Zimmer, das sich meine Schwester und ich teilten. Leidenschaftliche Diskussionen über Möbel, Waschmaschinen, Kühlschränke und andere Luxusgegenstände kamen gar nicht erst auf, da es sowieso keine gab. Wir hatten die dunklen, wuchtigen Möbel meiner Urgroßeltern übernommen, aber meiner Mutter gelang es trotzdem, der eigentlich armseligen Wohnung etwas Farbe und Stil zu verleihen, und sie verwandelte unser Kinderzimmer in ein rosa Königreich, indem sie Papageien und Kinder mit Luftballons an die Wände malte.
1945 fingen in Deutschland alle wieder von vorn an. Die Uniformität der Nazi-Jahre wurde mit der Uniformität einer kollektiven emotionellen Erfahrung vertauscht, und für kurze Zeit glich Deutschland einer klassenlosen Gesellschaft, in der Armut eine Massenbewegung war. Kein Mensch interessierte sich dafür, ob Familie von Soundso ihr Gut mitsamt all

den Pferden und dem Silber in Pommern hatte zurücklassen müssen oder ob Herr Kösel von nebenan »vor dem Krieg« eine Fabrik besessen, einen dicken Mercedes gefahren und in einer Villa mit Bediensteten gewohnt hatte. Hier und heute radelte er auf dem Fahrrad zur Arbeit wie die anderen auch, und seine Frau hängte die Wäsche in den Hof wie all die anderen Ehefrauen und Witwen. Doch dieser unfreiwillige Sozialismus begann um 1950 herum zu verblassen, das Klassensystem erstand von neuem, und mit ihm kam die Intoleranz – denjenigen gegenüber, die dabei versagt hatten, sich erfolgreich mit Haut und Haaren dem rapiden ökonomischen Wiederaufbau zu verschreiben.

Deutsche Nachbarn wollten nichts mehr wissen von denen, die zuviel gesehen hatten und nicht vergessen konnten. Wer nicht teilnahm an den fieberhaften Versuchen, die Trümmer und die Schande der Erinnerungen aus dem Weg zu räumen, war auf dem besten Wege, ein unglückseliger Außenseiter zu werden – einer von denen, bei deren Anblick man den Rükken kehrte und vor deren bettelnden Augen und zerlumpter Kleidung hastig die Türen zugeknallt wurden. Aber diese Mitbürger konnten weder verjagt noch zusammengetrieben und verschickt werden. Die Konzentrationslager waren nicht mehr in Betrieb, und diese desillusionierten Störenfriede blieben und gaben dem Nachkriegsleben einen drückenden Realismus, Schärfe und schmerzliche Wahrheit. Die Herrenrasse hatte sich selbst in die Falle gelockt. Deutschland war immer noch in Lumpen.

Meine Schwester und ich spielten meistens auf der Straße – Kippel-Kappel, Völkerball, Hinkebock, Seilspringen und Murmeln –, weil uns da unsere Mutter hinschickte; das Wort »Kindergarten« hörte man selten in unserer Gegend. Ungefähr einmal in der Woche kam ein zierlicher alter Mann die Kopfsteinpflasterstraße heraufgeschlurft, der einen Geigenkasten unter dem Arm trug und mit einem langen dunklen Mantel und fingerlosen grauen Wollhandschuhen bekleidet

war. Ohne zu zögern, ging er in unseren Hof und plazierte sich in dessen Mitte. Wir Kinder liefen ihm in respektvollem Abstand hinterher und beobachteten voller Spannung, wie er die Geige aus dem mit verblichener, zerschlissener königsblauer Seide ausgeschlagenen Kasten herausnahm. Was für ein merkwürdiges Instrument das war: Es klang durchdringend, traurig, ein wenig dissonant sogar, gar nicht wie die sanften, swingenden Stücke von Ted Heath und seinem Orchester, denen meine Mutter oft in den Sendungen der BBC lauschte. Wenn der alte Mann anfing zu spielen, wanderten seine Blicke langsam die Fenster hinauf und hinunter, und hatte sein Bogen für einige Minuten kunstvoll die Saiten gestrichen und die Musik stieg auf in den leisen Vorstadthimmel, wurden einige Fenster mit einem wütenden Knall zugeschlagen. Manchmal konnte ich die Silhouetten hinter den weißen, leicht transparenten Gardinen sehen – bewegungslos. Manchmal wurden die Gardinen auch einen Spalt zurückgezogen, und da war ein kurzer, mißtrauischer Blick aus einem alten Gesicht oder nur ein neugierig gereckter Hals. Keiner stand offen am Fenster, um die Musik zu genießen. Es war nicht üblich in Deutschland, herumstreunenden Musikern unangemeldete Konzerte zu gestatten.
Meistens hörte der Mann nach etwa zehn Minuten wieder auf zu spielen, und endlich öffneten sich einige Fenster, aus denen die etwas großzügigeren Seelen harte, kleine Pakete zu ihm hinabwarfen. Behende sammelte er die zwei, drei in braunes Packpapier eingewickelten Zehnpfennigstücke ein, verstaute sie in seinen Manteltaschen, packte die Geige ein und verbeugte sich höflich in Richtung der Fenster mit den Schatten hinter den Gardinen. Während er mit einem zufriedenen Lächeln abzog, regte sich in mir so etwas wie Neid. Ich wünschte, daß ich eine Person wäre, die die Leute mit Groschen überschütteten, damit ich mir Salmis, Sahnetüten, »Prickel-Pit«, Wundertüten, Pfefferminzbruch, Brausewürfel und Dauerlutscher kaufen könnte.

Ich war zwar sehr schüchtern, doch gleichzeitig auch sehr neugierig, und niemand konnte mich von den Gestalten, die durch unsere Straße kamen, zurückhalten – auch nicht die Warnung meiner Mutter, »nicht zu dicht an Fremde heranzugehen«. Es gab viele Bettler, die ab und zu mit großen Leberwurstbroten oder einer Schüssel Suppe gefüttert wurden, und meine Mutter erlitt einmal fast einen Ohnmachtsanfall, als sie mich mit einem reizenden, doch recht zerlumpten Individuum auf der Treppe in unserem nach Bohnerwachs riechenden Treppenhaus sitzen und gemeinsam die immerhin von ihr gekochte Suppe mit seinem Löffel essen sah.

Einmal in der Woche, am Sonnabend, bettelten Sylvie und ich so lange, bis unser Vater halb grinsend, halb stöhnend je fünfundzwanzig Pfennig aus der Tasche seines Sportjackets heraussuchte. Ein unglaublicher Betrag. Ich rannte damit sofort zu Möllers Feinkostladen um die Ecke und kaufte den einzigen Gegenstand, der für mich in Frage kam: eine graue, viereckige Pappschachtel ohne jegliche Bezeichnung. Wir nannten sie »amerikanische Wundertüten«, weil sie aus amerikanischen Militärbeständen stammten, und die Lakritz-Kaugummikugeln in ihnen waren das Tollste, was ich je gekaut hatte.

Immer wenn meine Mutter mit Tante Reiniger, unserer deftigen, stets gutgelaunten Nachbarin, Kaffee trank – was ungefähr zweimal am Tag geschah –, kam das Gespräch aufs Essen. Sie verglichen einfach alles: Muckefuck-Kaffee mit echtem Bohnenkaffee, Butter mit Margarine, Vierfruchtmarmelade mit Rübensaft und Kunsthonig. Wenn Tante Reiniger mich dann zum Einkaufen schickte, sagte sie mit großer Begeisterung: »Binchen, Schatz, kannst du mir ein Achtel Bohnenkaffee und drei Zigaretten holen? Du kennst doch die Sorte, SUPRA, gell?« Natürlich bekam ich immer zehn Pfennig fürs Einholen. Geld bedeutete mir sehr viel. Meine Eltern redeten ständig über Geld und machten dabei sehr angestrengte und unfreundliche Gesichter. Es gab offensichtlich

zwei Kategorien von Menschen: diejenigen, die Geld hatten, und diejenigen, die keines hatten. Man konnte sie daran erkennen, ob sie ein Auto besaßen oder nicht. Manchmal, wenn mein Vater sich wieder über meine Mutter aufregte, sagte er, sie sei ein »Luxusgeschöpf« und werfe das Geld »ja nur so zum Fenster raus«. Ich selbst fand, daß sie ziemlich viel Zeit damit verbrachte, unschuldigen Kindern unerwünschtes Essen aufzuzwingen. Ich wette, daß es in den frühen fünfziger Jahren wenige Kinder gab, die auch nur das winzigste Stück Leber oder Kotelett auf dem Teller liegenlassen durften. Ich haßte die glänzenden Fettränder an den sowieso zähen Fleischstücken und meine Schwester die Rosinen im Grießbrei. Aber meine Mutter zwang uns ungerührt, das Essen runterzuwürgen, nicht ohne darauf hinzuweisen, daß es Millionen von dankbaren Kindern gäbe, die sich nichts sehnlicher wünschten, als nur mal an einem Stück Fleisch mit Fett zu riechen. Mir waren Kartoffeln, Kohl und Rüben lieber, sehr zur Überraschung meiner Eltern, die fanden, das sei »Arme-Leute-Essen«, und, davon abgesehen, hätten sie schon genug davon »im Krieg« bekommen. Da war es wieder, das Wort »Krieg«, immer verbunden mit etwas, das meine Eltern nicht mochten, wovon sie genug hatten oder was sie vergessen wollten.
»Deine Mutter spricht so komisch«, sagte Helga Schramm eines Tages. »Sie ist Ausländerin«, erwiderte ich nicht ohne ein Gefühl von Überlegenheit. Ich liebte das Wort »Ausländerin«, es hörte sich so exotisch an. »Sie ist aus Litauen«, fügte ich hinzu, und das erklärte eine Menge. Nicht, daß ich auch nur die blasseste Ahnung hatte, wo Litauen denn nun lag, aber ich war ganz sicher, daß es mit der Tatsache zu tun hatte, daß meine Mutter aussah wie sonst niemand. Sie war sehr farbenfroh, elegant und stolz, besaß eine schmale Taille und einen bemerkenswert großen Busen. Ihr Gesicht hatte klassisch schöne Züge und einen makellosen Teint, und ihr dunkelblondes Haar, in das sie eine platinblonde Strähne

gefärbt hatte, war entweder zu einer schicken Hochfrisur gekämmt oder zu einem Dutt im Nacken zusammengefummelt, den ein schwarzes Samtnetz umschloß. Manchmal versuchte sie, sich ein paar Ponyfransen in die Stirn zu schmuggeln, aber mein Vater strich sie ihr mit Spucke und Entschlossenheit aus dem Gesicht und mäkelte: »Bitte keine Dienstmädchenfrisur.« Sie gehorchte mit einem leichten Stöhnen.

Wenn wir die Straße hinuntergingen, drehten sich die Köpfe, und manchmal pfiff auch jemand. Ich verstand nicht, warum Frauen meine Mutter so abschätzig ansahen, während die Männer mit der Zunge schnalzten. Aber ich wußte, warum sie keines von diesen dunkelblauen Nadelstreifen-Kostümen trug, keine Strickjacken mit gestopften Ellenbogen, keine hochgeschlossenen Blusen, Nylonstrümpfe mit Laufmaschen oder Schuhe mit abgelaufenen Hacken wie die meisten anderen Frauen. Wir kriegten Pakete aus Amerika.

Wenn es morgens klingelte, rannten meine Schwester und ich zur Tür, obwohl es uns strengstens verboten war, irgend jemandem aufzumachen. Manchmal tat meine Mutter, als sei sie nicht zu Hause, weil ihr die ewige Klingelei auf die Nerven ging. Sie nahm an, daß es entweder ein Mann auf Krücken war, der einen Bauchladen mit Schnürsenkeln, Rasierklingen und Bürsten vor sich her trug, ein Bettler oder auch mal eine Zigeunerin, eine Wahrsagerin. Wir waren hauptsächlich am Postboten interessiert, einem sehr beliebten Mann in Blau, weil es sein konnte, daß er meiner Mutter einen kleinen gelben Zettel überreichte und den Satz sagte, der uns in helles Entzücken versetzte: »Frau Reichel, Sie haben ein Paket aus Amerika.«

Für den Rest des Tages existierte dann nur noch das magische Paket aus Übersee, und am nächsten Tag gingen wir zur Hauptpost und holten es vom Zoll ab. Wir zitterten förmlich vor Aufregung. Wer hätte gedacht, daß diese zerrissenen, unansehnlichen Pakete mit Farben, Gerüchen und Formen

gefüllt waren, von denen ich nicht einmal ahnte, daß sie existierten. Die Pakete kamen von meiner litauischen Tante, und ich liebte sie innig, obwohl ich sie noch nie getroffen hatte.
»Das ist für mich« – meine Mutter stellte die blaue »Maxwell House Coffee«-Blechdose zur Seite – »und das auch« – und warf drei Ausgaben der *Saturday Evening Post* neben den Kaffee. Sie liebte die Titelseiten, die von einem Norman Rockwell gemalt waren. Wir saßen alle drei auf dem Fußboden und beobachteten, wie sich aus dem Paket ein Wunder nach dem anderen materialisierte. Da waren dünne, köstliche Schokoladentafeln der Marke »Hershey's« und wunderliche spitze Dinger in silberner Folie, die »Küsse« hießen – übrigens alles bedeutend besser schmeckend als »Waldbaur«- oder »Trumpf«-Schokolade. Und dann die kleinen, bunten Dragees, die »M & M's« hießen! Das Schwierige daran war nur, daß meine Mutter alles durch zwei teilen mußte, und ich wunderte mich im stillen, ob man ihr das Zählen so vieler »M & M's« zutrauen konnte, da ihr eine gewisse deutsche Korrektheit fehlte. Natürlich waren die Kinder in der Nachbarschaft irrsinnig neidisch auf unsere ausländischen Schätze, aber ich hätte nie im Leben auch nur ein Stück amerikanische Schokolade mit ihnen geteilt.
Die Süßigkeiten waren nur ein Teil der Köstlichkeiten. Tante Barbara aus Connecticut muß geahnt haben, daß deutsche Kinder in jenen Tagen nicht gerade witzig angezogen waren. Was hätte sonst der Grund sein können für die zwei atemberaubend schönen Frottee-Morgenröcke mit den großen eingewebten Blumen in Türkis und Gelb? Die roten Jeans waren eine Sensation im ganzen Block und natürlich auch die leuchtenden »Orlon«-Pullis, aber der unvergeßlichste Moment kam, als meine Mutter ein Paar langhaarige, schreiend rosa Hausschuhe auswickelte, die wie Hasen aussahen. »Oh, die sind für mich«, schrie ich, so schnell ich konnte, und war zum erstenmal froh, daß ich kleinere Füße als meine

Schwester hatte, denn die Hasenschuhe hatten meine Größe. Ich konnte nur mühsam davon abgebracht werden, sie auf der Straße zu tragen. Ganz unten im Paket lagen zwei Malbücher, eines war »Alice im Wunderland« und das andere »Mickey Mouse«, eine niedliche Kreatur mit runden, schwarzen Ohren. Wir waren stumm vor Glückseligkeit. Was für ein Land, dieses Amerika.

»Die sind ganz schön reich da und haben einfach alles«, sagte meine Mutter und fügte nachdenklich hinzu: »Mein Vater wollte immer, daß ich nach Amerika gehe und nicht nach Deutschland.« Dabei sollte sie wirklich glücklich sein, denn sie bekam immer am meisten: Stöckelschuhe in allen Farben und Formen, Stoffe, Nylonstrümpfe mit verzierten Fersen und Nähten, Handschuhe, Schultertaschen, Hollywood-Sonnenbrillen, Kosmetika und furchtbar viele Knöpfe. Der einzige, der nicht unmittelbar von der amerikanischen Freundschaft profitierte, war mein Vater. Bis auf ein kariertes Wollhemd hier und da, war nichts für ihn in den Paketen. Ihm war es egal, denn ihm genügte es, daß wir drei auffallend aussahen, weil es ja auch auf ihn abfärbte und ihm so die Aufmerksamkeit bescherte, die er so sehr schätzte.

Mindestens einmal in der Woche nahm uns unsere Mutter mit in die Stadt zum Einkaufen, das hieß, *sie* kaufte ein, und wir mußten rumstehen und warten. Wir fuhren dann mit der Straßenbahn und saßen brav auf den Holzsitzen, während wir erwartungsvoll aus dem Fenster guckten. Wir kannten den Weg inzwischen ziemlich genau – die Litfaßsäule an der Ecke, den Zeitungskiosk daneben, das Jüthorn-Krankenhaus, die Unterführung und ganz besonders die Trümmergrundstücke, die es überall in unserer Nachbarschaft gab und auf denen die Kinder Verstecken spielten, obwohl es verboten war.

»Mami, wer hat das alles kaputtgemacht?« fragte Sylvie und preßte ihre Nase so lange gegen das Fenster, bis die Scheibe völlig beschlagen war.

»Herr Hitler hat das gemacht, Schätzchen«, antwortete meine Mutter sehr sachlich, und Sylvie und ich nickten zustimmend, als ob in der Erklärung eine Logik verborgen wäre, die wir problemlos verstanden.
»Aber warum?« fragte ich.
»Er war gemein und verrückt, deshalb hat er den Krieg angefangen«, erklärte sie und tappte ungeduldig mit dem Fuß auf den Boden. Sie trug meine Lieblingsschuhe – rote Ledersandalen mit dicken Sohlen, hohen Stöckeln und Riemchen um die Fesseln –, die perfekt zu ihren schönen Beinen paßten, die sie so großzügig zur Schau stellte wie ihr Dekolleté. Ihr Sommerkleid war aus bedruckter Baumwolle, mit kleinen Häusern drauf, glockig geschnitten und ganz eng in der Taille, die ein mit goldenen Nieten verzierter roter Gürtel umschloß. An den Ohren trug sie große, weiße Plastik-Clips von der Sorte, nach der Babies immer greifen wollen. Ich fand, daß sie wie eine Märchenprinzessin aussah, und wünschte mir, mal genauso wie sie auszusehen, wenn ich erst erwachsen war.
Meine Mutter war 1950 dreißig Jahre alt, und wenn mich andere Kinder fragten, was sie von Beruf sei, sagte ich »Hausfrau«, nicht ohne Genugtuung, denn das hieß, daß sie den ganzen Tag zu Hause war. Die meisten Mütter waren Hausfrauen, aber viele waren auch Witwen, wie die Mutter meiner Freundin Renate. Diese Mütter mußten arbeiten gehen, wie auch Gabis Mutter, obwohl ihr Vater noch am Leben war. Mein Vater hätte meiner Mutter nie im Leben erlaubt, arbeiten zu gehen. »Was sollen denn die Leute denken? Daß ich meine Familie nicht ernähren kann?« Mir taten die Mädchen leid, und auch ihre Mütter, denn sie konnten nicht den ganzen Morgen und Nachmittag herumsitzen und Kaffee trinken wie meine Mutter und Tante Reiniger.
Andererseits war da auch ein bißchen Neid. Gabi, Renate und Marianne, eine andere Freundin, hatten etwas, was ich nicht hatte: einen Schlüssel um den Hals, ein Symbol für

Macht und Unabhängigkeit, an ein Stück braune Paketschnur gebunden. Die Mädchen konnten tun und lassen, was sie wollten, sich Brote machen, wenn sie Hunger hatten, Radio hören, so laut es nur ging, und rein- und rausgehen, ohne die Aufmerksamkeit einer genervten Mutter zu erregen, interessant aussehende Bücher untersuchen und geheimnisvolle Schubladen durchstöbern. Komischerweise wollten meine Eltern irgendwie nicht, daß ich mich mit diesen »Schlüsselkindern« zu eng anfreundete.

»Proletenkinder«, sagte mein Vater, Wesen, die mit einem Makel behaftet waren, so schien es. Mütter, die arbeiten, sind schlecht, schloß ich daraufhin.

Es mag ja sein, daß Mariannes Vater ein »Prolet« war und daß Bärbel, ein Mädchen, das unter Spielverbot »Alarmstufe eins« stand, weil sie nicht nur in der Schule sitzengeblieben und ein Flüchtling war, sondern obendrein noch in den von allen herablassend belächelten »Nissenhütten« wohnte, einen zweifelhaften Charakter zu haben schien, aber sie hatten tolle Sachen, die ich nicht hatte: prächtige Korbpuppenwagen, Fahrräder, Rollschuhe der Marke »Hudora«, Stelzen und einen Ballonroller.

Meinem Vater waren diese Sachen zu teuer für uns Kinder. *Er* kaufte sich allerdings ein neues Auto. Eines Tages kam er in einem schwarzen Volkswagen-Cabriolet mit Weißwandreifen angefahren und parkte es direkt vor dem Haus, wo es jeder sehen konnte.

»Reichels wollen mal wieder angeben«, meinte Klaus Boedrich, ein Rüpel, der immer jüngere Kinder schubste, ziemlich abfällig.

Ich fühlte mich oft einsam. Die Straßen waren leer und still, die älteren Kinder waren in der Schule, und alle menschlichen Seelen schienen wie vom Erdboden verschluckt. Es war doof und langweilig, mit Puppen zu spielen und so zu tun, als seien sie lebendig. Ich mußte immer in Rufnähe meiner Mutter bleiben, aber manchmal gelang es mir, mich wegzu-

schleichen und einen Block weiter in einem Hinterhof die faszinierenden Leute zu beobachten, die dort wohnten. Da waren einige Mädchen in meinem Alter, die schöne, bunte lange Röcke trugen, und mehrere Jungs, ein paar Jahre älter als ich, mit schmuddeligen Gesichtern und großen schwarzen Augen. Alle hatten schwarzes Haar und dunkle, samtige Haut, die Frauen hatten bunte Kopftücher mit Fransen um ihren Kopf geschlungen und trugen goldene Ringe in den Ohren. Viele der Männer hatten Goldzähne, was ich sehr hübsch fand, und trugen glitzernde Diamantringe am kleinen Finger. Sie saßen bei offener Tür in einem Schuppen und spielten Karten, mitten am Nachmittag!
Als sie mich das erste Mal sahen, lachten sie gutmütig und winkten mich heran. Sie waren sehr freundlich und strichen mir übers Haar. Ich fühlte mich etwas unsicher, aber ich ließ es geschehen, weil ich dachte, daß sie Zauberkräfte besäßen und daß vielleicht etwas von ihrer Magie auf mich abfärben würde. Sie wurden »Zigeuner« genannt, und die Leute sagten, sie würden stehlen und hätten Läuse. Meine Mutter wollte nicht, daß ich mit ihnen spielte, und ich mußte auf meinen Ausflügen in die »gefährliche Zone« vorsichtig sein, denn wir hatten die Art von Nachbarn, die unter Garantie sofort lauernd meine Mutter fragten: »Frau Reichel, wir haben Ihre Tochter bei den Zigeunern gesehen, darf sie das?« Die Nachbarn beobachteten sich untereinander mit Habichtsaugen, und wir Kinder waren davon nicht ausgenommen. Man war nie völlig für sich. Gerade uns Kindern wurde kein eigenes Leben zugestanden.
Eine andere eigentlich verbotene Spielkameradin war Dagmar, die in derselben Straße wie wir wohnte. Meine Eltern konnten nur den Kopf über meine innige Freundschaft zu ihr schütteln. Sie war nun wirklich nicht, was sich meine Mutter unter einem hübschen Mädchen vorstellte, mit ihren dicken Brillengläsern, von denen eine Seite mit Heftpflaster zugeklebt war. Dagmar besaß außerdem etwas, nach dem ich ein

sehnsüchtiges Verlangen verspürte, was aber leider absolut unerreichbar für mich war. Sie hatte durchstochene Ohrläppchen mit kleinen Herzohrringen aus Koralle – einfach wunderschön.
Kleidung war sehr wichtig, und Dagmars Garderobe war ein nicht mißzuverstehender Hinweis für meine Eltern. Scheinbar gab es da einen großen Unterschied zwischen ihrem roten Filzhütchen mit Gummiband unterm Kinn, das sie nur sonntags trug, und meinen selbstgenähten, frischgestärkten Baumwollkleidern mit Puffärmeln und einer großen Schleife im Rücken. Meine Mutter erschauerte nur, als ich einmal unschuldig vorschlug, diese unglaublich verwegene Kombination von Trainingshosen unterm Kleid, die ich im Winter an Dagmar gesehen hatte, selber auszuprobieren. Dagmars Vater kam auf dem Fahrrad von der Arbeit, und an warmen Sommerabenden saß er auf der Treppe vorm Haus, in Unterhemd und Hosenträgern, und trank genüßlich Bier aus der Flasche. Im Krieg war er Soldat gewesen und arbeitete jetzt in einer Fabrik, und aus dem Grund war Dagmar wohl auch kein geeigneter Umgang für mich. Ich verstand nicht genau, warum das so war, wußte aber, daß ich nicht derselben Meinung war wie mein Vater, und spielte weiterhin mit ihr in etwas versteckteren Ecken der Nachbarschaft.
Außer Krüppeln, Proleten, Zigeunern, Flüchtlingen, Schlüsselkindern und Mädchen mit durchstochenen Ohren gab's noch eine andere Gruppe von Menschen, deren Wert sehr fragwürdig war, weil sie etwas waren, für das mein Vater einen komischen Namen hatte. Als er mich einmal mit Helmut Drilling sah, wurde sein Ausdruck besorgt. Später, als ich zu Hause war, sagte er nur: »Ich möchte nicht, daß du mit den Drilling-Gören spielst. Die Eltern sind Nazis.« Interessantes Wort, aber was bedeutete es?
Ich wußte, daß das irgendwie mit den anderen gewaltigen Wörtern wie Bomben, Hunger, Krieg und Verlieren zu tun hatte. Ganz abgesehen von der Person, deren Name ab und

zu aufkam, diesem gewissen Herrn Hitler. Er war derjenige, der für den Krieg verantwortlich war, die Bomben, die Krüppel und all die anderen schrecklichen Dinge. Was für eine mächtige Person der gewesen sein mußte. Beinahe wie Gott.

»Vati, können wir die Briefmarken angucken?« fragten wir immer, wenn wir unseren Vater an seinem altmodischen Schreibtisch sitzen und schreiben sahen. »Ach, Kinder, nicht schon wieder«, stöhnte er dann. In der untersten Schublade hatte er in einem Ordner drei Bögen mit dunkelgrünen, braunen und weinroten Briefmarken, auf denen dieser Mann abgebildet war, den er einen »Verbrecher« nannte, obwohl der eigentlich so normal wie viele Leute auf der Straße aussah. »Die sind mal viel wert«, erklärte er immer, während er die Bögen vorsichtig vor uns ausbreitete. Wir standen da, die Hände auf dem Rücken, bewegungslos vor atemloser Aufmerksamkeit, und starrten auf den Teufel aus dem Aktenordner, bis unser Vater genug hatte und Herrn Hitler wieder in der Schublade verstaute.

Meine Freundin Renate und ich hatten unsere ganz bestimmten Spiele und Ablenkungen. Eines Tages, als wir gerade Hinkebock spielten, passierte etwas Außergewöhnliches. Ulrich und Bernd, die zwei ältesten Drilling-Rabauken, standen nicht allzuweit weg und lachten und gestikulierten wie verrückt mit den Armen. Während Bernd an der Wand lehnte und sich den Bauch vor Lachen hielt, stand Ulrich in einer komischen steifen Pose da, einen Arm ausgestreckt, während die andere Hand einen schwarzen Taschenkamm unter die Nase preßte. Renate und ich sahen zu ihnen hinüber, zogen unsere Schultern hoch und widmeten uns wieder unserem Hinkebock. Jungs hatten wirklich alberne Ideen, was Spiele betraf.

Plötzlich drang eine wütende, schrille Stimme durch die Mittagsruhe. Wir hörten auf herumzuhüpfen und sahen erstaunt Frau Drilling an, die Bernd am Arm festhielt und brüllte: »Wer hat das hier an die Wand gemalt?«, während sie auf die

Hauswand zeigte. Ihr Gesicht war vor Wut ganz entstellt, fast lila. »Ich hab euch vom Fenster aus beobachtet. Hab ich euch nicht verboten, diesen Blödsinn zu machen?« Sie schüttelte Bernd hin und her. Den Brüdern war es wahrscheinlich unangenehmer, öffentlich ausgeschimpft zu werden, als daß sie sich für das schämten, was sie getan hatten. Was aber *hatten* sie getan?
Frau Drilling zerrte die beiden nach Hause, und wir warteten, bis sie weg waren, bevor wir zur Wand hinüberliefen, um uns den Grund für das Theater anzusehen. Da waren einige Wörter an die Wand gekritzelt, die wir nicht lesen konnten, und dann noch ein großes Kreuz mit Haken dran, das wir schon öfter in der Nachbarschaft an den Wänden gesehen hatten. Was auch immer die Jungs gemacht haben mochten, 'ne Tracht Prügel hatten sie auf jeden Fall verdient, beschlossen Renate und ich.
Hinterher gingen wir in die Wohnung von Renates Familie. Ich ging gerne in fremde Wohnungen, überall roch es unterschiedlich, mal nach Fisch oder nach Kohl, nach Linoleum, Mottenkugeln oder frischgebackenem Kuchen. Bei Renate roch es nach nichts, da tagsüber niemand zu Hause war. »Oh, der sieht genauso aus wie mein Onkel Kurt«, rief ich und zeigte auf die Fotografie eines Mannes in Uniform, die an der mit Blümchentapete beklebten Wand hing. Bei meiner Großmutter im Haus hing auch so ein Bild von ihrem Sohn Kurt in Uniform. »Das ist mein Vater, der im Krieg gefallen ist«, erklärte Renate mit einem kleinen, fast stolzen Lächeln. Wie kann einer im Krieg »fallen«, überlegte ich. Ich wußte, daß solche Fotos mit Männern in Uniform an den Wänden immer bedeuteten, daß die, die darauf zu sehen waren, nie wiederkamen.
Onkel Kurt, der jüngere Bruder meines Vaters, war da allerdings eine Ausnahme. Der war nämlich aus Rußland zurückgekommen, ohne zu fallen. Er erfreute sich allerbester Gesundheit und besuchte uns oft tagsüber, weil er Junggeselle

und Arzt war und deshalb soviel Zeit hatte, wie meine Mutter bemerkte.
Natürlich hatten wir ein Radio, einen braunen, ziemlich großen Kasten aus dunklem Holz mit goldenen Knöpfen, der in der Mitte mit einem hellen, knubbelig gewebten Stoff bezogen war. Morgens nach dem Schulfunk kündigte immer eine sehr ernste Stimme die »Vermißtenmeldungen« und den »Suchdienst« an und las dann lauter Namen von Leuten vor, die von ihren Verwandten gesucht wurden. Bei uns in der Nachbarschaft hingen überall große Plakate mit vielen Fotos und Namen mit Fragezeichen dahinter an den Hauswänden, wohl die Leute, die verlorengegangen waren. Als ich meine Mutter fragte, warum denn Menschen verlorengingen, sagte sie nur: »Es gab viele Flüchtlinge im Krieg – ich war ja auch einer –, die mußten vor den Russen weglaufen, und dann gibt's noch viele Soldaten, die nie aus der Gefangenschaft zurückgekommen sind, und eben auch viele Kinder, die auf der Flucht verlorengingen. Es ist wirklich traurig.« Sie seufzte leicht, stand auf und drehte das Radio aus. Die Suchmeldungen interessierten sie nicht. Wir vermißten niemanden.
Im Frühjahr 1950 brachten meine Mutter und ich meine Schwester zur Einschulung. Ich war mindestens so aufgeregt wie sie und ziemlich angetan von der großen, mit Silberpapier beklebten Schultüte, die Süßigkeiten, einen Radiergummi, einen Griffelkasten, einen Federhalter und allerlei andere Utensilien enthielt. »Du kriegst auch mal eine Tüte, wenn du größer bist«, tröstete mich meine Mutter, als sie meinen sehnsüchtigen Blick sah. Sylvie sah unglücklich aus. Ihr schmales Gesicht mit der Stupsnase war ganz blaß vor Aufregung, und die enormen, frischgebügelten rosa Schleifen, die ihre Affenschaukeln zusammenhielten, wippten rechts und links über ihren Ohren. Sie trug den grauen Mantel, den ihr meine Mutter aus der Militärwolldecke genäht und der einen extra großen Saum hatte, wie alle unsere Sachen.
»Kinder wachsen so schnell«, sagte meine Mutter und sah

Sylvie an, die lange, dünne Beine hatte und nicht ein Gramm Fett an ihrem mageren Körper. »Sie ist im Krieg geboren«, sagte meine Mutter manchmal und umarmte Sylvie schnell mit ganz leuchtenden Augen. Sie machte das sehr oft, und mir gefiel das nicht. Warum existierte ich plötzlich nicht mehr in solchen Momenten? Es war geradeso, als ob es etwas Besonderes sei, im Krieg geboren zu sein, ein großer Vorteil, der einem die Liebe und Zuwendung der Mutter garantierte. Es war ein düsterer Tag, als wir die Gustav-Adolf-Straße hinuntergingen. Auf der linken Seite standen zwei Ruinen, deren kantige Silhouetten einen scharfen Kontrast zum nebligen Himmel bildeten. »Oh, diese häßlichen Trümmer überall«, murrte meine Mutter und zog die Augenbrauen zusammen. Rechts lag der Güterbahnhof Wandsbek, auf dessen Schienen mehrere Waggons mit Kohle standen. Wir sahen ein paar Jungs mit Kohlensäcken und Zinkeimern, die blitzschnell zwischen den Waggons hin und her turnten, damit sie nicht erwischt wurden. Aber da war noch etwas anderes an diesem Tag, etwas, das ich vorher noch nie gesehen hatte. Neben den Schienen standen grüne Autos mit dicken Reifen und ohne Verdeck, und sehr furchterregende Kästen ganz ohne Räder und Fenster mit nur einer langen Röhre in der Mitte.

»Panzer und Jeeps«, erklärte meine Mutter knapp, als ich sie fragte, was das für Fahrzeuge seien. Da waren viele Männer, einige saßen in den Jeeps, andere guckten aus den Panzern heraus, und wieder andere standen locker herum, unterhielten sich mit ihren Kameraden und rauchten Zigaretten. Sie alle trugen Uniformen, die genau zur Farbe der Fahrzeuge paßten, und auf ihren Köpfen hatten sie runde Mützen, die keß über ein Ohr gezogen waren. Als wir dicht genug an sie herankamen, um hören zu können, was sie sagten, wußte ich gleich, daß es Ausländer waren. Sie sprachen englisch. Mein Vater sagte manchmal zu uns: *»Good night, girls«,* und das hörte sich ähnlich an. Warum mußte meine Mutter nur immer plötzlich besonders schnell gehen und mich hinter sich herzerren, wenn es etwas besonders Interessantes zu sehen gab? Die Männer sahen freundlich aus, fand ich, besonders wenn ihre jungen, sommersprossigen Gesichter so nett grinsten. Ich grinste zurück.

»Komm schon, Binchen«, sagte meine Mutter leicht genervt. Ich hatte das Gefühl, daß sie die Männer nicht unbedingt kennenlernen wollte. Sie befahl uns, nie dort hinzugehen und mit diesen Fremden zu sprechen. Und als ich ihr später einmal sagte, daß ich aber Jungs mit Rädern dort hatte stehen und mit ihnen reden sehen, schnappte sie nur zurück: »Das ist egal. Mädchen tun so was nicht!« Damit war die Sache erledigt.

»Wer sind diese Männer in Uniform?«

»Tommies«, sagte meine Mutter.

Ein paar Minuten später erreichten wir das riesige rote Backsteingebäude – Sylvies Schule. Hunderte von Kindern mit ihren Müttern, Geschwistern und Omas hatten sich vor dem Haupteingang versammelt. Hunderte von Schultüten waren fest in die Arme der Kinder gepreßt. Überall die gleichen Mäntel, aus alten Uniformen oder Wolldecken zusammengeschneidert, mit den extra langen Säumen, die gleichen braunen, gestrickten Strümpfe und braunen Schnürstiefel, die gleichen Schulranzen mit heraushängenden Schwämmchen auf den Rücken und viele straff geflochtene Zöpfe mit großen Schleifen oder auch Tollen und Schnecken, die unsichere, blasse Gesichter einrahmten. Es war ein besonderer Jahrgang: 1943/44, die Zeit des Bombenhagels über Deutschland, die Zeit der schrillen Sirenen und zusammenkrachenden Häuser, der zu Tode erschrockenen Mütter und laut schreienden Babys. Die Kinder dieses Jahrgangs waren besonders wertvoll, sie waren der Trost in den dunklen Stunden gewesen, der Grund, um jeden Preis überleben zu wollen. Es waren die Lieblinge der Mütter.

Ohne sich bewußt zu erinnern, hatten diese Kinder zuviel

gehört und gesehen. Sie waren schnell eingepackt und ausgepackt, in Luftschutzkellern verstaut, in Karren versteckt und von ihren Müttern durch die brennenden Städte getragen worden. Sie waren in Bombenangriffen verlorengegangen und lebendig aus Bergen von Trümmern geborgen worden. Sie waren die Kriegskinder – widerstandsfähige Überlebende, aber auch ängstliche kleine Seelen mit brüchigem Lächeln. Fünf Jahre nach der Stunde Null machten sie ihren ersten Schritt in die entnazifizierte Uniformität. Die Schulen öffneten ihre Türen unter Aufsicht der Alliierten.
Drei Jahre später war es dann auch bei mir soweit. Ich hatte die letzten Wochen und Tage gezählt, die mich näher an das langersehnte Ereignis heranbrachten: meinen ersten Schultag. Es war der März 1953, und ich war fertig ausstaffiert mit meinem neuen Schulranzen, *zwei* Schultüten – eine war von meiner Großmutter – und einem neuen, kurzen Haarschnitt, denn ich wollte keine altmodischen Zöpfe. Ich trug einen dunkelblauen Wollmantel mit Goldknöpfen und einem normalen Saum, weiße Söckchen und braune Halbschuhe. Es war zwar noch kalt, aber die Sonne schien. Wir gingen dieselbe Strecke zur selben Schule – genauso wie wir es mit meiner Schwester getan hatten. Nicht viel hatte sich verändert. Da waren immer noch die Trümmergrundstücke auf der linken Seite, und einige Jungs klauten wie damals Kohlen. Auch die Tommies hatten ihren Standort noch nicht verlassen, aber trotzdem hatte ich nie mit ihnen gesprochen, obwohl ich leicht einmal hätte sagen können: *»How do you do?«* Doch an diesem Tage interessierten mich die Männer in Uniform kein bißchen.
Als wir die Schule erreichten, trauten wir kaum unseren Augen. Ich hatte noch nie zuvor so viele Kinder auf einmal gesehen. Es gab weniger blasse Gesichter und dafür mehr dicke, rosa Backen, und die Schulranzen und Brottaschen schienen neu und nicht von den älteren Geschwistern geerbt zu sein. Ich fühlte mich unwohl mit so vielen fremden Men-

schen um mich herum. Ich hatte Angst. Meine Mutter erzählte mir, daß sehr viele Kinder nach dem Krieg geboren worden waren – so wie ich. »Du bist ein Friedenskind«, sagte sie und lächelte mich voller Zuversicht an, bevor sie mich zum Abschied noch einmal küßte.
Wir gingen Hand in Hand und in Zweierreihen ins Schulgebäude, wurden dort von Lehrern gezählt und in Klassen aufgeteilt. Ich war zusammen mit zweiundfünfzig Kindern – meinen zukünftigen Klassenkameraden – in einer Klasse. Fräulein Wybkema, meine Lehrerin aus Ostfriesland, stellte sich frohgelaunt vor. Sie war groß und hager, trug einen losen Dutt auf dem Kopf, ein saloppes Kostüm und gesunde Schuhe. Sie hatte etwas Modernes und Knappes an sich und benahm sich so, als würde sie uns eine Menge beibringen wollen in all den Jahren, die uns bevorstanden. Als erstes sangen wir ein Lied, das wir alle kannten, und mußten dann unsere Namen sagen, wann geboren, Namen und Beruf unserer Eltern und unsere Adresse. Ich antwortete sehr selbstbewußt, der Name meiner Mutter sei Suzana, nicht ohne schnell hinzuzufügen, daß sie Ausländerin und von Beruf Hausfrau sei. Den Namen meines Vaters gab ich korrekterweise mit Karl-Heinz an und fügte hinzu, sein Beruf sei Schauspieler, obwohl er das eigentlich nicht mehr war, aber ich wußte nicht, wie man das nannte, was er machte.
Wir saßen zu zweit in einer Bank, und meine Nachbarin war Jutta Gerhof, die älter war als ich. Sie war dran. Die Mutter: Witwe und Angestellte. Der Vater: Soldat – gefallen in Stalingrad. Der Krieg war noch lange nicht vorbei.

2

Warum habt ihr euch nicht totgelacht?

»Binchen, komm mal runter, ich möchte, daß du dir das ansiehst!« rief mein Vater eines Tages aus dem Wohnzimmer, und ich ahnte nichts Gutes. Fast immer, wenn ich zum Fernsehen angehalten wurde, war es etwas, was mein Vater für unentbehrlich für die Allgemeinbildung hielt, wie zum Beispiel die deutsche Fassung der Perry Como Show, die er sehr liebte. Aber diesmal hatte der graumelierte amerikanische Schlagersänger nichts damit zu tun, sondern ein weitaus berühmterer, gefürchteterer und dramatischerer Show-Star, dessen ergebenes Publikum einen so feurigen Enthusiasmus an den Tag legte, wie er selten von irgendeinem Darsteller auf irgendeiner Bühne provoziert worden war. Nein, jener Fernsehabend im Jahre 1964 war keinen kulturellen Importgütern gewidmet, sondern stand ganz im Zeichen eines fesselnden Volkshelden mit Chaplinbärtchen.
Nach Jahren auffälliger Zurückhaltung und in einem seltenen Anfall plötzlich erwachter geschichtlicher Scheinverantwortung wagte sich das Deutsche Fernsehen in den sechziger Jahren an den Versuch, in mehreren Folgen den »Aufstieg und Fall des Dritten Reiches« zu beleuchten. Das Programm lief zu möglichst unpopulären Zeiten, umrahmt von trübsinnigen Fernsehspielen oder so aufregenden Dokumentationen wie »Glasbläser im Odenwald«.

»Das mußt du sehen«, sagte mein Vater ganz aufgeregt, als zeigten sie gerade das Endspiel einer Fußballweltmeisterschaft, setzte sich neben mich und blickte erwartungsvoll auf unsere häßliche Fernsehtruhe mit den vier Beinen.
»Mami, willst du auch mitgucken?« rief ich aus dem Wohnzimmer.
»Oh, Gott, nein, vielen Dank, das ist mir zu schrecklich. Das hab ich selber miterlebt, das muß ich nicht noch mal sehen«, stöhnte sie und hantierte weiter in der Küche herum.
Natürlich wußte ich mit siebzehn schon in etwa, wie das Dritte Reich ausgesehen hatte – vorher und nachher –, denn in Zeitschriften und im Fernsehen hatte es immer mal wieder kleine »Informationsschnipsel« darüber gegeben. In dieser konzentrierten, zusammenhängenden Form bekam das Ganze jedoch eine Dimension, die mir Schauer über den Rücken jagte und mich so erregte, daß sich meine Haare an den Armen starr aufrichteten. Und doch liebte ich diese Dokumentationen und konnte nicht genug davon bekommen! Sie waren fantastisch, halluzinatorisch und oft irrsinnig komisch. Ich war fasziniert und fühlte mich gleichzeitig abgestoßen, doch etwas an diesen fast surrealistischen, slapstickhaft choreographierten Märschen hielt mich in seinem Bann – wahrscheinlich war es dreißig Jahre zuvor der Generation meiner Eltern ähnlich gegangen. Der einzige Unterschied bestand darin, daß ich nicht so begeistert war.
Ich war sprachlos. Völlig fassungslos starrte ich auf die geschmacklose Massenoper, die sich da vor mir auf dem Fernsehschirm entfaltete, und dachte: »Das kann nicht ernst gemeint gewesen sein. Das war ein Witz!« Wie nur war es möglich, daß sich die gesamte deutsche Nation nicht totgelacht hatte? Und wenn sogar ich bereits nach ein paar Minuten Film spürte, daß das alles in einer absoluten Katastrophe hatte enden müssen – ein ganzes Volk im Gleichschritt in solchen Uniformen –, warum hatten das damals so wenige Leute gemerkt?

Aber die SA mit ihren idiotischen Mützen, die sie sich mit dem Sturmriemen unter ihrem kantigen Kinn auf den Kopf geschnallt hatten, dazu das fiese, selbstgefällige Grinsen, die Schweinchenaugen, die ins großdeutsche Nirwana gerichtet waren, waren nichts gegen *ihn,* dieses lächerliche Würstchen, eingepackt in braunes Popelin. Warum wurde er nicht ausgebuht für den Schwachsinn, den er den Leuten mit seiner schrillen Stimme, einem Dialekt und einer Diktion, die einem Hilfsschüler Ehre gemacht hätten, einredete? Diese häßliche, ordinäre Karikatur von einem Mann, mit dem dünnen, dummen Mund, diesen fettigen Stirnfransen und dem lächerlichen Bärtchen über den schlecht verplombten Zähnen, dieser grobe, größenwahnsinnige, pathetische Zwerg – warum sagten die Leute nicht alle: »Laßt uns nach Hause gehen, der ist ja vollkommen verrückt!«?
»Mein Gott, wart ihr alle blind?« stieß ich hervor und sah meinen Vater von der Seite an. Meine Bemerkung schien weder passend noch qualifiziert zu sein. »Das verstehst du nicht«, antwortete er etwas brüskiert, »das war eine andere Zeit. Das läßt sich heute nicht mehr nachvollziehen.« Wieso eigentlich? dachte ich und sah von seinem verschlossenen Gesicht runter zu seinen Füßen – er trug diese braunkarierten Hausschuhe mit der runtergetretenen Ferse, die ich so haßte. »Was ist der Unterschied, ob einer 1933 oder 1964 derartig gefährlichen Blödsinn redet?« Aber es schien unmöglich, darüber zu diskutieren, denn angeblich konnten wir jungen Leute nicht verstehen – und vielleicht sollten wir es auch gar nicht –, warum so ein Irrer in eine solche Position gelangt, völlig Amok gelaufen, aber dennoch damit durchgekommen war.
Tut mir leid, aber wenn ich den lächerlichen Kasper sah, wie er, von ekstatischem Beifall untermalt, die Hand knapp zum Hitlergruß zurückkippte, dann wieder abwechselnd und betont herzlich über blondgelockte Kinder- und Schäferhundsköpfe fuhr – alles unter den verklärten Blicken von schwer

atmenden Frauen in ländlicher Tracht–, dann mußte ich am Geisteszustand der Deutschen zweifeln. Sie hätten sich einmal ihren »kollektiven« Kopf untersuchen lassen sollen. In was für einer merkwürdigen Welt hatten meine Eltern nur gelebt... Ich konnte sie mir irgendwie nicht in dieser albernen Umgebung vorstellen. Allein der Gedanke, daß meine Mutter oder mein Vater mit todernstem Gesicht »Heil Hitler« hatten sagen können, schien vollkommen lachhaft.
Hatten die Menschen tatsächlich so gelebt, wie es da dargestellt wurde? Alles straff durchorganisiert von der Wiege bis zum Heldentod, das Leben eines jeden gehört dem Führer? »Ohne dich sind wir nichts« – duzen durften sie ihn wenigstens. Mütter, die dem Führer vier Kinder und mehr schenkten, wurden mit einem Mutterkreuz belohnt. (Meine Tante Trude, die jüngere Schwester meines Vaters, kam mit ihren drei Kindern, die alle zwischen 1937 und 1943 geboren wurden, dicht an diese Ehrung heran.) Adolf Hitler schien der Liebling der Nation, eine bewunderte und geschätzte Kultfigur. Am verwirrendsten fand ich, daß er allen Ernstes ein Frauenerobérer mit unwiderstehlichem Charme gewesen sein sollte. Es gab da so kleine ironische Bemerkungen in unserer Familie über meine Großmutter, die wohl auch zu der Gruppe der unerschrockenen Frauen jeden Alters gehört hatte, die Hitler als ein verführerisches Geschenk des Himmels mit gottähnlichem Charakter ansahen. (Ich hätte sie selbst einmal fragen sollen, aber wir redeten in ihrem Haus nie über solche Themen.) Gerne hätte ich gewußt, wo denn nun dieser Herr Hitler seinen berüchtigten Charme versteckte, den er in »gesellschaftlichen Situationen« zur Schau stellte, denn soviel ich weiß, biß er mal vor Wut in einen Teppich.
Auch Eva Braun war manchmal im Bild. Stets folgte sie ihm wie ein junger Hund, immer zwei respektvolle Schritte hinter ihm, als sende seine wertvolle Aura blindmachende Strahlen aus. Warum mußte sie nur immer Puffärmel tragen, eine

Schürze oder ein flottes Jägerhütchen? Sie waren froh, die deutschen Frauen, daß sie endlich einmal ein Staatsoberhaupt ernst nahm und sie in ihrer Gebär- und Mutterrolle bestätigte. Ach, der Adolf, der ist trotz seines bärbeißigen Auftretens doch ein rechter Bub, etwas starrköpfig und unerzogen vielleicht, aber bemuttern möchte man ihn schon ein bißchen. Der Hindenburg war ein verkalkter Opa mit antiquierten Ideen, der Hitler ein fiebriger, jungenhafter Diktator – mit seiner Haartolle und dem makabren, schüchtern-verzerrten Grinsen. Die Männer schienen nicht minder angetan. Endlich war mal wieder was los. Neue Uniformen gab's – immer ein Anlaß zu Freude und innerem Auftrieb–, den Wehrdienst gab's und Aufrüstung. Und wenn's Krieg gibt, ist man natürlich dabei. Endlich geht alles wieder seinen geordneten Gang, die Frauen sind im Haus, die Männer ziehen in den Kampf. Danke, Bruder Adolf.

Beim Betrachten der alten Filmberichte wurde mir klar, daß der Nationalsozialismus eine Krankheit gewesen war, die sich wie ein Lauffeuer ausgebreitet hatte – im wahrsten Sinne des Wortes. Bereits 1933 gab es Bücherverbrennungen auf der Straße. Die Leute waren hellauf begeistert. »Ich übergebe den Flammen die Schriften von Sigmund Freud, Thomas Mann und Franz Kafka«, wurde von den ewig eifrigen Braunhemden und den ebenso hilfsbereiten Reichsbürgern theatralisch ausgerufen. Ließ ich meine Blicke über unser Bücherregal im Wohnzimmer streifen, konnte ich keine Werke dieser Autoren entdecken, und der Grund dafür war nicht, daß sie verbrannt worden waren. Mein Vater war nicht die Sorte Mann, die Freuds psychologische Entdeckungen mit atemloser Spannung verfolgte, und schon gar nicht jemand, den man dabei antraf, wie er über Kafkas dunkler Welt brütete. (Wir hatten Kafka gerade in der Schule, und ich fand ihn einfach sensationell.)

Die Nazi-Kultur war ein Witz! Man mußte sich einmal vorstellen, daß so ein Mann wie Goebbels, das Abbild durchgei-

stigter Gediegenheit, bestimmte, was gesungen, gehört, gelesen, gedacht und angesehen wurde. In den Ausschnitten aus den Heimatschnulzen wimmelte es nur so von blonden Frauen mit Zöpfen, wertvollen Ariern mit energischen Kinnpartien und reizenden Hitlerjungs, die alle für Deutschland kämpften, flogen, ritten und küßten. Ich konnte mir kaum etwas Widernatürlicheres vorstellen als vorlaute, gedrillte Hitlerjungs und BdM-Mädels, die von Blutehre plapperten, anstatt die Beatles zu hören und »Bonanza« zu sehen, wie normale Jugendliche es taten.
»Habt ihr euch diesen Schwachsinn etwa angeguckt?« fragte ich, nachdem ich für einige Minuten vor Peinlichkeit auf dem Stuhl hin- und hergerutscht war. »Um Gottes willen, nein«, rief mein Vater in amüsiertem und doch leicht tadelndem Ton. »Ich liebte die amerikanischen Filme – Myrna Loy, Dorothy Lamour, Loretta Young ... aber es gab auch einige gute deutsche Schauspieler«, fügte er hinzu. Ich verzog das Gesicht und murmelte: »Klar, aber wo ist Marlene Dietrich hingegangen?«
Im Nazi-Deutschland war alles verboten – »Niggermusik« und natürlich die »entartete Kunst«. Diese herrlichen Bilder von Franz Marc, Otto Dix, Feininger, Beckmann und Kandinsky waren entartet? »Wer da wohl entartet war. Sieh dir doch die Nazis an«, lachte ich hysterisch, was mir einen merkwürdigen Blick meines Vaters einbrachte. Mein Geschmack war ihm unheimlich. Ich hatte ihn immer in Verdacht, daß ihm ganz besonders die deutschen Expressionisten nicht nur ein Rätsel, sondern auch eine Zumutung fürs Auge zu sein schienen. Ich glaube, die Farben waren ihm zu laut und die Formen zu unordentlich. Als dann die monumentalen Kolosse eines gewissen Arno Breker – nicht unbedingt ein Künstler, der weltweiten Ruhm errang – gezeigt wurden und dazu Ölbilder vom Führer in einer Rüstung, konnte ich nur noch japsen: »Kein Wunder, daß all die großen Dichter, Denker und Künstler fluchtartig das Land

verlassen haben. Habt ihr euch nicht auf den Arm genommen gefühlt von diesem entsetzlichen Kultur-Kitsch?« Mein Vater schüttelte den Kopf: »Ach, weißt du, das haben wir nicht so ernstgenommen.«

Was mich am meisten berührte, waren die ständigen haßerfüllten Attacken gegen die Juden. Überhaupt, was auch immer die Nazis sagten, es endete stets mit der Herabwürdigung, ja Verteufelung bestimmter Gesellschaftsgruppen. Natürlich zeigten sie auch Filmausschnitte über die Reichskristallnacht, ein sehr hübscher Name für eine sehr häßliche Nacht. Abgebrannte Synagogen und zerstörte jüdische Geschäfte in ganz Deutschland, von kleinen Lädchen bis zu großen, eleganten Kaufhäusern. Sie sahen aus, als wäre ein Hurrikan über sie hinweggefegt. Die Fenster waren eingeschlagen, die Türen zertrümmert – man konnte fast das ohrenbetäubende Zersplittern von Glas hören –, und auf die übriggebliebenen Fensterscherben, Türen und angrenzenden Häuserwände war das Wort »Jude« geschmiert. Und dann standen obendrein noch schadenfroh grinsende SA-Männer vor den zerstörten Läden, um neugierige Bürger zurückzuhalten. Aber da schien keine Gefahr zu bestehen, denn die Umstehenden gafften nur, zogen die Schultern hoch und gingen weiter. Konnte ihnen doch egal sein, war ja nicht ihr Laden.

Ich sah keinerlei Protest. Die Deutschen waren Feiglinge, allesamt! Ich hätte vor soviel Gemeinheit und Ungerechtigkeit schreien können. Diese brutale, demonstrative Attacke war doch wohl schwerlich zu ignorieren, oder? Ich konnte mir gut den Schock vorstellen, den die Juden gefühlt haben müssen, als sie in die Läden kamen, in denen sie und ihre Freunde und Nachbarn seit mehr als dreißig Jahren eingekauft hatten, und alles zerstört vorfanden. Und doch schien mir die sinnlose Zerstörung selbst nicht so schlimm wie die Tatsache, daß alles ganz öffentlich und allem Anschein nach ohne Protest passiert war. Die Juden mußten in jener Nacht

ihre Illusionen von Freundschaft und Gerechtigkeit völlig verloren haben.
Was war denn nur los mit den Deutschen? Warum hatten sie alles um sich herum zerstören müssen?
Ich versuchte mir vorzustellen, wie es wohl wäre, wenn ich eines Morgens auf meinem Schulweg alle griechischen Imbißbuden und italienischen Eisdielen demoliert vorfände. Was würde meine Mutter sagen, wenn eines Tages die Polizei an die Tür klopfte, ihre schicken Kleider beschlagnahmen und ihr das Anschauen von amerikanischen Filmen verbieten würde, nur weil sie Litauerin war? Oder was würde passieren, wenn mein Vater eine Stelle nicht bekäme, nur weil er Deutscher war? Würden meine Eltern das hinnehmen?
Nach einer guten Stunde Fernsehen, vollgepackt mit penetrantem Nazi-Pomp, mit endlosen Kolonnen im Gleichschritt, mit lachenden Gesichtern, siegreichen Gesten, nach Händeschütteln mit staunenden ausländischen Staatsmännern, mädchenhaften Knicksen von Damen der Gesellschaft und genug Hakenkreuzfahnen, um den gesamten Kontinent darin einzuwickeln, wurde die Stimmung ernster. Es war 1939, und endlich konnte der Führer seinen Plan, für den schon so viel offensichtliche Vorarbeit geleistet war, verwirklichen. Der Krieg wurde erklärt, und die schwarzen Stiefel konnten endlich die für sie bestimmte Funktion ausführen: einmarschieren in fremde Länder – Polen, Dänemark, Norwegen, Belgien, Holland und Frankreich. Mitten über die Straßen, mit Herrenrasse-Lächeln, während die Bevölkerung mit dunklen Ahnungen zusah. Ich muß sagen, daß mich das Dritte Reich zusehends nervöser machte, und mein etwas affektiertes Lachen über den übergeschnappten Diktator mit seinem ebenso übergeschnappten Volk verging, während sich die Bilder mehr und mehr veränderten. Adolf konnte nicht genug bekommen, und deshalb ging es auch gegen Rußland. Wieder Tausende von Soldaten, tapfer lächelnd auf dem Weg zum »Endsieg«. Einige Bilder später war der Sieg

bereits eine Tragödie mit Schlachtfeldern, Panzern, Explosionen. Häuser flogen durch die Luft, und der Himmel färbte sich schwarz. Lazarette füllten sich mit zerschossenen Leibern und zuckenden Gliedern mit blutdurchtränkten Verbänden.
Ich mußte einfach ein paar Sekunden wegsehen.
»Stalingrad«, sagte mein Vater.
Dann kam der Schnee, und was blieb, war eine eisige weiße Welt mit kleinen, unwichtigen dunklen Punkten, die sich verzweifelt vorwärtsbemühten, Lappen um Füße, Ohren und Hände gewickelt – die Wintermäntel waren noch nicht eingetroffen –, Eiszapfen an Nasen und Bärten. Am Rande der Straße erfrorene Körper mit starren Armen. Der kalte Tod holt sich, wen er will, die Natur läßt sich nicht von Über- und Untermenschentheorien an der Nase herumführen. Rote Armee, Braune Armee, im Schnee waren alle gleich.
»Wie kann man nur in so ein großes Land einfallen?« fragte ich.
»Hitler war da doch schon größenwahnsinnig geworden, jeder wußte damals, daß der Krieg verloren war«, antwortete mein Vater und rang die Hände. Ihm war der Rußlandfeldzug erspart geblieben.
Die Zerstörung auf dem Bildschirm hörte einfach nicht auf, und ich wurde der Sache etwas überdrüssig. Der deutsche Himmel war jetzt voller Flugzeuge, und die Bomben fielen mit einem Krachen auf die Städte, das mich an Silvester erinnerte. »Oh, wenn ich schon dieses Pfeifen höre, läuft's mir kalt den Rücken runter«, bemerkte meine Mutter, die nur kurz hereingekommen war, um Knabbergebäck auf den Tisch zu stellen, und geistesabwesend die Salzstangen im Becher ordnete, während sie gebannt auf den Bildschirm blickte. Das kannte sie, konnte sie verstehen, den Krieg vor der eigenen Haustür. »Nie im Leben werde ich diese Geräusche vergessen«, erklärte sie.
Als Kinder haben wir sie immer wieder gefragt, uns doch zu

erzählen, wie alle Deutschen ihre Wertsachen manchmal mehrere Male in einer Nacht zusammenpackten und dann, vor Angst schlotternd, im Luftschutzkeller saßen, bis die Entwarnung kam. Sie sagte, daß die Leute ihre Sachen gar nicht erst wieder auspackten, sondern sie an der Kellertür stehenließen, bis zum nächsten Angriff. Das war wahrscheinlich auch der Grund, warum meine Mutter so ordentlich war, ewig hinter mir herräumte und die beste Kofferpackerin war, die ich je gesehen hatte.

Deutschland hatte ausgesiegt, von den stolzen Anfängen war fast nichts geblieben. An der »Heimatfront« gab es nur noch wenige Männer. Es waren hauptsächlich Frauen, junge und alte, mit schreienden Kindern auf den Armen oder angstvoll an ihre Hände geklammert, die die Straßen hinuntereilten. Viele schoben Handwagen mit Paketen und Möbelstücken bepackt vor sich her oder trugen vollgestopfte Koffer, die mit Wäscheleinen verschnürt waren. Ihre Gesichter waren verzweifelt, hilflos und von Angst gezeichnet. So sahen keine Menschen aus, die noch Illusionen hatten und Kriege gewinnen wollten. Doch mir taten sie in diesem Moment nicht einmal leid, da sie ihre Lage selbst verschuldet hatten. Ich konnte mir kaum vorstellen, daß diese Berge von Trümmern einmal Hamburg, Köln, Berlin und Dresden gewesen sein sollten. »Unglaublich«, murmelte ich.

»Wir lebten in Terror«, bemerkte meine Mutter düster. Mein Vater sagte gar nichts. Er sah erschöpft aus.

»Das haben die Amis und Tommies gemacht!« sagte meine Mutter vorwurfsvoll, doch während sie sprach, erschienen andere Bilder auf dem Fernsehschirm, und ihr Ausdruck veränderte sich. Es sah fast so aus wie einer dieser selbstgedrehten Hobbyfilme ohne Ton, was es noch unheilvoller machte. Nackte Männer und Frauen – trotz der schlechten Bildqualität konnte man ihren beschämten und überraschten Gesichtsausdruck sehen – wurden von den Männern in den unverwechselbaren Reithosen, deren Silhouette man für immer mit

Verbrechen und Schande assoziieren wird, zu einer Grube getrieben. Sie wurden auf die Knie gezwungen, die Hände hinter dem Kopf verschränkt; die Männer legten an, und die nackten Menschen sackten langsam zusammen, um dann stumm vornüber zu kippen.

»Ich kann mir das nicht ansehen!« rief meine Mutter mit erstickter Stimme und rannte hinaus, während mein Vater und ich stumm sitzen blieben. Ich spürte einen Stich in der Magengrube und hätte auch hinausrennen können, aber etwas Unerklärliches ließ mich, angefüllt mit dumpfer Angst, auf diese grobkörnigen, düsteren grauweißen Bilder starren. Es war der Unglaube, der mich gefangenhielt. Wer hatte das Herz gehabt, all das zu filmen? Als nächstes sahen wir lange Reihen von Menschen, die Sterne auf ihrer Kleidung trugen und mit Koffern bepackt waren. Einige hielten kleine Kinder an der Hand, die mit einem scheuen Lächeln ihre Teddybären an sich drückten. Dazwischen Schäferhunde, ein scharfer, schneller Peitschenhieb auf einen Rücken, ein höhnisches Lächeln. Immer wenn ich SS-Männer mit Juden zusammenstehen sehe, egal ob auf Fotos oder in Filmen, sehe ich perfides Grinsen und schadenfrohes Gehabe. Das entsetzt mich mehr als alles andere. »Ich habe nur meine Pflicht getan«, würden sie später alle sagen. Wirklich? Muß man lächeln, während man andere Menschen quält und erniedrigt? War es Pflicht, das Töten zu genießen? Ich fühlte nichts als ein überwältigendes Gefühl von Haß, als ich diese grinsenden Fratzen sah – deutsche Gesichter.

Ihren Fang pferchten die Häscher in Viehwaggons, die mit Vorhängeschlössern abgesichert wurden. Ein ängstliches Augenpaar blickte aus einem schmalen Schlitz, eine Hand reichte heraus. Zu spät, das Ziel war die angebliche »neue Heimat«, ein Konzentrationslager. Öfen und Rauch. Die Baracken, der Stacheldraht, die abgemagerten Kreaturen mit den gestreiften Anzügen und den traurigen Augen. Zwischen all dem Elend sah man Kommandanten und SS-Männer, gutgenährt, entspannt und bestens gelaunt, aber auch eine Spur gelangweilt – kontinuierliches Töten schien auf die Dauer monoton zu sein. Sie plauderten gelöst miteinander, wippten breitbeinig auf ihren schön gewienerten Stiefelhacken auf und ab, reckten selbstgefällig das Kinn, strichen »Hasso« über den Kopf – tierlieb sind sie ja – und lachten herzlich. Doch selbst dabei blieben ihre Gesichter von einer tödlichen Gleichgültigkeit und Erloschenheit. »Diese Schweine«, sagte mein Vater, und ich sah ihn nur von der Seite an und dachte: Was habt ihr alle dagegen getan? »Das wußten wir nun wirklich nicht«, hatte meine Mutter öfter gesagt. Mein Vater schwieg dann immer.

Die nächsten Bilder, die über den Fernsehschirm flackerten, zeigten den D-Day mit der tödlichen Logik von Verbrechen und Bestrafung. Das Ende des Dritten Reiches kam schnell und stürmisch, mit noch mehr Bomben, Kämpfen, Schießereien und so vielen verschiedenen Uniformen, daß ich die Übersicht darüber verlor, wer nun eigentlich wer war. Die Sieger begrüßten sich mit großer Begeisterung. Die mit den runden Potthelmen waren ganz klar die Amerikaner, denn nur sie lachten so unbekümmert, kauten Kaugummi und trugen flotte Sonnenbrillen. Deutschland hatte nichts mehr zu melden und sah schlimm aus: Ich war froh, daß ich damals noch nicht gelebt hatte.

Schließlich wurde über die Nürnberger Prozesse berichtet, mit all den Kriegsverbrechern, derer sie hatten habhaft werden können. Was für eine Truppe! Sie sahen allesamt irritiert, ja indigniert aus, als ob die Anschuldigungen gegen sie völlig absurd oder sie die Opfer einer ungeheuerlichen Verwechslung seien. Ich erinnerte mich an den Eichmann-Prozeß, der ein paar Jahre vorher stattgefunden hatte. Mein Vater war damals ziemlich aufgebracht gewesen, daß wir in der Schule kein Wort darüber gesprochen hatten, obwohl das ja wohl das perfekte Beispiel für einen gegenwartsbezogenen Geschichtsunterricht gewesen wäre. Ich sah Eichmann nur in ein paar Szenen in den Nachrichten bei der Urteilsverkündung – ein hagerer, mürrischer Mann mit schütterem Haar und dem üblichen verbissenen Mund in einem teilnahmslosen Gesicht. Ich fand den Fall eigentlich langweilig, der Mann war mir zu gewöhnlich, hatte nichts Schillerndes oder Faszinierendes. Ich war sowieso nicht so gut auf diese Altersgruppe zu sprechen.

Langsam wurde ich ungeduldig, denn was jetzt kam, konnte mich nicht mehr so stark fesseln. Der Bann war gebrochen, nachdem das fantastische, erschreckende Dritte Reich gefallen war und mit ihm das Exotische und Unfaßbare. Den Rest kannte ich bereits. Der alte Adenauer wurde Bundeskanzler, es gab neues Geld, eine neue Politik und einen neuen Anstrich. Deutschland machte kräftig sauber, das »Wirtschaftswunder« brach über uns herein, und jeder kaufte Nierentische und neue Autos.

Mein Vater drückte auf den Aus-Knopf – das saubere, schmerzlose Gesicht der neuen Bundesrepublik entlockte uns nur ein Gähnen. Im Zimmer herrschte Schweigen. Mir war nicht nach Reden zumute, ich schnalzte mit der Zunge, erhob mich schnell und dachte: Ihr könnt euren Führer und all den Wahnsinn für euch behalten, ich hab damit nichts zu tun! Und verschwand. Keiner hielt mich zurück. Mir war sehr unbehaglich zumute. Obwohl mir der Bericht über das Dritte Reich am Anfang noch wie ein spannender Krimi vorgekommen war, hatten mich die Greuel schließlich zutiefst und unvorbereitet getroffen. Das Grauen kam eigentlich erst hinterher. Das war kein Spielfilm gewesen und Hitchcock nicht der Regisseur. Ich konnte die Dinge nicht lachend hinter mir lassen und das Gesehene von mir abschütteln. Das Dritte Reich hatte es tatsächlich gegeben, diese bittere Wahrheit war nicht zu verleugnen.

Als ich in meinem Zimmer war, fühlte ich mich wieder einigermaßen sicher und atmete einmal tief durch, erleichtert, den Nazi-Gespenstern in dem bedrückenden Wohnzimmer entflohen zu sein. Umgeben von meinen eigenen, persönlich ausgesuchten und umschwärmten Idolen und geliebten Objekten kamen mir einige Gedanken. Was ich da im Fernsehen gesehen hatte, war so fürchterlich, daß es geradezu nach Erklärungen schrie. Ich versuchte, auch nur den winzigsten Grund für eine Rechtfertigung dieser unglaublichen Geschehnisse zu finden, ohne Erfolg. All die Greueltaten der Nazis zu sehen, war etwas anderes, als nur vage von ihnen zu wissen. Mein Abscheu vor dieser Vergangenheit und den alten Deutschen fand einen neuen Aufschwung, aber da war auch eine neue Kraft, ein Wille, ein Wunsch: So etwas darf nie wieder geschehen.

Ich hatte plötzlich auch Angst. All diese Uniformen, die Bomben, die Konzentrationslager, überhaupt der gesamte Krieg sah so gefährlich aus – und er war nur neunzehn Jahre vorüber. Würden derart schreckliche Sünden nicht eines Tages bestraft werden? Und wenn jemand entscheidet, alle Deutschen umzubringen, was dann?

Ich war froh, daß mein Vater mich nicht in irgendwelche Diskussionen verwickelt hatte. Wie hatte soviel Böses nur existieren können, und warum waren die Deutschen die Erfinder und Ausführer solcher Gemeinheiten? Aber irgend etwas stimmte mit den gesamten Nazi-Geschichten nicht, paßte einfach nicht zusammen. Was sollte es heißen, wenn die Leute immer wieder sagten: »Wir hatten keine Ahnung.« Ich hatte doch nun eben eine Dokumentation über wirkliche Begebenheiten und Aktionen gesehen, die sich geradewegs vor jedermanns Nase ereignet hatten: Bücherverbrennungen, Kristallnacht, Menschen, die abtransportiert wurden – wie hatte man dennoch keine Ahnung haben können? Aber das einzige, was die Erwachsenen dazu zu sagen hatten, war ein knappes »Das kannst du einfach nicht verstehen!«.

Das stimmte auch, denn diese Vergangenheit war verrückt und absurd und hatte so gar nichts mit meiner Welt und meinen Idealen zu tun. Ich war besonders über meine Altersgenossen, die Hitlerjugend, verblüfft. Was für bedauernswerte Kreaturen das waren. Ich konnte mir einfach nicht vorstellen, daß jemand freiwillig die gleichen Klamotten anziehen mochte wie jeder andere, immerzu in Gruppen herumlief, an organisierten Spielen teilnahm, mit Flaggen, Schwüren und Liedern, die ich nicht einmal im dichtesten Wald vor mich hin summen würde. Gott sei Dank gab's keine Schuluniformen mehr. Die Hitlerjungen benahmen sich sehr wichtigtuerisch in diesen alten Filmen, während die Mädels eine Menge unnötiger Nadelarbeiten zu verrichten hatten, genauso wie wir in der Handarbeitsstunde. Bei uns in der Klasse gab's noch ein paar Überlebende dieses Typs – humorlose, unterwürfige Streber mit haarscharfem Scheitel, die ihre Schularbeiten eifrig machten, sich pausenlos meldeten und Lederhosen, kurzärmelige Hemden mit Reißverschluß und Sandalen trugen.

Mir taten die gedrillten Nazigören leid, weil sie noch nie was von Rock'n'Roll und Jazz, amerikanischen Jeans und französischen Existentialisten gehört hatten; ihnen wurde gesagt, was sie zu denken hatten. Soviel ich wußte, führte übertriebener Gehorsam und Unterwürfigkeit Erwachsenen gegenüber sowieso zu nichts, denn alte Leute beklagten sich unterschiedslos dauernd über die »arbeitsunwillige, vergnügungssüchtige Jugend«. Eines wußte ich sicher: Meine Freunde und ich wollten nie so wie die alten, ewig meckernden, engstirnigen, besserwisserischen Deutschen werden, die uns und unsere Welt haßten.

Was hatte ich mit dem Opa Adenauer zu tun, der über nichts anderes als Geld, Christlichkeit, Sparsamkeit und Fleiß sprach, oder dem fetten Ludwig Erhard mit der Zigarre? Was konnten die mir schon Wichtiges vermitteln? Hatte Konrad eine Ahnung von schwarzen Rollkragenpullis? Tanzte er nach Beatmusik, aß Pommes frites mit Ketchup und las Brecht und Tucholsky? Kannte er überhaupt Gerry Mulligan und Peter, Paul & Mary? Der Mann sprach doch noch nicht

mal Englisch! Der einzige überzeugende, gutaussehende Politiker war Kennedy – aber den hatten sie erschossen –, und sein Nachfolger sah dann gleich wieder so aus wie alle anderen vor ihm. Wenn dieser Trupp von spießigen Kleinbürgern die Gesetze machen durfte und die Welt, in der ich glücklich bis an mein Ende leben sollte, bestimmte und beherrschte, dann sollte sich niemand wundern, daß ich nichts mit Politik oder Männern in Anzügen zu tun haben wollte.
Diese Typen wollen uns mundtot machen, dachte ich, wollen, daß wir uns ihnen anpassen, ihre Lebensform übernehmen und pflichtbewußte, ruhige Bürger werden, die dann so eine Kopie von ihnen selber heiraten, wollen, daß wir aufhören zu denken und langsam dahindämmern. Kommt nicht in Frage. Laßt mich mal einundzwanzig werden, dann werd ich euch zeigen, wie man anders ist.

3

Was hast eigentlich du im Krieg gemacht, Vati?

Mein Vater war kein Nazi, sondern ein Narziß – und ich weiß nicht, ob das für mein Verhältnis zu ihm soviel besser gewesen ist. Interessanterweise haben Nazi und Narziß ähnliche Charaktermerkmale – wie Eitelkeit, Selbstsucht, den Hang zu Prahlerei und Größenwahn, was meinem Vater bei seinem Beruf als Schauspieler durchaus geholfen hat. Daß er nach anfänglicher, kurzer Begeisterung die Nazis leidenschaftlich hassen lernte, spricht für ihn und muß seinem angeborenen Sinn für Recht und Unrecht, seiner Abscheu gegen Gewalt und seiner Fähigkeit, moralisch zu urteilen und klar Stellung zu beziehen, zugesprochen werden. Er war eher clever als intelligent, und seine Reaktionsweise war die eines Mannes mit Gewissen und nicht die eines brillanten Geistes. Daß er von Natur aus gern meuterte und sich mit Genuß allem möglichen widersetzte, half natürlich auch. Als ich ein kleines Mädchen war, blitzten diese Tugenden immer wieder in ihm auf, doch während ich älter wurde, verglühten die Funken, und ich wußte nicht, ob der Grund dieser Veränderung in meinen Augen, seinem Herz oder in uns beiden zu suchen war. Nach und nach wurde er ein unzugänglicher, besserwisserischer, intoleranter und desinteressierter Mann, und ich begann zu spüren, daß seine Unzulänglichkeiten nicht nur mit seinem individuellen Charakter zu tun hatten.

Warum sind deutsche Väter so ein Problem? Was ist mit ihnen los? Natürlich nicht mit allen, aber den etwa zwischen 1900 und 1925 geborenen, die alle einmal zur Volksgemeinschaft des Dritten Reiches gehört haben, ob sie nun glühende Anhänger, passive Mitläufer oder auch Gegner des Nazi-Regimes waren. Es ist ihr Schicksal, immer mit den verabscheuungswürdigen Verbrechen, die in ihrem Namen ausgeführt wurden, in Verbindung gebracht zu werden, und sie werden sich dem wohl nicht entziehen können, solange sie leben. Es ist eine Vergangenheit, die sie nicht abzuschütteln vermögen; und auch ihre Kinder können es nicht. Die Tochter eines Vaters zu sein, der 1933 einundzwanzig Jahre alt war, war für mich, als besäße ich ein dunkles Geheimnis, eine verwundbare Stelle – wie Siegfried, der den achtköpfigen Drachen tötete und in seinem Blut badete, um unverwundbar zu werden, ohne jedoch zu merken, daß ihm ein Eichenblatt auf den Rücken gefallen war. Immer wieder spürte ich einen Schmerz, der sich wie eine Lanze in diese verwundbare Stelle bohrte – Scham.

»Irgendwie muß der Krieg daran schuld sein«, das jedenfalls war die Schlußfolgerung, zu der meine Jugendfreunde und ich immer kamen, wenn wir uns untereinander über unsere strengen, distanzierten Väter unterhielten, wobei wir uns nicht von Wissen, sondern von unserem Instinkt leiten ließen. Ich werde nie wirklich wissen, wie mein Vater ohne den Krieg geworden wäre, wie sehr das Dritte Reich seine Persönlichkeit zum Guten oder zum Schlechten verändert hat. Wie haben diese alptraumähnlichen Jahre einen Menschen wie meinen Vater, der zwar die Nazis verabscheute, aber doch mit und unter ihnen aufgewachsen war – noch bevor sie sich Nazis nannten –, im einzelnen beeinflußt? Mit siebzig jedenfalls war aus ihm ein zynischer, enttäuschter Mann geworden, wenig weise und ohne irgendwelche Erwartungen an die Zukunft.

1982 war das Jahr, in dem ich begann, über meinen Vater auf

eine ganz neue Art nachzudenken. Zu der Zeit lebten wir bereits in zwei völlig verschiedenen Welten. Ich wohnte in New York, wohin ich 1976 als arbeitslose Abenteurerin aufgebrochen war, und er lebte auf den Balearen, wohin er 1965 als unbeschwerter Frühpensionär nach einer ganzen Reihe erfolgreicher Karrieren – als Schauspieler, Regisseur und freischaffender Schlagertexter und zum Schluß als Werbefachmann bei »Hör Zu« – gezogen war. Ich lebte seit langem in ständigem Konflikt mit ihm, ein Zustand, an dem sich bis heute nicht viel geändert hat. Meine störrische Ablehnung, für ewig den Part einer gesichtslosen, fügsamen Tochter zu spielen, reduzierte uns für gewöhnlich zu zwei Schauspielern, die auf verschiedenen Bühnen spielten, und verwandelte unsere sporadischen Treffen zu freudlosen und oft sehr feindseligen Ereignissen. Jetzt aber machte meine aus langer Verdrängung befreite Neugierde diesen Mann, der plötzlich nicht mehr nur mein unverbesserlicher alter Vater war, der mich ständig erboste und dessen Einfluß ich mich für immer entzogen glaubte, zu einem kostbaren – und nur allzu sterblichen – Augenzeugen der Nazi-Ära, der umgehend zu befragen war.

Als ich meinem Vater von der Buchidee erzählte, war er sehr angetan, teils, weil er dadurch wieder Gelegenheit haben würde, seinen und meinen Namen irgendwo gedruckt zu sehen, teils, weil er nichts zu verbergen und eine spannende Geschichte zu erzählen hatte. Zur Aufklärung des Hintergrundes hätte ich gerne auch noch Gespräche mit anderen Familienmitgliedern geführt, doch die Resonanz war eher kühl. Vaters Bruder Kurt, immerhin der einzige, der in Uniform die Familienehre und das Vaterland in Stalingrad verteidigt hatte, erklärte, daß es einfach Sachen gebe, über die er ungern mit irgend jemandem spreche – nicht mit seinen Kindern und schon gar nicht mit einer schnüffelnden Nichte, der nicht zu trauen sei. »Das ist doch alter Schnee, von dem keiner mehr was wissen will«, wehrte er ab und

erkundigte sich lauernd, ob ich denn »Mein Kampf« gelesen hätte. Nein, hatte ich nicht.
Die Schwester meines Vaters, Gertrud, die als Musiktherapeutin arbeitet und die nach dem Dritten Reich ihre gestärkten Küchenschürzen mit erschreckenden Karrieregelüsten vertauscht hatte, war genausowenig interessiert an dem Thema wie ihr Mann Walter, ein ehemaliger wichtiger »Zeiss«-Wissenschaftler aus Dresden, und das galt auch für deren Kinder und ihre jeweiligen Partner. Meine inzwischen verstorbene Großmutter, eine Frau, die über ein unerschöpfliches Repertoire an unterhaltsamen Reichsgeschichten verfügt haben dürfte, zog sich mit einem listigen »Wie schön, daß das alles vorbei ist« aus der Affäre, und meine Schwester fing an, mir seltsame Blicke zuzuwerfen und mir dann aus dem Wege zu gehen.
Überzeugt davon, daß Untersuchungen über den Zustand der Menschheit in den eigenen vier Wänden anfangen sollten, reiste ich schließlich nach Mallorca und fragte, fünfzig Jahre nachdem Hitler an die Macht gekommen war, zum ersten Mal, mit echtem Interesse und einem Knoten im Magen: »Was hast eigentlich du im Krieg gemacht, Vati?«
Was würde ich hören?
Soviel ich wußte, gab es für meinen Vater keinen Grund, sich für irgend etwas Unehrenhaftes, das er im Krieg gemacht haben könnte, schuldig zu fühlen. Das Thema »Nazis« war bei uns zu Hause nie wirklich gemieden worden, und was er uns über sie erzählt hatte, war unzweideutig, nämlich, daß sie die größten Verbrecher waren, die je einen Knobelbecher auf die Erde gesetzt hatten. Natürlich wußte ich auch, daß mein Vater nie Soldat gewesen, sondern als Schauspieler auf Tournee geschickt worden war, um die Wehrmacht zu unterhalten. Ich wußte außerdem vage, war dem allerdings nie richtig nachgegangen, daß er eine Verbindung zum Hitler-Attentat am 20. Juli 1944 gehabt hatte, auch wenn mich das irgendwie nicht allzusehr beeindruckte.

Besonders als Teenager hatten mich alle alten Leute mit ihren blöden Erzählungen aus dem Krieg gelangweilt. In meiner Welt und zwischen mir und meinen Freunden hatte die Frage, ob irgend jemandes Vater Nazi gewesen war oder nicht, keinen großen Einfluß darauf gehabt, wie wir uns gegenseitig beurteilten. Ich glaube schon, daß ich stolz darauf war, daß mein Vater gegen die Nazis gewesen war, aber ich weiß genau, daß ich noch stolzer darüber war, daß er meine Freundinnen sehr charmant und zuvorkommend behandelte und daß sie ihn ein bißchen so anhimmelten wie einen Filmstar.
Trotz dieser grundsätzlichen Offenheit und der Tatsache, daß das Thema »Nazis« bei uns kein Tabuthema war, hatte ich gelernt, meine Neugierde zu zügeln, denn meine Eltern waren nicht wirklich in der Lage gewesen, die mit diesem Thema verbundenen ungelösten Konflikte vor mir zu verbergen. Beide vermittelten sie den Eindruck, daß damit bedrohliche Inhalte verbunden waren, die starken Verdrängungsmechanismen unterlagen, und da machte es auch nichts, daß sie sich selbst schuldfrei fühlten und wenig defensiv reagierten. Ich hatte hinter den Antworten auf meine vereinzelten, harmlosen Fragen stets ein Leiden gespürt, das nicht mit zuviel Nachhaken aktiviert werden durfte. So scheint es mir nicht verwunderlich, daß auch in liberalen Familien von den Kindern auf allzu spezifische Fragen verzichtet wurde, ohne daß jemand sagte: »Darüber wird nicht geredet.« Außerdem hatte ich immer das Gefühl gehabt, daß dieser selbstbewußte Ton, mit dem mein Vater über die Vergangenheit sprach, keine Spur von Selbstzweifel enthielt – als sei es selbstverständlich gewesen, daß er die Nazis gehaßt hatte. So gab es letztlich also keinen Raum für detaillierte, wirkliche Fragen und auch keine Ermutigungen, etwas tiefer nachzuforschen; seine vermeintlich offenen Plaudereien verdeckten seinen inneren Widerstand. Für ihn war seine Kriegszeit längst vorbei, war vor langer Zeit in seinem Kopf zu den Akten gelegt wor-

den. Er erzählte mir zwar faszinierende Dinge, einige Hitlerwitze und denkwürdige Anekdoten – aber das große »Warum?« konnte mir mein unpsychologischer Vater auch nicht erklären.

Da waren natürlich Fragen gewesen, die ich gerne gestellt hätte – über die Juden zum Beispiel. Aber ich konnte keine Worte finden, die so nebensächlich klangen, daß ein derartig unheilvolles Thema problemlos in ein gemütliches Abendbrotgespräch hineingepaßt hätte. Herauszuplatzen: »Ist es wirklich wahr, daß ihnen die Goldzähne herausgebrochen wurden, nachdem man sie vergast hatte? Und wurden ihre Haare wirklich zu Matratzen verarbeitet?«, schien mir irgendwie unvereinbar mit der Frage nach einer zweiten Portion Schokoladenpudding mit Vanillesoße. Trotz allem glaube ich, mein nicht leicht zu verwirrender, sprachgewandter Vater hätte solche Fragen ohne mit der Wimper zu zucken beantwortet: *Ich* war es, die Angst vor den Antworten hatte.

Seinen Vater über solche verwirrenden und unmöglichen Angelegenheiten auszufragen, war riskant, und Schweigen war der beste Schutz vor der Angst und den Konflikten, die ganz plötzlich an die Oberfläche schießen konnten, sollten die Wunden des Krieges unvorsichtigerweise aufgerissen werden. Zwei starke Mächte waren da wohl an der Arbeit: die Angst vor dem, was es zu entdecken gab, und der Wunsch zu gehorchen. Wahrscheinlich litten die meisten Deutschen in meinem Alter – und viele tun es noch immer – unter dieser Angst, auf irgend etwas in der Vergangenheit ihres Vaters zu stoßen, das sie dazu zwingen könnte, ihn anzuzweifeln oder gar zu verachten. Das fortwährende Gefühl des Sich-Schämens oder sich möglicherweise schämen zu müssen, endete nicht selten in dem Versuch, sich von diesem gehaßten Erbe zu befreien, indem man ganz einfach nichts wissen wollte. Diese Art der Distanzierung war für mich sehr lange entscheidend. War ich tatsächlich unschuldig genug? Ich glaubte zwar nicht gerade, daß meine Gene mich zur gedankenlosen und automatischen Ausführung scheußlicher Befehle zwingen könnten, aber mein Deutschtum war dennoch irritierend genug, daß ich das alles am liebsten vergessen hätte – da half auch meine litauische Mutter wenig, auf die ich mich im Notfall hätte berufen können.

Noch schlimmer war der Gehorsam, dieses allgegenwärtige deutsche Markenzeichen, das die Unterdrückung von Fragen so normal erscheinen ließ, daß sie nicht einmal bemerkt wurde. Wo Konformität eine Tugend ist, wird das Infragestellen zum Laster. Derartige Regeln wurden in den meisten deutschen Familien schon sehr früh festgesetzt, und die Botschaft konnte nicht mißverstanden werden: »Du sollst nicht fragen.« Welches Kind wird schon die Autorität eines Vaters anzweifeln und sich seinen Zorn zuziehen wollen, wenn es nach nichts anderem als seinem Beifall und seiner Liebe hungert?

Nicht ein einziges Mal habe ich Deutsche in meinem Alter getroffen, die mit ihrem Vater noch niemals Konflikte wegen der Vergangenheit auszutragen hatten, ob sie sich nun dessen bewußt waren oder nicht. Das Risiko, einen »Heil«-Schreier hinter einer Vaterfigur zu entdecken, die absolut ohne Makel zu sein hatte, war relativ hoch, wenn man die überwältigende Mehrheit bedenkt, die die Nazis in Deutschland hinter sich gebracht hatten. Keine der Familien, die ich kannte, war im Besitz dieser fantastischen Gattung »Wundervati«, die wir in den amerikanischen Fernsehserien bewundern durften und die so bezaubernd warm und aufmerksam, gerecht und geduldig waren, die nicht nur mit ihren Söhnen, sondern auch mit ihren Töchtern spielten und obendrein der Mutter in der Küche halfen. In unser aller Zuhause war der Vater in der Regel der mächtige Patriarch, unangreifbar und über jeden Zweifel erhaben. Aber je älter wir wurden, und je mehr Fakten wir über das Dritte Reich erfuhren, desto mehr

Widersprüche traten auf. Die Vergangenheit kroch hier wie dort aus ihrem Versteck hervor, schlich sich in die Wohnzimmer und fing die Familien ein wie eine Spinne, die ein unsichtbares Netz spann. Nicht einmal der tugendhafteste Mensch – hatte er nur während der Nazi-Zeit gelebt – konnte seinen Kindern genug moralische Redlichkeit vermitteln, um über jeden Verdacht erhaben zu sein. Wußten wir denn wirklich, wer da jeden Abend mit uns am Abendbrottisch saß, von unseren Müttern in Schürzen bedient wurde und automatisch das größte Stück Fleisch auf den Teller bekam? Dieser unausgesprochene Konflikt hatte nie die Chance, ganz und gar gelöst zu werden. Im übrigen schien es mir egal zu sein, daß mein Vater offensichtlich wirklich kein Nazi gewesen war. Die relative Schuld oder Unschuld eines Vaters schien wenig Unterschied zu machen. Es gab keinen letzten Beweis, keine unumstößlichen Tatsachen, die, ohne noch eine Spur von Zweifeln zu erlauben, unsere Väter als eindeutig schuldig oder unschuldig ausweisen konnten.

Ich hatte sowieso zu viele Male gehört, daß niemand etwas gewußt oder getan hatte, und mich immer gewundert, wo sich die wahren Täter denn nun versteckt hielten. Wenige Eltern machten den Versuch, oder waren gar erfolgreich, den Krieg, das Dritte Reich und den Holocaust ihren Kindern gefühlsmäßig näherzubringen. Und dieses Versagen, ihre Kinder an ihren Gefühlen von Bedauern, Traurigkeit und sogar Schuld teilhaben zu lassen, führte oft dazu, daß ein Verdacht bestätigt und verstärkt wurde. Nur wenige deutsche Töchter und Söhne haben einen Massenmörder oder einen Widerstandskämpfer zum Vater. Vielmehr leben wir mit ihnen in einer Zone des Zwielichts und der grauen Töne. Schreibtischtäter, Mitläufer, Angsthasen, Parteigenossen, Supernazis, Sympathisanten – wir wissen nicht, wie groß das Unrecht ist oder die Nächstenliebe, die sie geübt haben. Man trifft selten verläßliche Personen, die bestätigen könnten, daß der Vater unermüdlich jüdischen Mitbürgern half, ebensowenig wie Zeugen, die von unbarmherzig ausgeführten Befehlen oder persönlich begangenen Verbrechen wissen. Es gibt keine verläßlichen Zeugen. Alles, was wir Kinder haben, ist die Hoffnung. Wir sind gezwungen, unsere Eltern beim Wort zu nehmen.

Bekanntlich sind wir nicht für die Sünden unserer Väter verantwortlich, aber wir können ihnen auch nicht entfliehen, und selbst wenn es sich um einen Nazi-Verbrecher handelt, kann eine Vaterfigur von Kindern nicht einfach nach Belieben verdammt oder gar aus dem Gedächtnis gelöscht werden. Rolf Mengele, der Sohn des Auschwitz-Doktors Josef Mengele, der sich bis 1979 in Brasilien versteckt gehalten hat und der wegen seiner grausamen Experimente an Kindern einer der perfidesten und gesuchtesten Nazi-Verbrecher überhaupt war, wußte zwar lange, daß sein Vater lebte, sah sich aber außerstande, irgend etwas gegen ihn zu unternehmen. »Ich konnte ihn nicht hintergehen oder ihn einfach fallenlassen. Er ist mein Vater«, erklärte er öffentlich. Der Sohn von Gustav Münzberger, einem der hauptverantwortlichen SS-Männer in Treblinka, der nach zwölf Jahren Haft 1971 wegen guter Führung aus dem Gefängnis entlassen wurde, nahm seinen Vater sogar zu sich und gab zu: »Ich nehme an, daß ich ihn immer noch liebe. Einen Vater zu lieben ist wahrscheinlich so natürlich wie zu leben, man tut's einfach.« In den meisten Familien, in denen es absolut klar war, daß der Vater ein begeisterter Nazi war (und mit ziemlicher Sicherheit geblieben war, da ein reumütiger oder sich schuldig fühlender Nazi eine Rarität ist), wurde das Thema um jeden Preis vermieden. Für gewöhnlich weisen solche Kinder ihren Vater zurück, brechen häufig jeden Kontakt zu ihm ab, erfüllt mit Abscheu und Wut – die letztlich auch nur eine Form des Sich-Entziehens sind –, und institutionalisieren auf diese Weise ihre unverarbeitete, konfliktbeladene Beziehung zu ihrem Vater. Manchmal verteidigen sie ihn auch mit Rationalisierungen (»was hätte er denn machen sollen?«),

schwächen seine Schuld ab (»so viele Juden sind ja auch nicht umgekommen, das wird übertrieben«), und reproduzieren damit nur die Verdrängungsstrategien der Väter.
Kann man gleichzeitig ein guter Vater und ein fürchterlicher Mensch sein? Es scheint manchmal so. Es muß sehr schwierig für Kinder sein, die Männer, die vielleicht ohne große Gewissensbisse an Massenvernichtungen teilgenommen haben, auch als liebevolle, ergebene Väter zu sehen. Die Beteuerung, daß sie einen »guten Vater« hatten, taucht oft auf, wenn Nazi-Verbrecher aus ihrer Kindheit erzählen, selbst wenn unbarmherzige Härte, Gefühlsroheit und erhebliche körperliche Züchtigungen Teil ihrer Erziehung waren, und dasselbe behaupten oft auch ihre Kinder. Es zeigt sich, daß in der Struktur vieler Familien ein Vater *immer* als »gut« gilt, selbst wenn er gewalttätig, sadistisch und herabwürdigend ist, und daß so ein Vater immer der pflichterfüllten Liebe seiner Kinder versichert sein kann. Auf der anderen Seite existieren allerdings genauso viele Beschreibungen von Männern, die von der Öffentlichkeit geliebt und als wohltätig geachtet werden, die Respekt und Bewunderung für ihre Beiträge in Politik, Kunst und Wissenschaft erlangt haben, die aber von ihren Kindern als grausame, ungeeignete Väter betrachtet werden.
Der Wert eines Vaters wird nicht nach seiner Ideologie oder seinen Leistungen in der Welt berechnet. Mein Mißtrauen meinem Vater gegenüber war gefühlsmäßig und hatte schon begonnen, bevor ich ihn überhaupt als Nazi-Bürger hätte sehen können. Ich hatte lernen müssen, daß ich nicht das Kind sein durfte, das ich wirklich war, ohne Enttäuschung zu erzeugen, ironische Herabsetzungen und halbernste Drohungen herauszufordern, mich ins »Rauhe Haus« – ein Heim für schwererziehbare Kinder – zu verbannen. Als ich mich zu der Art Tochter entwickelte, die mein Vater ablehnte, wurde er zu dem Vater, dem ich nicht mehr gehorchen wollte, und mein Wunsch, ihn zu kritisieren und Fehler an ihm zu finden,

wuchs. Diese Entwicklung, zusammen mit seiner Zugehörigkeit zur Kriegsgeneration, machte es leicht, was Fehler anging, fündig zu werden. Der Held war an den Ecken ein wenig bröckelig geworden und auf dem besten Wege, von seinem Podest zu stürzen, dem Platz, den alle Kinder für ihren Vater reserviert haben. Deutsche Väter sind gefallene Idole – ein besonders hoher Preis für sie, gelüstet es sie doch nach Autorität, und sind sie beseelt von dem Drang, ihr Zuhause in private Diktaturen umzufunktionieren, in denen sie sich als Mini-»Führer« bewegen können.
Unsere Eltern waren unter Hitler genauso entmachtet, wie sie als Kinder unter ihren Eltern ohne Macht gewesen waren. In Hitler fanden sie eine neue Vaterfigur, blieben auf ihre Kinderrolle reduziert, nach der sie dem großen Papa Adolf gehorchen mußten. Die Entwicklung meiner beiden Elternteile paßte genau in dieses Muster. Meiner Mutter fehlte es an Selbstbewußtsein, da sie schon zu Hause eine unbedeutende Rolle gespielt hatte, sieht man davon ab, daß sie die älteste Tochter und der Liebling ihres Vaters war, und so entwickelte sie auch in ihrer Ehe keine Stimme. Also ergriff sie mit beiden Händen die erste Gelegenheit, zu einer mächtigen und bedeutsamen Figur zu werden – die Mutterschaft. Mein Vater hatte es leichter; ebenfalls das älteste Kind und der Liebling seiner Mutter, wurde er automatisch das Oberhaupt der Familie und konnte nach Herzenslust nicht nur seine Kinder, sondern auch seine Frau kontrollieren und manipulieren.
Mein Vater wurde 1912 in Hamburg geboren, und das war keine gute Zeit, in Deutschland ein Kind zu sein. Die preußischen Erziehungsprinzipien waren grausam und verkrüppelnd. Disziplin und Gehorsam waren die obersten Gebote, körperliche Züchtigungen und psychologische Mißhandlungen an der Tagesordnung. Ein deutscher Junge dieser Zeit trug eine emotionale Zwangsjacke, wurde gedrillt, hart und furchtlos wie ein Soldat zu sein und sein Vaterland zu lieben. Ein deutscher Junge weinte nicht.

Die Eltern meines Vaters gehörten zur typisch deutschen »gebildeten« Mittelklasse, zu denen, deren niemals endende Verehrung für ihren Kaiser viele junge Männer mit Blumen in den Gewehrläufen in den Ersten Weltkrieg schickte und deren kritiklose Unterstützung später dem Dritten Reich zum Aufstieg verhalf. Sie waren gottesfürchtige Protestanten, wohltätig in der Kirche und bescheiden zu Hause. Meine Großmutter kam aus einer puritanischen, sehr in der Heimat verwurzelten nordfriesischen Familie, hatte eine blitzsaubere Gesinnung und strenge moralische Grundsätze, die Alkohol und Lippenstift, lockere Ausdrücke und leichtsinniges Benehmen verbannte. Sie war sowohl gediegen und unterkühlt wie eine nordische Pastorentochter als auch drahtig und drauflosgehend wie ein Terrier, trug schmucklose Kleidung, roch nach »Uralt Lavendel« und hatte immer ein sauberes Taschentuch im Ärmel, das sie zur richtigen Zeit für Rotznasen und Schokoladenmünder herauszog. Ihr ausgeglichenes Temperament war ebenso beruhigend wie ihr Klavierspiel, aber ihr Haus, das ich sehr liebte, war der einzige Platz, in dem ich mir verwerflich vorkam, wenn ich meine mitgebrachten Comics las und nicht die Bibel oder mir die Hitparade anhörte, anstatt Bach und Händel zu lauschen.

Mein Großvater war Tee-Importeur mit einem Kontor am Hafen und hatte einen geheimnisumwobenen (er war ein uneheliches Kind) polnisch-ostpreußisch-jüdischen Hintergrund. Weniger viktorianisch und feinsinnig als seine Frau, war er ein kurzer, runder und gedrungener Mann mit einem Kopf voll weißer Haare, die in alle Richtungen standen. Er rauchte dicke Zigarren, trug jene unvermeidbaren karierten Puschen, in denen löcherige Socken steckten, und Hosenträger über einem leicht schmuddeligen Unterhemd und verschwand jeden Tag mehrere Stunden in der äußersten Ecke des riesigen Gartens, um kleine Feuer zu machen und herumzuputtern, weil er so dem dauernden Genörgel der Großmutter entfliehen konnte. Er erschien mir jovial und gutmütig (ich war zwölf, als er starb), und ich sah nie die jähzornige und brutale Seite an ihm, unter der mein Vater bis zu seinem achtzehnten Lebensjahr schrecklich zu leiden hatte und die der Grund ihrer lebenslangen Verachtung füreinander war.

Die meiste Zeit benahm sich mein Vater wie ein gewöhnlicher, bürgerlicher Vater, typisch für seine Generation, obwohl er das weit von sich weisen würde. Eingebildet wie er war, sah er sich als eines der originellsten Gottesgeschenke an die Menschheit und als einen untypischen Deutschen. Es war ihm peinlich, Deutscher zu sein, und er wollte gern als »international« gelten. Das hielt ihn jedoch nicht davon ab, sich in Mallorca in gebrochenem Spanisch auf eine unverwechselbare deutsche Art über die typisch spanische Faulheit und Unpünktlichkeit zu beschweren. Er sah sich als die Inkarnation eines modernen, toleranten Vaters, der seine Kinder nicht schlug, so wie er von seinem Vater geschlagen worden war (das besorgte meine Mutter ab und zu mit bemerkenswertem Feuer), und denen er Meinungsfreiheit erlaubte. Oberflächlich betrachtet, war er ganz der perfekte Vater, mit einer gefälligen Verbindlichkeit, die sogar meine Lehrer beeindruckte, aber ich wünschte mir immer nur, daß er mir einmal wirklich bis ins Herz schauen und mir helfen würde, erwachsen zu werden.

Er spürte, daß ich Teil einer neuen, bedrohlichen, farbenfrohen Welt war, zu der er nur begrenzten Zugang hatte und die sich seiner Kontrolle entzog. Es war von größter Wichtigkeit für ihn, nicht in irgendeiner Form altmodisch zu wirken, und er erwartete von mir von Zeit zu Zeit einen kompletten Report über neue Trends in der Mode, der Musik und allen anderen Lebensbereichen. Da ihm als Werbechef die »Hör Zu«-Langspielplatten unterstanden, brachte er oft die neuesten internationalen Pop-Produktionen mit nach Hause, und wir hörten sie uns gemeinsam an, wobei ich die Expertenrolle übernahm. Er war besonders angetan von der neuen Teenagersprache, die ihn nach Jahrzehnten humorloser und gedrillter Ausdrucksformen köstlich amüsierte, und ich mußte öfter einige Kostproben für ihn wiederholen. Verglichen mit seinem Vater, der ein bärbeißiger, launischer Mann war, dessen Liebe und Beifall er nie gewinnen konnte, stellte mein Vater tatsächlich eine neue Generation von verständigeren Vätern dar, aber wie lang ist der Weg, um ein guter Vater zu werden?

Alle Dinge, ob sie nun dem Vergnügen oder auch der Bildung dienten, waren mir verschlossen, sobald sie Geld kosteten; mein Vater hielt Erbauungen und Hobbys für Luxus. Kinder hatten keine Stimme, kaum ein Recht, und es gab nichts, was meinen Vater hätte dazu verleiten können, seine Pläne zu ändern oder sich an etwas so Unwichtiges wie den Wunsch eines Kindes anzupassen. Er kam immer zuerst. Trotzdem fanden sich in seinen lose zusammengetragenen Vorstellungen über Erziehung Brüche und Widersprüche, die ich ausnutzen konnte und die mir erlaubten, von Zeit zu Zeit meine eigenen Ideen über Gehorsam und Selbstverwirklichung auszuleben. Einerseits sagte er gerne Sachen wie: »Solange du die Füße unter meinen Tisch stellst, wird gemacht, was ich sage«, andererseits war er ein liberaler Sozialdemokrat, ein Atheist und Pazifist, der für Abrüstung und für Wehrdienstverweigerung war; und er war auch derjenige, zu dem ich ging, wenn ich Gerechtigkeit und dringend zumindest einen Hauch Objektivität brauchte, Dinge, die im Leben meiner Mutter eine untergeordnete Rolle spielten. Außerhalb seiner Familie ein enthusiastischer Unruhestifter und zu Hause ein Despot, legte mein Vater großen Wert darauf, meine Schwester und mich zu ermutigen, uns laut und furchtlos gegen Ungerechtigkeiten aufzulehnen – solange sich der Widerspruch nicht gegen ihn richtete. Er selber haßte Autorität, da er unter ihr maßgeblich zu leiden gehabt hatte, und entzündete in mir einen Geschmack für Rebellion, aber seine Wut und Entrüstung hatten keinen echten Fokus und waren oft

gegen kleine, unwichtige Formen von bürokratischer Rigidität gerichtet – was ihn selbst nie davon abhielt, äußerst autoritär aufzutreten.
Mein Vater wollte sein Leben lang etwas Besonderes sein und dachte, daß Scheinwerfer die einzigen Lichter wären, die die Seele erwärmten und die Menschen dazu verführten, ihn zu lieben. Sein starkes Geltungsbedürfnis, zu dem er sich ohne falsche Scheu bekannte und das der Hauptgrund seiner Liebe zur Schauspielerei war, diktierte den größten Teil seines Benehmens. Er mußte immer im Mittelpunkt stehen und jeder, den er als möglichen Konkurrenten und Szenendieb verdächtigte, wurde über kurz oder lang aus unserem Hause verbannt. Es blieben keine echten Freunde übrig. Mein Vater war nie ein sehr liebevoller Mann und hatte Schwierigkeiten, seinen Gefühlen Ausdruck zu geben. Wenn er versuchte, Liebe und Zärtlichkeit zu zeigen, kamen dabei meist unbeholfene, schüchterne Gesten heraus, die ein trauriger und verzweifelter Versuch waren, seine Isolation zu überwinden. Wir wurden in die Backen gekniffen, ein bißchen gestupst und geknufft, so wie man kleinen Tieren Zuwendung zeigt, vielleicht noch eine flüchtige Hand, die sich kurz auf den Hinterkopf legte, das mußte genügen. Doch während er niemals seine eigenen Ängste, seine Verwirrung und Verletzlichkeit zugeben konnte, hatte er keinerlei Schwierigkeiten, seine Frau, seine Kinder oder sonst jemand ohne Umschweife auf ihre Schwächen aufmerksam zu machen.
Die meisten Leute fürchteten seine scharfe Zunge, konnten sich aber letztlich seines enormen Charmes und seiner untadeligen Manieren nicht erwehren. Wenn er ein Publikum ahnte, war er unschlagbar und versprühte seine Talente mit unerwarteter Großzügigkeit. Er konnte unglaublich komisch sein und große Gruppen von wildfremden Menschen mit seiner Schlagfertigkeit, einem perfekten Timing und unbezahlbaren Imitationen anderer Leute unterhalten. Obwohl er sich oft arrogant und weltmännisch überlegen gab, war er

zeitweise recht albern, was erfrischend war und ihn sehr liebenswert machte. Wir haben viel zusammen gelacht. Ohne Publikum war er nichts als mein Vater, ein Mann in gestreiften Pyjamahosen, der mit einem Rasierpinsel in der Hand im Badezimmer stand und für mich Grimassen mit seinem eingeseiften Gesicht machte. Ein Mann, den ich nie nackt gesehen habe.
Ich war einmal seine Lieblingstochter – als ich ein kleines Mädchen war und im wahrsten Sinne des Wortes seine Lieder sang. Er glaubte in mir seine nie ausgelebten Talente zu erkennen und hoffte, daß ich einmal in seine Schuhe schlüpfen und einem besseren und größeren Schicksal entgegentanzen würde, als es ihm vergönnt gewesen war. Aber ich wollte meine eigenen Schuhe, in meiner Größe, Frauenschuhe. Als ihm das bewußt wurde, begann unsere Beziehung langsam auseinanderzufallen. Ich hatte nicht das Leben gewählt, das mein Vater sich am meisten für sich wünschte. Wir hatten schreckliche, laute und leidenschaftliche Auseinandersetzungen, als ich so zwischen sechzehn und fünfundzwanzig war, und wir heulten unseren Schmerz in den Himmel wie einsame Wölfe. Ich war die Zielscheibe all der Frustrationen, die er in seinem Leben hatte erleiden müssen, und erst als ich älter war, verstand ich, daß diese destruktiven Schlachten tatsächlich eine entstellte Form von Liebe waren.
Meine ältere Schwester belohnte er nie mit seiner Rage, für sie hatte er nur Herablassung. In seinen Augen war sie langweilig und wenig herausfordernd, stand immer im Hintergrund, war verstummt durch seine Bemerkungen über ihre fehlende Originalität. Ich dagegen war ein ernstzunehmender Gegner, was kein Wunder war bei dem grausamen Lehrer, den ich gehabt hatte. Er sagte während unserer Kämpfe Dinge, die ein Vater nie zu seiner Tochter sagen sollte, Worte, die ohne Zweifel dem Sinne nach dieselben waren, die sein Vater ihm einmal gesagt hatte, als er seinen eigenen Träumen und nicht einem Befehl folgte.

Von all den Bildern, die ich von meinem Vater in mir trage, sticht eines in meiner Erinnerung heraus, weil es so einfach und friedlich ist: mein Vater als Angler. Wir hatten eine kleine primitive Hütte ohne Elektrizität und fließend Wasser an einem wunderschönen, großen See in der Nähe von Hamburg, an dem wir die Wochenenden und die großen Ferien verbrachten. Der See war ein Paradies für Aale, Karpfen, Hechte, Rotaugen, Brassen und Barsche, und mein Vater saß endlose Stunden auf seinem selbstgebauten Bootssteg, seine altmodischen Bambusangeln neben sich aufgestellt, und blickte entrückt auf die sanften Wellen des dunkelgrauen Wassers.

Dieser normalerweise ungeduldige, drängende Mann wartete tatsächlich stundenlang bewegungslos darauf, daß diese geschuppten, kleinen Kreaturen seine Köder fraßen und er sie mit einem begeisterten »Ich hab einen« aus dem Wasser ziehen konnte. Er hatte sich am anderen Ende des Grundstücks einen kleinen Schuppen gebaut, der von den üppigen Bäumen fast verdeckt wurde, und in der Minute, in der wir ankamen, verschwand er wortlos in seiner »Festung«, ganz der schick angezogene, höhere Angestellte, und erschien kurz danach in weiten, alten Flanellhosen, die mit Fischschleim und ein paar noch schimmernden Schuppen beschmiert waren, braunen Kreppsohlenschuhen, die seit dem Krieg nicht mehr geputzt worden waren, und einem breiten, zufriedenen Grinsen. Meiner Mutter war der Zutritt zu dem Schuppen aus verständlichen Gründen strengstens verboten, und sie schlich sich nur ein oder zweimal pro Jahr hinein, um herumzuschnüffeln und sich dadurch unbeliebt zu machen, daß sie versuchte, seinen alten Trenchcoat und andere ihm sehr nahestehende Kleidungsstücke, die an rostigen Nägeln hingen, heimlich zu entwenden und auf den Müll zu werfen. Es war immer dunkel in diesem Schuppen, es gab nur ein winziges Fenster, und er war mit Angeln, Ködern, Aalreusen, Keschern, Zinkeimern, Petroleumlampen, Messern, alten

Handschuhen, klammen Pullovern und einem karierten amerikanischen Lumberjack gefüllt. Ich schlich mich oft dorthin, nur um die Langeweile abzuschütteln, die mich mit meiner Schwester und meiner Mutter überfiel, die matt im Gras lagen, sich bräunten und Zeitschriften lasen. Ich glitt stumm in die kühle Dunkelheit und stand einfach nur da, barfuß, und beguckte mir sehr aufmerksam all die verstreuten Objekte, während ich eiskalte Füße von dem feuchten Zementboden kriegte, bis ich meine Mutter oder meinen Vater rufen hörte: »Wo ist Bini?«, worauf ich aus dem Schuppen flitzte, als ob ich in einer verbotenen Zone überrascht worden wäre, zurück in die heiße, helle Sonne rannte und laut rief: »Hier!«

Das Leben zu Hause wurde spannungsgeladen, als ich die Vierzehn erreicht hatte. Ich war Teenager aus Leidenschaft und Überzeugung und glaubte fest daran, zu einer neuen Spezies der Menschheit zu gehören, die gerechterweise dazu ausersehen war, alle älteren Leute auf dem Planeten zu ersetzen. Mir war bewußt, nach dem Krieg geboren zu sein, und ich spürte ein sehr starkes Zugehörigkeitsgefühl zur neuen, modernen Generation und erwartete, daß wir demnächst eine neue Welt erschaffen und bestimmen würden, in der nur unsere Werte, unser Aussehen und unsere Idole Platz hätten und aus der alles andere verbannt würde. Meine Sucht nach dem Neuen, Unbekannten trug Züge von Besessenheit, und es gab absolut nichts Deutsches, das ich kopieren wollte. Warum auch? Alles, was sich die Deutschen der letzten Generationen ausgedacht hatten, schien in Krieg zu enden. Zu meiner Überraschung und Bestürzung begegneten meine Eltern diesem natürlichen und unvermeidbaren Kampf um die eigene Identität mit Verdruß und offener Feindseligkeit. Ich hatte bereits früh ein unheilbares soziales Leiden entwikkelt – ich mußte einfach widersprechen und immer das letzte Wort haben. Mein Vater war vom gleichen Leiden befallen, und unsere Argumente waren hitzig und schienen endlos.

Meine Eltern waren fassungslos, daß ich kategorisch ablehnte, gehorsam zu sein, und bald war ich als spröde, aufsässige, freche, undankbare und vor allem respektlose Tochter verschrien – ein schlecht zu vermarktendes Mädchen, verloren für die Welt der Perlenketten, des damenhaften Benehmens und der reichen Ehemänner.

Es dauerte dann auch nicht lange, bis der Klassiker aller Zeiten aus dem Katalog elterlicher Beschwerden – wahrscheinlich zum erstenmal genervt von Adam und Eva ihren Kindern vorgeworfen – in unserem gutbürgerlichen Haus geäußert wurde. »Ich glaube, euch geht es zu gut. Wir hatten nicht die Freiheit und den Luxus, den ihr habt«, bemerkte mein Vater eines Tages aufgebracht, als meiner Schwester und mir mal wieder etwas nicht gefiel. Allerdings, verglichen mit ihrer Vergangenheit, hatten wir ein himmlisches Leben, wenn man die furchtbar komplizierte Metamorphose, »Erwachsenwerden« genannt, die mir das Gefühl vermittelte, ein Voodootänzer zwischen lauter Wiener-Walzer-Paaren zu sein, himmlisch nennen konnte.

Was wollten meine Eltern eigentlich von mir? Daß ich ihnen jeden Tag eine Danknotiz schrieb dafür, daß ich leben konnte, ohne daß mir Bomben auf den Kopf fielen? Wieso sollte ich dafür bestraft werden, daß meine Feunde und ich das Glück hatten, aller Wahrscheinlichkeit nach keine Soldaten und Kriegerwitwen werden zu müssen? Wie konnten sie nur wagen, ihr Leben als Maßstab für unseres anzusehen? In jungen Jahren waren sie in den größten Schlamassel aller Zeiten hineingeraten, und nun waren sie auf unser Leben ohne die von ihnen erlebten Einschränkungen eifersüchtig, gönnten uns nicht die Chance, zu Individuen anstatt zu Kanonenfutter zu werden.

Ich zog mich ganz von meinen Eltern zurück, besonders von meinem Vater, versteckte meine Gefühle und verstummte bis auf gelegentliche Gefühlsausbrüche, verbannte Vater und Mutter in eine Gruppe, in die jeder Deutsche über vierzig für

mich gehörte. Ich reagierte auf den sehr wehtuenden Sarkasmus und die verachtenden Spötteleien meines Vaters, indem ich unverschämt, empört und anklagend reagierte, was mich zumindest ein wenig dafür entschädigte, daß ich mich unverstanden, seelisch mißhandelt und ungeliebt fühlte.
»Wir sind hier nicht in der Hitlerjugend«, schnauzte ich meinen Vater eines Tages an, als er wieder mal mein Taschengeld sperren wollte, um seine autoritären, aber irgendwie hilflosen Erziehungskunststückchen an mir zu exerzieren, und dabei in diesen unangenehmen Befehlston verfiel. Sofort wurde er still. Ich hatte sie endlich gefunden, die Wunderwaffe. Das perfekte, maßgeschneiderte, effektivste Instrument niederschmetternder Beleidigungen, die garantiert nie ihr Ziel verfehlten. Ich bezweifle, daß ich die einzige war, die sich der Vergangenheit in dieser Art bediente; es muß viele Familien gegeben haben, in denen eine rebellische Tochter oder ein aufmüpfiger Sohn im Moment größter Wut den Vater – sicher oft mit gutem Recht – einen »alten Nazi« genannt haben.
Als ich zwanzig war, unterlief meinem Vater ein entscheidender Fehler. Meine Eltern waren gerade nach Mallorca gezogen, und ich besuchte sie das erste Mal mit meinem Freund Thomas, einem hübschen Künstler, dessen Locken sich ein bißchen über Hals und Ohren ringelten – es war immerhin 1966 – und der rosa Cordjeans mit dazu passender Jacke trug, was seiner Idee eines formellen Anzugs entsprach. Als mein Vater ihn so sah, kam irgend etwas über ihn. Selbst angetan mit einer tollkühnen, unbeschreiblichen Freizeitkombination aus etwas Pflegeleichtem, Netzartigem, mit weißen Plastikschuhen und einem verwegenen Schifferhütchen, sprach er sich störrisch dagegen aus, daß uns Thomas in ein benachbartes Restaurant begleitete. »So geh ich mit dem nicht mit«, zischte er meiner Mutter, auf Unterstützung hoffend, zu. Für mich war es das Tüpfelchen auf dem i, und meine Wut auf einen Vater, der meine Entscheidungen nicht

unterstützte und respektierte und der sich nie ernsthaft bemüht hatte, mich zu verstehen, explodierte: »Ich weiß, unter Adolf hattet ihr alle kurze Haare, und den Arbeitsdienst gab's auch – und in den Konzentrationslagern hatten sie überhaupt keine Haare. Nazi!« brüllte ich ihn an.
Sein Gesicht zuckte nur, und er wurde blaß. Ich hätte ihm alles an den Kopf werfen können. Daß er dumm, ein schlechter Schlagertexter oder häßlich sei, nur durfte ich seine so sorgsam gehüteten Momente der Auflehnung in einer Zeit nicht in Abrede stellen, wo sie ihn hätte den Kopf kosten können. »Das ist eine unglaubliche Frechheit«, schrie er, »mich einen Nazi zu nennen, wo jeder weiß, daß ich dagegen war!« (Meine Mutter stand im Hintergrund und flüsterte beschwichtigend: »Das kannst du nicht sagen, Binchen, das ist nicht wahr«, ihn wie immer verteidigend, wenn es nicht um ihre eigenen Konflikte mit ihm ging.)
»Oh, ja?« konterte ich eiskalt. »Das sagen sie alle. Ich nehme an, die ganze Sache ist sowieso nur eine Erfindung.« Ich beschloß in dem Moment, daß ich keinen Vater mehr hatte. Für den Rest meines Besuchs redeten wir nur noch sehr wenig, und die nächsten fünfzehn Jahre dann sogar noch weniger. Heute verstehe ich meine Wut und Enttäuschung viel besser. Ich war gezwungen worden, meine letzten idealistischen Vorstellungen von meinem Vater aufzugeben, und das hatte wie ein Schock auf mich gewirkt. Er hatte die Grenze, die ich für ihn gezogen hatte und die ihn von seinen Altersgenossen trennte, übertreten und war ins Lager der ordinären, konservativen Pensionäre übergewechselt. Bis dahin hatte ich seiner *Generation* nie getraut, und jetzt konnte ich *ihm* nicht mehr trauen, da er sich am Ende als unentrinnbar deutsch entpuppt hatte.
Natürlich war es unfair von mir, ihn einen Nazi zu nennen und ihn gnadenlos für jede seiner Gesten und Meinungen zu kritisieren, die man, ohne die Last einer so schandvollen Vergangenheit, mit weniger emotionalem Drama hätte ver-

geben können. Ich konnte mich sowieso nicht als Richter seiner politischen Vergangenheit oder seines Lebens aufspielen, ich konnte ihn nur so beurteilen, wie es eine Tochter eben kann: mit getrübten Augen. Wenn ich mir seine Vergangenheit vor Augen führe, sehe ich Courage und auch Feigheit. Selbstgerechte Moralisten könnten das Unterhalten von Truppen als eine Form von Mittäterschaft sehen, da es Hitlers Soldaten moralische Unterstützung gab. Mein Vater unternahm keine so drastischen Maßnahmen, wie das Land zu verlassen oder sich einer Widerstandsgruppe anzuschließen oder selber eine zu gründen, und doch riskierte er einmal bewußt sein Leben. Für ihn war die Arbeit als Truppenunterhalter die am wenigsten schädliche Aktivität, die er unter den Nazis finden konnte, und er scheute keine Mühen und Tricks, um sich direkt kriegsunterstützenden Handlungen zu entziehen. Er hatte zwar nicht die Mentalität eines Freiheitshelden, aber wann immer er eine Chance sah zu beweisen, daß sich trotz der finsteren Zeiten noch sein Gewissen in ihm rührte, handelte er auch danach. Als ich ihn fragte, warum er sich in das Hitler-Attentat hatte hereinziehen lassen, sagte er einfach: »Ich hatte mal was für die Nazis getan (er hatte sie 1933 gewählt), jetzt wollte ich was gegen sie tun.«
Doch mehr als alles andere handelte er vor, während und nach den Nazis einfach seinem Charakter entsprechend. Der junge Vater der fünfziger Jahre, der seinen Kindern befahl, sofort nach Hause zu kommen, falls ein Lehrer sie schlug, war derselbe Mann, der die Nazis für ihre Brutalität haßte. Der mittelalte Vater, der sich laut über die rechten Politiker unter Adenauer in den frühen sechziger Jahren aufregte, war derselbe Mann, der im Dritten Reich Dampf über die skrupellosen Top-Nazi-Verbrecher von Kaltenbrunner bis Heydrich abließ. Und der alt gewordene Vater der achtziger Jahre, dessen Selbstbezogenheit ihn nie über seinen eigenen Horizont blicken ließ, war derselbe Mann, der gleich nach dem Krieg außerstande gewesen zu sein schien, vielen der unter

Hitler erfahrenen politischen und menschlichen Lektionen die richtige Deutung zu geben.
Eins ist klar: Daß er in diese Zeit hineingeboren wurde, ist sein Schicksal und kann ihm nicht als persönliche Schuld ausgelegt werden. Da ich nie wirklich wissen werde, was er im Krieg getan oder nicht getan hat, bleibt mir nur ein Bereich, in dem ich beurteilen kann, ob er verantwortlich gehandelt hat oder nicht. War er in der Lage, seine unschätzbaren Erfahrungen für seine Kinder in politisch und emotional relevante Lektionen umzuwandeln? Konnte er die Botschaft vermitteln, daß so etwas wie der Holocaust nie wieder möglich sein darf und daß wir sowohl die Bürde der Sünden seiner Generation als auch die *Verantwortung* dafür zu tragen haben, daß eine Wiederholung ausgeschlossen bleibt? Leider war er nie wirklich an Politik interessiert, und derselbe Impuls und das Talent, sich unliebsamen Pflichten zu entziehen und nicht direkt für Hitler zu kämpfen, waren später auch der Grund, jedem leidenschaftlichen und aus einer Überzeugung heraus entstandenen Engagement aus dem Weg zu gehen. Er fürchtete sich vor Tiefe und Hingabe und wollte den Dingen nie auf den Grund gehen, dafür fehlte ihm das psychologische Gespür.
Je mehr ich über meinen Vater erfuhr, desto mehr lose Enden hielt ich in Händen. Ich hatte Schwierigkeiten, in meinem Vater nicht auch immer gleich den Bürger des Dritten Reichs zu sehen. Wo hörte das Nazi-Vermächtnis auf, wo fing es an? Diese komplizierte Frage war die Wurzel meines Problems, meiner ambivalenten und gestörten Beziehung zu ihm. Waren seine Antworten auf meine Fragen zufriedenstellend? Ja und nein. Daß er nicht log, war für mich klar, und daß er Authentizität bewahrt hatte, konnte ich daran sehen, daß er ohne Peinlichkeit Dinge zugab, die ihm sehr negativ hätten ausgelegt werden können. Letztendlich lautete die Frage ja auch nicht nur: »Was hast du im Krieg gemacht, Vati?«, sondern: »Was hast du im Leben gemacht?« Ich hatte den

unmöglichen Traum, den wohl jedes Kind kennt und mindestens einmal im Leben träumt und der nie in Erfüllung gehen wird: Ich suchte nach dem Mann, der er einmal gewesen war. Ich wollte ein Reisender sein, der sich in der Zeit zurückversetzen lassen konnte, um meinem Vater als jungem Mann ohne Vergangenheit zu begegnen, nicht einem Vater, sondern einer Person, die befreit war von der Bürde, wie ein Heiliger im Schatten der Schuld zu leben. Ich selber wünschte mir, von der Bürde einer Tochter befreit zu sein.
Auch mein Vater wurde nicht jünger, und mein Besuch bei ihm würde eine gute Chance sein, ihn mit alldem zu konfrontieren – richtig gemütlich, bei ein oder zwei erfrischenden Drinks, von üppigen Mandel- und Olivenbäumen umgeben.
So machte ich mich also auf den Weg, um endlich herauszufinden, wie er mit seiner Geschichte lebte, wie es dazu gekommen war, daß er Führer und Vaterland als singender Schauspieler und Truppenunterhalter in den besetzten Ländern dienen mußte. Ich wollte seine Geschichte von Anfang an hören.

»Weil ihr Mädchen wart, hab ich vielleicht nicht so darauf geachtet, wieviel ich euch erzählt habe, weil ich dachte, das wäre nicht interessant oder sollte vielleicht euren späteren Ehemännern überlassen werden«, sagt mein Vater seelenruhig. Er lehnt sich in seinen Rattanstuhl zurück, schlägt seine staksigen, gebräunten Beine übereinander und nimmt einen Schluck Campari. Wir sind auf Ibiza, dem malerischen spanischen Hot Spot für die unheilbar Schicken, beneidenswert Jungen und unverbesserlich Reichen – und im Moment das Zuhause von Karl-Heinz Reichel. Wir sitzen auf einer großen, leeren, saubergefegten Terrasse. Ein Vater, eine Tochter und die deutsche Vergangenheit. Ein sonnenüberflutetes Drama mit zwei Menschen in Badezeug.
Mein Vater ist trotz seiner über siebzig Jahre noch ein recht gutaussehender, alerter Mann, hochgewachsen und schlank.

Er trägt immer einen Hut, um seinen Hauch von Haaren zu verstecken, die ihn wegen ihrer fehlenden Spannkraft und Fülle schon immer geärgert haben, und sein eigentlich grauer Bart ist sauber geschnitten und leicht dunkel gefärbt. Er hat sich für unser Gespräch, unser erstes in zehn Jahren, vorbereitet und ein dickes, schwarzgebundenes Album und mehrere Schriftstücke – »Beweise« für seine Teilnahme am Hitler-Attentat – mitgebracht.
Zuerst bin ich schockiert, als mein Vater mir ohne Spur von Peinlichkeit erzählt, daß er, wie auch seine Eltern, mit großer Begeisterung 1933 Hitler gewählt hat. Mir war das irgendwie nicht klargewesen, er hatte nie darüber gesprochen, ich hatte allerdings auch nie gefragt. Für mich war jeder, der Hitler 1933 nicht schon durchschaut hatte, kategorisch ein flammender Nazi gewesen – eine zum Teil unrealistische Annahme, die ich revidieren sollte.
Er erinnert sich gut an das Chaos vor Hitlers Machtübernahme: »Mein Vater hatte gerade eine Importfirma gegründet und hatte wegen der katastrophalen wirtschaftlichen Situation sehr zu kämpfen. In dieser Zeit wurde immer mehr von den Nationalsozialisten gesprochen. Meine Eltern waren ja sehr christliche Menschen, und mein Bruder und ich wurden in den Bibelklub geschickt. Aus diesem Klub sprangen immer mehr Leute ab, und es wurde dann gesagt, daß die zur SA gegangen waren. Diesen Leuten ging es finanziell nicht gut, wie den meisten, die damals der Partei beitraten, weil sie einen Teller warme Suppe in den Bauch kriegen wollten.
Ich selber hatte einen persönlichen Grund, die Nazis erst nicht so schlecht zu finden. Ich hatte nämlich ein Motorrad, und wir lasen immer über die Autofallenräuber, die nachts Drähte über die Straße spannten, um dann die Leute auszurauben. So um 1932 machte Hitler eine Menge Versprechungen, von wegen die Todesstrafe wieder einführen, und ich dachte, Donnerwetter, das ist richtig, weil einfach zuviel los war.

Ich bin natürlich deutsch-national erzogen worden, kaisertreu, so wie die Vorfahren auch. Auf den Kaiser ließen sie nichts kommen, der hatte ja auch den Krieg nicht angefangen, der war uns aufgezwungen worden wie alle anderen Kriege.« Er lacht ironisch. »Und wenn wir keine Kriege draußen hatten, dann haben wir einen Bruderkrieg gemacht – aber zum Schlagen mußten sie was haben, die Deutschen. Am schlimmsten für meine Familie waren die Sozis, über die wurde zu Hause nur mit gesenkter Stimme gesprochen, die standen für alles Dekadente und Subversive, von Kommunisten und Atheisten ganz zu schweigen.
Ich war mehr an Mädchen und Tennis interessiert als an Politik. In den ersten Jahren des Nationalsozialismus gab's in unserem engen Verwandten- und großen Bekanntenkreis keine Warner, obwohl hinterher gerne behauptet wurde, ›das haben wir ja schon damals gesagt.‹ Das mit den damaligen KZs hielten wir für richtig, das waren Arbeitslager, in denen gewisse Leute antreten und arbeiten mußten, auch ein paar Juden. Von Umbringen und Vergasen war nie die Rede.«
Obwohl seine Eltern für ihn den Beruf des Kaufmanns vorgesehen hatten, wollte Karl-Heinz Reichel Schauspieler werden, und warum auch nicht? Mein Vater hatte das Zeug zum Idol. Er war ein sehr gutaussehender Mann, groß, dunkel und sehr schlank, mit melancholischen braunen Augen und einem überraschend schüchternen Lächeln in seinem schmalen, ausdrucksvollen Gesicht. Die Schauspielerei galt in den christlichen Kreisen seiner Eltern allerdings als zweifelhafter Beruf, in dem es von schlüpfrigen, seichten Menschen nur so wimmelte, und da war es besser, daß er von zu Hause auszog. Er nahm Schauspielunterricht bei Ferdinand Marian, dem späteren »Jud Süß« in Veit Harlans Film, der halb Tscheche, halb Jugoslawe war und ihn nicht nur in eine neue Clique aus freier denkenden Künstlern einführte, sondern ihn auch, wie mein Vater beteuert, über die wahren politischen Umstände aufklärte.

Nach seinen kleinen geplanten wie ungeplanten schauspielerischen Einlagen zu Hause zu urteilen, muß er Talent gehabt haben, außerdem war er sehr musikalisch und konnte gut singen. All dies verschaffte ihm ansprechende Haupt- und Nebenrollen in leichten Boulevardstücken an kleineren Theatern zwischen Hamburg und Berlin, in denen er meistens den Bonvivant mimte, der am Ende das Mädchen bekommt. Er hatte durchaus Sinn für Selbstparodie, was ihn davor bewahrte, sich als Schauspieler zu ernst zu nehmen (er wollte sowieso lieber Regisseur werden), obwohl die Kritiken, die er mir zeigte, exzellent waren und sich sehr gut machten mit den alten Theaterfotografien, Programmheften, Plakaten sowie Noten seiner von ihm getexteten, irrsinnig komischen Nachkriegsschlager, die er alle in ein großes, schwarzes Buch geklebt hatte.
Zwischen 1935 und 1937 begann Karl-Heinz Reichel dann die Dinge anders zu sehen: »Plötzlich wurden in meinem stinkfeinen Tennisklub die Juden aus den bekannten Gründen aufgefordert auszutreten, so auf die höfliche Art, mit Handschlag und so, und nicht viel später wurden dann jüdischen Geschäftsleuten die Geschäfte weggenommen. Schließlich fingen Geschichten von Konzentrationslagern an durchzusickern, von Mißhandlungen war die Rede, und was mir besonders verdächtig vorkam, der Satz ›auf der Flucht erschossen‹ wurde oft genannt. Jeder wußte, daß in den streng bewachten Lagern sofort geschossen wurde, und es war nicht glaubhaft, daß da jemand türmen wollte. Also, ich war nicht mehr für die Nazis, und bei der letzten Wahl, die irgendwann 1936/37 war, habe ich sie dann auch nicht mehr gewählt, hatte aber nicht den Mut, es meinen Eltern zu erzählen.«
Mein Vater fegt einige eingebildete Krümel vom sauberen Terrassentisch und fährt fort: »Es gab danach noch einmal zwei Anlässe, bei denen ich über meine Ablehnung ins Zweifeln kam. Einer war die Olympiade 1936 in Berlin, die war so

fantastisch gemacht wie nichts auf der Welt, alle waren begeistert – die Franzosen marschierten mit Hitlergruß ins Stadion –, und der andere war 1938 der Besuch von Chamberlain bei Hitler in München. Wir bewunderten die Engländer, die ja traditionell die größten Politiker waren, und wenn so ein Mann in die Stadt der Bewegung kam . . .

Doch dann ging's los mit der Tschechoslowakei, und dann Österreich, und ich fing an zu denken, mein Gott, der hört ja nicht auf, das kann doch nicht gutgehen. Nun hatte ich ja gelesen, daß wir ein ›Volk ohne Raum‹ waren . . .« Er bellt einige Slogans mit Hitlerstimme, die leicht zu imitieren ist, was gerade älteren Deutschen besonders gefällt. »Ich begann den Hitlerreden im Radio mit größtem Interesse zu folgen, hab sie aber nicht immer durchschaut. Er hat ja nie vom Krieg gesprochen, sondern nur gesagt, was auch heute noch gilt: Wir wollen keinen Krieg. Wir haben ja auch keine Kriegsminister mehr wie im Kaiserreich, sondern Verteidigungsminister. Er sagte, daß wir wegen Kriegsverhinderung rüsten müßten, weil sie sonst über uns herfallen würden – das galt damals schon. Daher fand ich seine Reden nicht unbedingt auf den Krieg hinzielend.«

Doch das Jahr 1938 brachte eine Wende. Mein Vater lebte jetzt in der Reichshauptstadt Berlin und hatte gerade ein Engagement an einem Theater am Kurfürstendamm beendet. Er fühlte sich mit seinem Leben einigermaßen zufrieden, als etwas passierte, das seine störenden Zweifel an die Oberfläche riß – die Kristallnacht, eine Nacht zersplitterter Fensterscheiben, brennender Synagogen und plündernder SA-Horden, ein organisiertes und offenes Pogrom, das in seiner Vernichtungswut keinen Zweifel mehr an Hitlers Plänen ließ. Die verwüsteten jüdischen Geschäfte, vor denen schadenfroh grinsende Braunhemden standen, die mit Genugtuung große Schilder mit der Aufschrift »Kauft nicht bei Juden« um den Hals hängen hatten, verfehlten bei dem jungen Mann aus gutem Hause nicht ihre Wirkung.

»Ich ging am nächsten Morgen durch die Straßen«, erinnert sich mein Vater, »und war entsetzt und absolut schockiert. Was ich da sah, abgesehen von den eingeschmissenen Scheiben, hat mir den Rest gegeben. Ich sah, wie Juden aus Häusern abgeführt wurden. Da kam dann ein alter Mann heraus, der ein Eisernes Kreuz trug, und dem wurde gesagt: ›Du Schwein wagst, das deutsche Abzeichen zu tragen.‹ Der alte Mann konnte gerade noch stammeln: ›Aber das habe ich bei Verdun . . .‹, da kriegte er schon so eine aufs Maul, daß er nicht mehr reden konnte. Ich bin dann zu einer jüdischen Familie gezogen, die Zimmer vermietete und Unterstützung brauchte, denn ich mußte mir für ein paar Monate eine neue Unterkunft nehmen. Jetzt wurden mir zum ersten Mal Dinge bewußt, die bereits 1934/35 passiert waren und zu dieser Entwicklung geführt hatten, und ich dachte, das hätte dir damals auffallen müssen. Nach der Kristallnacht dachte ich, nun passiert's, jetzt wird der Rest der Welt, speziell die Juden von draußen und die Amerikaner, sich einschalten und einmarschieren, weil die sich das nicht gefallen lassen. Aber nichts passierte.«

Mein Vater macht eine Pause und lehnt sich zurück. Die späte Nachmittagshitze hat ihn ermüdet. Er scheint nervös, innerlich aufgebracht. Seine rechte Hand wischt über den Tisch, aber da sind immer noch keine Krümel. Er blickt nachdenklich, und trotzdem, während er mir diese Geschichten von Terror und kaltblütig ausgeführten Entrechtungen unschuldiger Menschen erzählt, bleibt seine Stimme flach und unbeteiligt wie die eines bloßen Berichterstatters, sein Gesicht ist ausdruckslos. Wie so viele seiner Altersgenossen kann er während unserer Gespräche nur eine entstellte Form von Traurigkeit und Mitleid für die Millionen sinnlos getöteter Menschen ausdrücken, und seine Berichte klingen manchmal herzlos und sind zumeist mit Ironie und Zynismus gespickt. Sein Moment des Aufschreis ist längst vergangen, seine Gefühle von Schmerz und Anklage wurden

erstickt und können nicht mehr aktiviert werden. Was auch immer er an Tränen vergossen haben mag, er muß sie für sich allein vergossen haben.
Die Weichen waren für meinen Vater gestellt, es gab kaum noch einen Seitenweg. Dieses war ein Regime, das er nicht mehr unterstützen wollte, aber dem er auch nicht entfliehen konnte. Offener Widerstand war unmöglich. Ein sorglos dahingesagtes falsches Wort, und die Gestapo hämmerte an die Tür. Der einzige Weg, ohne aktive Teilnahme zu überleben, war, sich von allem zurückzuziehen, was allerdings ungefähr so unmöglich war, wie Adolf Hitler von seinem Bärtchen zu trennen. Die Reichsbürger standen unter ständiger Beobachtung. Überall schnüffelten übereifrige Braunhemden, Blockwarte und Ortsgruppenleiter herum, belästigten die Leute mit als Bitte getarnten Befehlen, fürs Winterhilfswerk zu spenden, und mit Ermahnungen, allen erdenklichen NS-Organisationen beizutreten.
»Ich bin kein politischer Mensch«, sagt mein Vater leichthin nach einer längeren Pause. »Ich war kein Hurra-Patriot und kein Kriegsfritze, mich haben auch die Freikorpskämpfer, die den Ersten Weltkrieg nicht verloren haben wollten, nicht interessiert. Auch mein Vater, der nur sehr widerstrebend seinen Kriegsdienst im Ersten Weltkrieg in Rußland gemacht hatte, haßte das Militär. Ich kann nicht sagen, daß ich besonders mutig bin. Eins war klar, ich wollte niemals Soldat werden und an der Front kämpfen. Um Gottes willen, nein«, stöhnt er und schlägt mit einer Grimasse die Hände über dem Kopf zusammen.
»Mir war das egal, ob das von außen als unehrenhaft angesehen wurde. In meinen Kreisen war es jedenfalls eine Ehre, keine Uniform anzuziehen. Nun war das nicht gerade eine ideologische Entscheidung. Ich sah ja die Soldaten, die schwerverwundet und blind aus dem Krieg wiederkamen, und auch die Leute nach den Luftangriffen, die ich manchmal mit aus den Trümmern geborgen hatte. Nein, das war nackte

Angst. Jeder ist sich selbst der Nächste. Ich hatte auch kein schlechtes Gewissen, daß andere an der Front kämpften. Jeder, der die Uniform anhatte, war mir geistig fremd. Das war so, als ob er sich die selber ausgesucht hätte, was ja allerdings nicht stimmte.«
Ende 1939 wurde Karl-Heinz Reichel gemustert, gab eine Knochenmarksentzündung an und wurde als »kriegsverwendungsfähig Heimat« eingestuft. 1940 wurde er dann das zweite Mal gemustert und bekam es mit der Angst, als er nun doch in Uniform ins Feld geschickt werden sollte. Auf Anraten eines Kollegen entschied er sich, Front-Tourneen zu machen, und unterschrieb einen Vertrag mit der »Komödie am Kurfürstendamm«, gerade als Paris besetzt wurde.
Im Oktober 1940 ging er auf die erste Tournee nach Polen. »Ich war in absoluter Opposition zum Regime«, erklärt er, »der Rest der Gruppe war auch dagegen.«
Wie kann man dann nur rechtfertigen, die Soldaten in den unrechtmäßig besetzten Ländern zu unterhalten? Was für ein Gefühl war das, durch die bloße Nationalität zu den Besetzern zu gehören?
»Wir waren Schauspieler, das war unser Job. Die Soldaten waren doch auch nur arme Teufel, die froh waren, wenn sie Unterhaltung von zu Hause bekamen. Die dachten auch: Hoffentlich ist der Krieg bald zu Ende. Ich war froh, daß ich Schauspieler und kein Soldat war. Dann zeigten uns deutsche Soldaten Fotos von den Massenerschießungen und den Gräben voll mit Leichen und erzählten schlimme Geschichten von Konzentrationslagern. Mein Freund und Kollege Günther Lüders und ich waren sehr aufgebracht und wollten da nachhaken und sehen, ob wir da reinkamen. Wir bekamen tatsächlich die Erlaubnis, ein KZ in der Nähe von Lublin zu besichtigen. Es war ein kleines Arbeitslager. Wir haben keine Gaskammern oder Krematorien gesehen.«
1941 ging es auf Tour nach Frankreich, Belgien, Dänemark und Holland, immer für je drei Monate. »Ich war auch in

Paris und wohnte im ›George V‹, ein herrliches Leben. Wir haben überall immer Verbindung zu Widerstandskämpfern gesucht und vorsichtig zu verstehen gegeben, daß wir keine Nazis waren. Wir waren erfolgreich damit, denn es sind Franzosen an uns rangetreten und haben sich uns erklärt. Wir haben uns auch mit französischen Mädchen eingelassen – die wurden wahrscheinlich später kahlgeschoren, als die Engländer kamen.

Oberflächlich betrachtet, ging's uns gut, wir hatten zu essen, aber ich lebte in Angst, weil alles passieren konnte. Ich wußte, daß es unter den Nazis keine Gerechtigkeit gab, und das schlimmste war, daß – außer den Juden – dauernd Unschuldige umgebracht wurden aufgrund von Fehlern, Namensverwechslungen und Denunzierungen. Meine Attitüde war, ich möchte ja was dagegen machen, nun sag mir mal bitte einer, wie und wo?«

Die leichten italienischen und sogar japanischen Stücke – alles Jüdische und alles, was nach Freiheit roch, war verboten – konnten die immer düsterer werdende Stimmung und langsam einsetzende Panik in der Truppe, und dem Publikum, nicht aufhalten. Das Unternehmen Stalingrad bahnte sich als Katastrophe an, und zwischen den unlustigen, bleiernen Auftritten hörten die Schauspieler und Soldaten die Frontberichte im Radio.

»Ich habe ja nun nicht an meine künstlerischen Fähigkeiten gedacht, sondern daran, daß ich bald die Arschbacken zukneifen würde, wenn das so weiterging. Wir sahen so schwarz, das war das schreckliche: diese Aussichtslosigkeit. Überleben war Glücksache. Ich hätte für mein Leben keinen Pfifferling gegeben. Ich kannte die Verbrechen der Nazis und wußte, daß die nicht mehr zurückkonnten. Wir glaubten inzwischen alles, was wir über die KZs hörten, daß da Juden umgebracht wurden und so. Es mußte ein schlimmes Ende nehmen, das war mir klar; bald würden die Alliierten am Ku'damm stehen, und dann würden wir alle draufgehen, denn dann würde es nicht danach gehen, wer wo politisch gestanden hatte.«

Die Sonne geht langsam unter und verwandelt den balearischen Himmel in eine Palette aus rosa- und malvenfarbenen Tönen. Die Grillen fangen an zu zirpen, und wir merken beide, daß wir hungrig sind. Mein Vater rutscht ungeduldig auf seinem Stuhl hin und her. Er möchte gerne eine Pause machen. Er beendet die Unterhaltung mit einem abrupten: »So, nun reicht's für heute. Den Rest erzähl ich dir morgen.«

Am nächsten Nachmittag wird das Ritual vom Vortag ohne Abweichung wiederholt. Wir sitzen im gleichen Arrangement auf der Terrasse – die gleiche Uhrzeit, dieselben Stühle, die Drinks, die grell bedruckte Badehose an seinem braungebrannten Körper. Ich kann mich inzwischen über die mich einst ärgernde Mischung aus Gewohnheit und Zwanghaftigkeit amüsieren, weil ich ihr nicht mehr ausgeliefert bin.

Irgend etwas scheint mir allerdings neu und geradezu verdächtig zu sein – seine besonnene Ruhe und Bescheidenheit. Bekannt als überdrehter, wie ein Wasserfall redender, selbstgefälliger Charmeur mit dem Hang zu Übertreibungen, ist er plötzlich schlicht und nüchtern. Vielleicht ist es der offizielle Charakter unserer Unterhaltung zusammen mit dem Tonband, das ihm das Gefühl von Wichtigkeit vermittelt und das ihm für einen flüchtigen Moment erlaubt, sich wirklich selbst zu spüren. In jedem Fall nimmt er mich ernster als je zuvor, weil ich zu einer Chronistin geworden bin.

Ich habe immer noch nicht die nervenaufreibende Geschichte vom 20. Juli 1944 gehört, dem glorreichen und einzigen Tag massiven deutschen Widerstands gegen Hitler – ein Fehlschlag, aber immerhin ein Versuch –, und was genau mein Vater damit zu tun hatte.

»Weißt du, was«, beginnt er, »ich finde es immer etwas peinlich, darüber zu sprechen. Da von zehn Leuten, die sich zum Dritten Reich äußern, mindestens drei sagen, daß sie im Widerstand waren, müßte man sich eigentlich fragen, wie es bei den Hunderttausenden im Widerstand das Dritte Reich überhaupt hatte geben können.«

Nachdem er seine letzte Tournee durch Dänemark beendet hatte, wartete auf ihn bereits ein neuer Einzugsbefehl, aber mein Vater, der schon so etwas geahnt hatte, hatte sich bereits mit einer Eignungsprüfung darauf vorbereitet, dem Reichsrundfunk in Berlin seine Dienste als Sprecher anzubieten, und hätte das nicht geklappt, hatte er sich schon überlegt, wie er hätte in den Westen überlaufen können, um beim »Soldatensender West« zu landen.

»Anfang Juli 44 war ich auf einer Party, ich war da in eine Clique geraten, in der ganz offen von konkretem Widerstand gesprochen wurde, und man weihte mich ein, daß jemand im Sender gebraucht werde, und man traute mir offensichtlich. Mein Verbindungsmann war ein von Rieck, aber der Name ist nie wieder aufgetaucht, hier, den Namen und die Telefonnummer hat er mir selber aufgeschrieben.« Er zeigt mir einen alten, zerknitterten Zettel mit dem Namen und einer Telefonnummer. »Also es ging um folgendes: Nach dem Attentat sollte sofort der Rundfunk besetzt werden, und jemand sollte den vorbereiteten Aufruf der neuen Regierung vorlesen, und dazu wollten sie zur Sicherheit zwei Sprecher, die Bescheid wußten; ich sollte einer davon sein.

Da ich mich dem Befehlsüberbringer gegenüber ausweisen mußte, sollte zu dem Zweck ein Ausweis erstellt werden, der mich fälschlicherweise in Uniform zeigte, was dann der Beweis war, daß ich der richtige Mann war. Der Witz war der, daß ich Zivilist war und das in meinem Wehrpaß auch nachgeprüft werden konnte. Die organisierten dann eine Offiziers- oder Leutnantsuniform, das Foto wurde gemacht, und ich kriegte den entscheidenden Ausweis. Der Rundfunk war schwer bewacht, und ohne Ausweis kam man da gar nicht rein. Daß ich zur Arbeit in Zivil ankam, war nichts Besonderes, ich hätte ja verwundet sein können, das prüfte keiner nach. Und so wurde ich stellvertretender Leiter der Abteilung

›Bühne im Rundfunk‹, daß ich diesen Ausweis noch habe, ist ein Wunder.«
Er zeigt mir eine kleine Karte mit Foto, auf der »Monatsausweis No. 871, Karl-Heinz Reichel, Gruppe Z, 13. Juli 1944, Reichsrundfunk Berlin« steht. Das Foto ist einfach albern, und ich breche in Lachen aus. Da ist etwas Bösartiges an diesen imposanten Mützen mit der hochgezogenen Vorderfront, das sogar einem hübschen, sehr naiv aussehenden Mann wie meinem Vater eine gewisse Ähnlichkeit mit Adolf Eichmann verleiht. Mein Vater reagiert nur mäßig amüsiert auf mein Gelache, denn dieses merkwürdig gemischte Gefühl aus Terror und Komik, das ich empfinde, wenn ich diese wichtigtuerisch aussehenden Männer in ihren Befehlsmonturen sehe, versteht er nicht. Es ist wohl eine Art Zugehörigkeitsgefühl, das ihn vom Lachen abhält, schließlich war er ein Zeitgenosse und dadurch persönlich mit der »Ästhetik« der Nazis verbunden.
Der Attentatsversuch auf Hitler schlug fehl, und als am Nachmittag die Meldung kam, daß der Führer noch am Leben sei, bekam es Karl-Heinz Reichel mächtig mit der Angst. Fieberhaft überlegte er sich Ausreden, falls man den Ausweis bemerken oder ihn sonst irgendwie verdächtigen sollte. Er hatte zwar nichts getan, aber das Wissen allein genügte schon. »Ich fing an, Tag und Nacht darüber nachzudenken, was alles passieren könnte, und wünschte mir nur, daß ich nie etwas damit zu tun gehabt hätte, soviel Schiß hatte ich. Ich dachte, na, nun kommen sie mich abholen. Sie verhafteten aber nur so zehn Nazis im Rundfunk, doch dann kam die Gestapo im November noch mal und verhörte mich, weil es ja klar sei, daß jemand vom Rundfunk Bescheid gewußt haben müßte, und ich als Sprecher usw. usw . . .
Ich gab eine meiner besseren Vorstellungen und spielte den aufrechten Nazi. ›Wie bitte? Was fällt Ihnen ein, ich und gegen den Führer was tun, erlauben Sie mal‹, sagte ich beleidigt, ›ich habe keine Zeit für solchen Unsinn, ich muß pro-

ben‹, und stürmte raus und gleich zum Klo, wo ich dann wie ein Reiher kotzte. Ohne Pervitin, das ich damals oft nahm, wäre ich vor denen zusammengebrochen.«

Das Leben im Bunker des Reichsrundfunks war wohl auch ohne solche haarsträubenden Zwischenfälle schon nervenaufreibend genug. Die tägliche Nachrichtensendung »Der Zeitspiegel«, die 1943 begann, wurde vorproduziert, aber es passierte schon mal, daß auf eine wichtige Nachricht gewartet wurde und dann das Ende der Sendung »live« angesagt werden mußte.

»Ich sollte etwas ›live‹ ansagen, und da kam dann so ein SS-Mann, und wir gingen runter in den Bunker zum Studio, wo zwei weitere SS-Männer mich ganz freundlich in Empfang nahmen. Sie setzten sich mir gegenüber und legten ihre Revolver auf den Tisch«, berichtet mein Vater mit Schaudern, »und nicht etwa, weil sie mich mal schießen lassen wollten oder so. Dann kam das Band und das Manuskript mit einem Kreuz, von wo aus ich lesen sollte, was ich auch ohne große Umschweife tat. Danach packte ich das Manuskript zusammen und die ihre Pistolen, und sie verabschiedeten sich mit höflichem Handschlag und ›Heil Hitler‹. Grauenhaft!«

Das alles hört sich jetzt fast komisch an, und er hat ein kleines Lächeln aufgesetzt, während er mir die Geschichte erzählt, aber es muß die Hölle gewesen sein. Spätestens ab 1944 begann es vielen Deutschen zu dämmern, daß der Krieg verloren war. Die Bombenangriffe auf die deutschen Städte hatten nun auch dem deutschen Volk die bittere Realität des Krieges aufgezwungen. Die Rundfunksprecher mußten immer zur Verfügung stehen, durften nicht weit vom Sender wohnen und konnten bei Angriffen nicht mit ihren Familien in die Bunker. »Es sah schlecht aus, und ich dachte nur, hoffentlich überlebst du, obwohl die Zukunft ja auch nicht hoffnungsvoll war. Ich wußte, daß ich in einem Land von Kriegsverbrechern lebte«, sagt mein Vater.

Die Suche nach über die Realität hinweghelfenden, sie verdrängenden Illusionen wurde verzweifelt. Immer noch gab es irgendwo eine Party mit viel Alkohol, einem Tröster, der wohl zu allen Zeiten organisiert werden kann. Die Welt sah betrunken weniger beschissen aus, außerdem fuhr man sowieso nur noch mit dem Rad. Sogar die seltenen Momente der Erbauung wurden vom Krieg vereitelt. Im Besitz einer guten Stimme, hatte mein Vater schon des öfteren ausländische Filme synchronisiert, und – selbst kein schlechter Schlagersänger – war er besonders stolz, Bing Crosby seine Stimme geliehen zu haben.

»Nachdem Amerika nun in den Krieg eintrat, waren auch englische Songs nicht mehr erlaubt, und sie fragten mich, ob ich Crosbys Songs aus dem Film *Double or Nothing* auf deutsch singen wollte.« Er singt ein paar Takte des Liedes *The Natural Thing to Do.* »Ich hätte das gekonnt, aber es war ja lächerlich, also lehnte ich das ab. Der Film wurde dann aus den Kinos entfernt.«

Dieses ist die Art von Erinnerung, die mein Vater gerne bewahrt. Sie schmeichelt seinem Selbst und deutet das Talent an, das er weder in Nazi-Deutschland noch in den ungelenken Unterhaltungsversuchen des Nachkriegsdeutschlands der fünfziger Jahre ausdrücken konnte.

»Plötzlich, im Januar 1945, hörte ich, daß es wieder eine große Untersuchung im Rundfunk geben sollte. Ich kriegte kalte Füße und wollte schnell weg. Der Hausarzt einer bekannten Schauspielerin, mit der ich arbeitete, schrieb mir eine Bescheinigung, daß ich wegen einer beginnenden Tuberkulose für einige Wochen arbeitsunfähig sei, und ich floh in einen kleinen Ort in Österreich, gleich in die Berge.

Es war März 45, als wir die Amerikaner mit Panzern ins Tal rasseln hörten. Ich bin mit zwei desertierten deutschen Soldaten runtergegangen, habe mich bei denen gemeldet und gesagt, daß ich gegen die Nazis gewesen sei. Der erste amerikanische Lieutenant, der mich verhörte, ein Deutscher, der 1933 emigriert war, erklärte mir, daß er zum CIC, dem Coun-

ter Intelligence Corps gehöre. Ich wurde dann in der kleinen Pension, die das Headquarter war, festgehalten, bis mein Fall überprüft war. Ich bekam Cola, Baked beans, Kaugummi, Fliegerschokolade und PX-Rationen und wartete. Als sich meine Story als wahr erwiesen hatte, fragte mich ein ausgewanderter deutscher Jude, Walter Stein, den sie immer verlachten, weil er nicht akzentfrei Amerikanisch konnte, ob ich für sie arbeiten wollte und eine Gruppe von Deutschen, die wahrscheinlich von der SS war, aber die sie nicht auseinandersortieren konnten, bespitzeln wolle. Das wollte ich gerne tun, denn ich hatte Rachegefühle gegen die Nazis, besonders die SS, und so folgte ich denen also in Zivil, setzte mich mit einer Zeitung neben sie und merkte mir, was sie sagten.
Noch eine Sache fiel mir besonders auf. Die Amis wußten vom ersten Tag an, daß es eines Tages gegen Rußland gehen würde, daß der Krieg noch gar nicht aus war. Die haben nach Ost-Experten gesucht, die konnten ruhig Leute umgebracht haben, das war egal. Die sind von Anfang an bevorzugt behandelt worden, kamen alle raus, kriegten Papiere und Geld und wurden in die Ostzone und nach Buenos Aires geschickt. Da waren Leute, die trugen SS-Uniformjacken, das konnte ich am Abdruck der Eichenblätter sehen, Standartenführer, die stolzierten herum, zogen aus ihrer Tasche amerikanische Zigaretten und kauten ihr Kaugummi. Danach wurde ich dann für den Sender ›Rot-Weiß-Rot‹ in Salzburg eingestellt und blieb da bis Ende '45.«
Denunziationen und gefälschte Papiere hatten Hochkonjunktur, als die Alliierten die Entnazifizierungsfarce durchführten, und mein Vater wurde beschuldigt, Sturmbannführer gewesen zu sein. Er durfte für zwei Monate nicht arbeiten, bis auch dieser Fall geklärt war. Es gab auch andere Zwischenfälle.
»Ich kriegte noch lange Drohbriefe von Nazis aus der Gegend meiner Eltern, in denen stand: ›Sie Schwein, passen Sie mal auf, daß Ihren Kindern nichts passiert‹, und solche Sachen.«

Mein Vater sieht das Dritte Reich im großen und ganzen mehr als einen tragischen Unfall an, als daß er es für ein tatsächlich willkommenes, gefeiertes Regime hält. »Da ist eine ganz bestimmte Crew von Leuten zur falschen Zeit an die Macht gekommen. Der Krieg hängt für mich hundertprozentig mit Hitler zusammen, ohne ihn hätte es keinen Krieg gegeben, der Nationalsozialismus ist ebenfalls seine Erfindung, allerdings enthielt er mindestens zwanzig Prozent von den Dingen, die allgemein vom deutschen Volk gewünscht wurden, wie Ordnung und Strammstehen, Arbeitsdienst und Ohrfeigen in der Schule bis zur Oberprima. Ach, der deutsche Volkscharakter, da gibt's viel dran auszusetzen, aber er ist nichts Besonderes.

Ich würde sagen, daß auch die Engländer die Eigenschaften haben, von denen wir hier sprechen, aber es ist auch das einzige Land, in dem ein Nationalsozialismus nicht möglich gewesen wäre. Der war nur da in Europa möglich, wo er auch tatsächlich stattgefunden hat: in Deutschland und Italien. In Italien deshalb, weil die Italiener feige sind und keine Lust haben, gegen irgendwas aufzustehen, und in Deutschland, weil sie nicht feige genug sind, sondern zu mutig. Die wußten genau, daß sie die Menschen nicht töten durften und ihnen alles wegnehmen ... Ich glaube, daß diese Eigenschaften zum größten Teil anerzogen sein müssen. Ich selber bin gar nicht deutsch, ich bin beleidigt, wenn's mir einer anzusehen glaubt oder weil ich vielleicht etwas typisch Deutsches sage.«

Haben die Deutschen nun wirklich nichts gewußt? Er zieht die Schultern hoch und sagt ironisch: »Das muß ich erst mal korrigieren. Wenn die Leute sagen, wir haben nichts gewußt, meinen sie, daß sie nicht gewußt haben, *wie* es passiert ist. Diese Dinge, die man hinterher in den Filmen sehen konnte, wie die Juden an der Rampe abgeladen wurden von den Spitzbuben in den Reithosen, daß es *so* passierte, wußten sie nicht. Daß Menschen in den Lagern generell umgebracht wurden, war bekannt, nur mit dem Vergasen, das wußte wohl weniger als die Hälfte der Bevölkerung. Ich kann allerdings bestätigen, daß wir in Angst lebten und daß unter einem weniger brutalen Regime sich die Leute sicher eher aufgelehnt hätten.«

Er glaubt nicht an Kollektivschuld und fühlt sich auch persönlich nicht schuldig: »Ich habe keinen Handschlag für die Nazis getan, nicht mal Soldat war ich. Wenn alle Deutschen das gemacht hätten, nämlich auf keinen zu schießen, dann hätte der Krieg gar nicht stattfinden können. Wenn ich nun als Verwalter tätig gewesen wäre, das wäre etwas anderes. Wenn ich nicht irgend etwas Beweisbares gegen die Nazis gemacht hätte, würde ich mich noch heute genieren, Deutscher zu sein. Ich habe Hitler zu einer Zeit gewählt, als ich ihn nicht kannte. Ihr seid eine andere Generation, die von vornherein weiß, wer er war und was draus wurde. So einfach ist das nicht. Er war schon ein brutaler Mensch, aber er hat ja nicht nur Unsinn geredet, und das, was er wirklich gemacht hat, hat er nicht offen ausgesprochen. Wenn ich ›Mein Kampf‹ früher gelesen hätte, hätte ich ihn wahrscheinlich nicht gewählt. Das Buch war wie ein Drehbuch. Daraus hat er die Ideen genommen und dann für uns und fürs Ausland eine mildere Form draus gemacht. Ich habe mir manchmal Vorwürfe gemacht, daß ich das alles nicht vorher erkannt habe mit Hitler.«

Sind die Deutschen jetzt entnazifiziert? Haben sie was gelernt?

Er schüttelt den Kopf. »Die Leute konnten sich mit Bestechungen einen ›Persilschein‹ kaufen, deshalb war das Ergebnis läppisch. Im Endeffekt, wenn man auf die fünfziger und sechziger Jahre zurückblickt, ist es Jacke wie Hose. Ohne Entnazifizierung wäre in allen Bereichen genau dasselbe gewesen, mit Nazis in allen möglichen Positionen.« Karl-Heinz Reichel ist ganz der clevere, alte Witzbold, als er mir sein Fazit anbietet, das in einer Nußschale Platz hat: »Alles, was im Dritten Reich gut war, war nicht neu, und alles, was neu war, war nicht gut. Ich meine, wirtschaftlich hat es uns genutzt, daß Deutschland zerstört wurde. Es ist heute viel schöner, jetzt mal von Dresden abgesehen. Wichtige Dinge sind ja stehen geblieben.«

Und was hat der Krieg in ihm und allen anderen Menschen zerstört und verwüstet, was nicht einfach wieder aufgebaut werden konnte? »Nichts. Ich bin ein Glückspilz. Ich hab immer gemacht, was ich wollte, ich habe so viel vom Leben gehabt. Ich kam nach Hause, Frau und Kind, Eltern, Geschwister und Freunde waren alle noch am Leben. Es war eine wunderschöne Zeit nach dem Krieg. Heute sitze ich hier in Spanien und genieße jeden Tag. Ich verfolge die Politik in Deutschland mit großem Interesse und sehe, wie die Sozialdemokratie untergeht. Ich halte mich sonst aber raus. Nur die Todesstrafe wünsche ich mir wieder für Deutschland.«

Gegen Ende unseres Gesprächs blättere ich noch einmal durch sein Fotoalbum und schaue mir das Bild, das ihn als kleinen Jungen, etwa 1917, während eines Sommerausfluges mit anderen Jungen zeigt, zum hundertsten Male an. Es ist ein Bild mit lieben, verschmitzt lachenden Gesichtern und neugierigen Augen – gewöhnliche Jungs in Matrosenanzügen. Sie mögen das Wort »Krieg« zu Hause schon gehört haben – manche hatten vielleicht sogar ihren Vater im Krieg verloren –, aber »Krieg« war ein Wort ohne grauenhafte Bedeutung, es bezeichnete ein glorreiches Ereignis, verbrämt mit siegreichen Geschichten, die auch dann nicht aufhörten, als Deutschland besiegt war. Es gab noch keine Ruinenstädte, keine brennenden Himmel und niederkrachenden Bombenteppiche, keine Gaskammern und keinen organisierten Völkermord. »Krieg« war ein Teil des Lebens.

Ich frage ihn noch einmal, ob er nichts bedauert, keine Bitterkeit über die gestohlenen Jahre verspürt. Die Antwort kommt eine Spur zu hastig: »Nein, nein. Daß ich das alles überlebt habe . . . das ist ein Wunder.«

Ich glaube ihm nicht. Ich sehe mir das Foto wieder an. Wußten diese unschuldigen kleinen Jungs, daß ihr Leben einmal auf unentrinnbare Weise mit Gewalt, Terror und dem Holocaust verbunden sein würde? Konnten sie ahnen, daß ein neuer Krieg, an dem sie selber teilnehmen würden, das Schicksal, die Geschichte und die Geographie ihres Landes radikal verändern würde? Daß die Jahre, in denen sie junge Männer sein würden, auch die Jahre sein sollten, die als größte Vernichtung von Körper und Seele in die Geschichte der Menschheit eingehen würden? Ihr Schicksal schien unabwendbar – wie ein historisch vorbestimmtes Layout –, dazu verdammt, ausgeführt zu werden. Opfer? Täter? Es gibt Momente, da verwischen die Spuren. Nein, ich glaube nicht, daß es keine gestohlenen Jahre und keine zerstörten Leben gab. Aber ich verstehe, daß es unerträglich traurig sein muß, diesen unglaublichen Schaden zu erkennen, den das Herz und die Seele ohne Zweifel genommen haben und der sie alle zu Gefangenen einer Zeit und eines Landes macht.
Sie müssen ihre Jugend beschützen, den Beweis ihrer Existenz. Natürlich sind viele der Opfer mit noch viel fürchterlicheren Schrecken zurückgeblieben, die es zu verarbeiten galt, aber das ändert nichts daran, wie deprimierend es sein muß, von seiner Jugend nichts außer einem Sammelalbum des Krieges, das mit Blutflecken verunziert ist und Leid anstatt Glück hervorruft, zurückbehalten zu haben. Der Krieg holte diese Jungs gerade in dem Moment ein, wo sie bereit waren, ihr Leben zu suchen. Statt dessen wurden sie in Uniformen aufgereiht, zum Marschieren gedrillt und gelehrt, auf ihren Bruder zu schießen. Die Wahl war: schieß oder stirb. Egal, was sie wählten, sie waren zu Leid und Verlust verdammt.
Als ich endlich in der Lage war, meinen Vater zu fragen: »Was hast eigentlich du im Krieg gemacht?«, war das ein kleiner Sieg über die Angst und den Gehorsam. Indem ich die Geister der Vergangenheit in eine durchschaubare Perspektive brachte, war ich in der Lage, sie am Leben zu erhalten,

ohne daß sie zu bedrohlich für mich wurden. Aber Fragen zu stellen, war mehr als der Triumph der Neugierde über die Autorität und das Erwachen eines Geschichtsbewußtseins, das sich dem gesellschaftlichen Gedächtnisschwund widersetzt. Es war eine Form von Befreiung, ein Schritt heraus aus der Kindheit in eine ausgeglichenere Beziehung zwischen einem Vater und einer Tochter. Mein Vater gab mir eine echte Chance, mich mit dem Erbe seiner Generation zu konfrontieren: Dieses Mal war es eine faire Begegnung. Es ist dadurch nicht leichter zu ertragen, aber jetzt, da das Schweigen gebrochen ist, ist es kein bedrohlicher Schatten mehr. Es gibt keine Lösung der Konflikte zwischen meinem Vater und mir, und dennoch hege ich eine gewisse Bewunderung und auch Respekt für die Weise, wie er versucht hat, sein Leben in einer Zeit zu leben, der ich, und dafür bin ich meinem Schicksal dankbar, entrinnen konnte. Es ist nicht so wichtig, daß trotz meines neuen Bemühens zu verstehen einige Fragen immer unbeantwortet bleiben werden. Wir werden beide damit leben müssen.

4

Und du, Mami?

Denke ich an meine Mutter, denke ich an Schönheit und Schmerz. Sie sah perfekt aus, die vollkommene Verkörperung von Weiblichkeit – weiche, üppige Kurven, Eleganz, Grazie und Glamour –, und sie paßte in ihre Zeit, die fünfziger Jahre, so selbstverständlich wie die weißen Handschuhe, die kecken kleinen Hüte und die eckigen Handtäschchen, alles untrügliche Zeichen einer wirklichen Dame. Ihr Schmerz war nicht so sichtbar. Er blieb vor Kindern und Ehemann und meistens auch vor ihr selbst verborgen, und nur ihr leichter Akzent verriet den Ursprung eines Makels, den sie sehr stark verspürte. Sie war ein litauischer Flüchtling, von ihrem Heimatland, ihrer Familie und ihrer Sprache abgeschnitten. Dieses Gefühl der Entwurzelung, des Nirgendwo-Hingehörens wurde ihr psychologisches Gefängnis, welches sie über die Jahre in eine so komfortable Residenz verwandelte, daß sie Probleme hatte, ihr zu entfliehen, weil sie vergessen hatte, ein Schlüsselloch miteinzubauen.

Wie genau meine Mutter in Deutschland landete, ist eine Geschichte von Schicksal, Liebe und – vor allen Dingen – Krieg. Sie hatte nie beabsichtigt, in Deutschland zu bleiben, genauer gesagt, sie hatte es sich noch nicht einmal ausgesucht, ihre Heimat zu verlassen. Doch bereits die Definition von »Heimat« hatte in ihr schon immer ambivalente Gefühle hervorgerufen. Obwohl sie in Liepaja, einer kleinen Hafenstadt an der Baltischen See in Lettland geboren wurde und dort auch aufwuchs, fühlte sie sich als Litauerin, da ihre Eltern seit mehreren Generationen aus alten litauischen Familien stammten. Sie besaß einen litauischen Paß, ging auf eine litauische Schule und hatte in Lettland den Status einer Person mit Aufenthaltsgenehmigung. Sie war damals bereits Gast in einem fremden Land.

1939 begann die Rote Armee unter dem geheimen Protokoll des Hitler-Stalin-Paktes strategisch wichtige Städte in den drei unabhängigen baltischen Staaten Estland, Lettland und Litauen zu besetzen und große Gruppen von Leuten zu verhaften und sie in russische Umerziehungs- und Arbeitslager zu deportieren, aus denen die meisten nie wiederkehrten. Der Vater meiner Mutter, Jonas Daukant, war sehr besorgt um die Sicherheit seiner zwei ältesten Töchter, der achtzehnjährigen Luzie und der neunzehnjährigen Suzana, und wollte sie auf dem schnellsten Wege aus Lettland herausbringen. Er schickte sie zu Verwandten nach Kovno in Litauen. Selbst nachdem die Russen 1940 Litauen annektiert hatten, fühlten sich die beiden jungen Frauen, die ihre Freiheit von zu Hause durchaus genossen, noch sicher genug, um zunächst dortzubleiben, aber Anfang 1941 spitzte sich die Lage derartig zu, daß sie von den Verwandten gedrängt wurden, nach Westen zu fliehen. Luzie hatte sich inzwischen in einen litauischen Kommunisten verliebt (der später erschossen wurde) und wollte bleiben, aber meine Mutter entschied sich, am 7. Februar 1941 die waghalsige Flucht über die polnische Grenze nach Ostpreußen zu wagen, drei Tage nachdem ihr die Russen ihren Paß abgenommen hatten. Nach Wochen erniedrigender und nervenaufreibender Verhöre durch die Nazis erreichte sie Berlin und gehörte zu denen, für die die Bürokratie nach dem Krieg einen so grausam passenden Namen finden sollte, der sich hinter zwei Buchstaben verbarg: DP – *displaced person*.

Meine Mutter erinnert sich: »Die Flucht war von der katholischen Kirche und von litauischen Widerstandskämpfern organisiert. Wir wurden in Heuwagen versteckt und mußten zwei Kilometer durch hohen Schnee laufen – und das in einer mondhellen Nacht. Diese Flucht war ein Bravourstück und so etwas von leichtsinnig, aber ich war so jung und hatte keine Ahnung von der großen Gefahr.« Sie lächelt, als ob sie sich kaum mehr vorstellen kann, daß es wirklich sie war, die sich innerhalb von wenigen Tagen in einer radikal anderen Welt befand. »Ich war extrem verdächtig, weil ich so eine schwierige Flucht geschafft hatte, und da wurde ich eben von der Gestapo gegrillt und für fast vier Wochen festgehalten. Dann kam ich nach Königsberg, und die Nazis, die mich da in Empfang nahmen, waren die schlimmsten Schweine, die ich je getroffen hatte. Die begrüßten mich mit einem: ›Wo kommen Sie her, Litauen? Was will das Lausepack hier, das fehlt uns noch!‹ Die haben mich behandelt wie den letzten Dreck. Nie werde ich diese Erniedrigungen vergessen.«
Wie so viele osteuropäische Flüchtlinge sah auch meine Mutter Berlin anfänglich nur als eine vorübergehende Adresse an. Sie verzehrte sich vor Heimweh nach den Eltern und Geschwistern und fühlte sich völlig fehl am Platz in dieser nazifizierten Nation, auch wenn sie im fernen Litauen einmal hoch im Kurs gestanden hatte, damals, als sie noch ohne Nazis ausgekommen war. Meine Mutter sehnte sich danach, wieder die behütete, sorglose Tochter sein zu dürfen, und zählte die Tage, da sie annahm, bald zurück nach Hause zu können. Andererseits war Berlin natürlich eine aufregende Stadt, ein Schmelztiegel mit einer wirklich kosmopolitischen Atmosphäre, und nicht einmal die Nazis konnten den unbezwingbaren Geist und den Humor der Metropole total unterdrücken.
»Ich fand's toll da. Es war eine irre Stimmung, und die Berliner waren witzig, tolerant und ließen einen in Ruhe. Ich war eigentlich nur mit Ausländern zusammen und hatte keinen

Kontakt zu Nazis«, erzählt sie. Das Leben in Berlin hatte selbst in den Kriegsjahren noch einigen Glanz – besonders in den schicken, künstlerisch angehauchten Kreisen, in denen nur ausgesuchte Deutsche verkehrten.

Wie alle hübschen Mädchen wurde meine Mutter, die in einer kleinen Pension wohnte, viel eingeladen, vorgezeigt und herumgeführt und bekam einen Geschmack von dem intensiven, nach Ablenkung suchenden Lebensstil eines kurz vor dem Untergang stehenden Landes. Sie fing an, ihre neue Unabhängigkeit zu genießen, nahm Deutschunterricht und schrieb sich an der Akademie der Künste ein.

»Ich hatte in Berlin eine schöne Zeit, wenn ich zurückblicke, die beste überhaupt. Meine Eltern schickten mir Pakete mit extra Eßwaren und Stoffen – als Ausländerin kriegtest du ja keine Marken, außer fürs Essen –, und so konnte ich mich schick anziehen und fühlte mich wohl. Ich war so begierig auf das Leben und nahm alles auf. Wir waren so ausgehungert nach Vergnügungen, und wenn man jung ist, ist man ja auch oberflächlicher. Man lebte nur für den Moment, und ich wollte das Dunkle dieser Zeit nicht sehen«, sagt sie seufzend.

Trotzdem, ganz tief drinnen, wollte sie weg, nach Hause oder nach Amerika, jedenfalls dieses feindselige Land verlassen, das Ausländer wie Parasiten behandelte, die sich unverdienterweise durch den wertvollen nationalsozialistischen Hirsebrei fraßen.

Wir sitzen auf der Terrasse ihres hübschen kleinen Apartments auf Mallorca, von dem aus wir ein Stückchen blaues Mittelmeer sehen können. Wenn ich diese leicht mollige, lebhafte Frau in ihren Endsechzigern ansehe, mit ihrer modischen Ponyfrisur, der zwar nicht mehr so perfekten, aber dennoch mit einer individuellen Note versehenen Garderobe und den immer noch wohlgeformten Beinen, dann kann ich mir schlecht vorstellen, daß sie wirklich einmal dieses dünne, ängstliche Mädchen mit dem sehnsüchtigen Lächeln war, das auf den wenigen Fotos, die sie noch retten konnte, abgebildet ist. Sie ist sehr aufgeregt darüber, daß sie mit mir über die Vergangenheit sprechen kann – Frauen dieser Generation nehmen sich nicht so wichtig –, und ich bin froh, daß ich endlich einmal etwas wiedergutmachen kann für die vielen Male, die ich ungeduldig war und nichts mit den ausschweifenden Erinnerungen einer Flüchtlingsmutter anfangen konnte.

Meine Eltern trafen sich 1941 auf einer der vielen Partys in Berlin, auf denen man eine radebrechende Blondine mit selbstgedrehtem Turban und einen schlaksigen Schauspieler mit weltmännischem Gehabe vermuten konnte. Es war augenscheinlich, daß sie physisch eine harmonische Einheit bildeten und infolgedessen aufeinander flogen. Sie fühlte sich nicht nur von seinen weichen braunen Augen angezogen, sondern war auch beeindruckt von seinem schnellen, scharfen Witz und seiner unterhaltsamen Persönlichkeit. Er wiederum konnte nicht glauben, daß ihm das Schicksal nach einer Kette von Affären mit grobgesichtigen, gretchenähnlichen Kreaturen aus der Filmwelt eine so feingliedrige, schöne, elegante Ausländerin zum Tanzen in die Arme schob, die mit ihrer hilflosen Weiblichkeit den beschützenden Ritter in ihm wachrief. Sie hatten keinerlei Meinungsverschiedenheiten über die Nazis, und was meiner Mutter noch unklar war – und das war eine Menge –, erklärte er ihr mit deutlicher Schärfe. Beide fanden Führer und Nazis verabscheuungswürdig und sprachen mit großer Sehnsucht von dem Tag, an dem der Krieg und der Terror vorbei sein würden.

Anfang 1943 zogen sie zusammen, und da sie schwanger wurde, dachten sie an Heirat, damit sie die erforderlichen Papiere bekam, um in Deutschland bleiben zu können. Selbstverständlich mußte meine Mutter, bevor man ihnen die gewünschte Heiratserlaubnis ausstellte (sie kam von Goebbels, dem mein Vater unterstand), den Test bestehen, der sie als würdige Partnerin für einen kostbaren deutschen Heiratskan-

didaten auswies. Drei Generationen arischer Abstammung hatte sie nachzuweisen, außerdem mußte sie zu einer gründlichen Untersuchung ihrer physischen wie auch geistigen Vollkommenheit vor etlichen widerlichen Nazis antreten.
»Ich sollte von so einem Ausschuß untersucht werden, ob ich wirklich schwanger war. Alles nur Männer, die froh waren, ein hübsches Mädchen zu sehen. Von allen Seiten hörte ich ›Heil Hitler‹ und zusammenschlagende Hacken. Dann rissen sie mir gleich die Haare hoch, damit sie die Wurzeln sehen konnten, und fragten: ›Sind die echt blond?‹ Worauf ich nur frech antwortete: ›Scheint so, ich habe keine Perücke auf.‹ Danach mußten dein Vater und ich zusammen noch mal irgendwohin, und der Nazi dort murmelte etwas von ›Ostvolk‹ und sagte allen Ernstes zu ihm: ›Sie sind Schauspieler am Kurfürstendamm und wollen *die* wirklich heiraten?‹, wozu dein Vater nur sagte: ›Na hören Sie mal. Sie reden von meiner zukünftigen Frau, außerdem schenkt sie dem Führer ein Kind!‹ Wozu der Nazi nur sagte: ›Auch das noch!‹«
Als meine Eltern im Juni 1943 in Hamburg getraut wurden, war meine Mutter im vierten Monat schwanger. Aber das ist nur einer der Gründe, warum die Braut auf dem Hochzeitsbild in ihrem extravaganten weißen Satin-Hochzeitskleid so blaß aussieht. Der andere ist, daß mein Vater dem Wunsch seiner Mutter gehorchen wollte – seine Eltern hatten die aufwendige Hochzeit bezahlt – und seine junge Frau überredete, es der neuen Schwiegermutter rechtzumachen und eine lippenstift- und nagellackfreie deutsche Hochzeit zu feiern. Allerdings kam gleich nach der Hochzeit wieder das verpönte Rot auf Lippen und Nägel, sehr zum Leidwesen meiner Großmutter, die wie der Führer befand, daß eine deutsche Frau sich nicht zu schminken hatte. Mein Großvater und die Geschwister meines Vaters fanden allerdings, daß die frischgebackene Ehefrau, die gebrochen deutsch sprach und nicht mal ein Ei kochen konnte, einfach ein Schatz war.
In den Augen ihrer eigenen Familie hatte meine Mutter bei

der Heirat mit meinem Vater auch nicht schlecht abgeschnitten. Ein deutscher Ehemann war durchaus ein Fang, schließlich war Deutschland schon immer ein Symbol für Kultur und Erlesenheit gewesen, eine Vorstellung, an der ihre Eltern hartnäckig festhielten und die auch von den Nazis nicht völlig zerstört werden konnte. Obwohl mein Vater nie ein Mitglied seiner litauischen Verwandtschaft persönlich treffen sollte, konnte er sich der Zustimmung seiner Schwiegereltern aus der Ferne sicher sein.

Im Sommer 1943 hatten die fürchterlichen Bombenangriffe auf deutsche Städte ihren Höhepunkt erreicht, und meiner Mutter wurde es zu gefährlich. Sie entschied sich, nach Lettland zu ihrer Familie zu fahren, und da sie als werdende Mutter im Dritten Reich eine Sonderstellung genoß, ging die Reise trotz vollbepackter Waggons problemlos vonstatten. Sie war überglücklich, ihr erstes Kind unter der Obhut der Mutter und umgeben von Geschwistern und Freunden zu gebären. Bald darauf erfuhr sie durch ein Telegramm von meinem Vater, daß ihre Wohnung in Berlin total ausgebombt worden und absolut nichts übriggeblieben war.

»Ich wollte daraufhin eigentlich bei meinen Eltern bleiben, weil wir ja nun keine Bleibe mehr hatten. Aber da fingen die Russen an einzurücken, und die Deutschen zogen wieder ab – mit dem geraubten Gut aus dem Baltikum. Nun war ich leider durchs Heiraten Deutsche geworden, und mein Vater hatte Angst um mich und drängte mich, zum zweitenmal in meinem Leben, mein Heimatland zu verlassen. Also fuhr ich wieder zurück nach Deutschland, dieses Mal nach Hamburg zu den Schwiegereltern, mit Baby Sylvia.«

Hamburg war schlimmer als Berlin. Obwohl sie eine kleine Tochter hatte, war das nicht Trost genug, um meiner Mutter über das schmerzliche Gefühl hinwegzuhelfen, wieder einmal ein heimatloser Flüchtling zu sein. Wie war sie bloß in diesem kleinen, roten Backsteinhaus im langweiligen Hamburg-Wandsbek gelandet – gerade noch rechtzeitig, um viele traumatische Bombenangriffe der Royal Air Force mitzuerleben? Und warum war sie einer im Grunde nicht schlechten, aber sehr strengen Nazi-Schwiegermutter ausgeliefert, die sie immer wieder fühlen ließ, daß ihre hausfraulichen Qualitäten zu mangelhaft und ihr Aussehen zu »aufgedonnert« war, während der Ehemann, der sie dort abgeladen hatte, ein vergnügliches Leben in Berlin führte, beim Reichsrundfunk arbeitete und sich mit verführerischen Schauspielerinnen die Nächte auf Partys um die Ohren schlug?

Eifrig bemüht, sich anzupassen, zu gefallen und zu beweisen, daß sie das wertvolle Privileg, in relativem Luxus und Sicherheit zu leben, auch verdient hatte, versuchte sie sich in eine bescheidene Schwiegertochter zu verwandeln, die ehrerbietig und im Haus gut zu gebrauchen war. Trotzdem: »Ich war ihr fremd, innerlich wie äußerlich«, erklärt meine Mutter. »Mein Kind, du mußt ›Heil Hitler‹ sagen, sonst kriegen wir Schwierigkeiten mit den Nachbarn, befahl sie mir dauernd.«

Die nächsten anderthalb Jahre verbrachte meine Mutter, eine lebensfrohe, extrovertierte Frau, die es liebte, zu tanzen und zu flirten, mit so aufregenden Tätigkeiten wie Windelnwaschen, Fußbödenschrubben, Tischdecken und Schutz vor alliierten Bombenangriffen Suchen. Sie raste mit vor Angst bis zum Halse klopfendem Herzen in den Keller, Baby Sylvia und den Koffer mit Wertsachen im Schlepptau, und saß und wartete angstschlotternd, bis der Putz aufhörte, von der Decke zu rieseln, die Erde aufhörte zu beben und die Sirenen zur Entwarnung aufheulten, während sie Sylvie in den Armen wiegte und ihr ein Lied vorsummte.

»Das Schlimmste am Krieg waren die Bomben, die Angst und die Hilflosigkeit, weil du denen ausgeliefert warst wie ein Kaninchen. An der Front hast du wenigstens ein Gewehr, das dir das Gefühl gibt, daß es sich um einen Kampf handelt, bei dem du dich verteidigen kannst. Dennoch wurde diese Art Leben so selbstverständlich, daß du dich überhaupt nicht mehr darüber wundertest, wie wahnsinnig das eigentlich war. Der Tod und das Sterben waren etwas so Alltägliches, daß man sich an tote Menschen auf der Straße gewöhnte. Ich konnte nicht einmal darüber nachdenken, ob es ein Land gab, in dem es *nicht* so war wie in Deutschland. Jeder Tag war eine neue Bewährungsprobe, und da gab's keine Zeit für kritisches Denken. Warum nun die Engländer nicht einfach die Reichskanzlei mit Hitler und dem ganzen Trupp bombardiert haben anstatt die unschuldige Bevölkerung, ist mir nie ganz klargeworden.«

Abgesehen von dieser aufreibenden Eigendynamik, die der Kriegsalltag entwickelte, bestand für meine Mutter das tägliche Leben hauptsächlich aus Schlangestehen. Da längere Zeit bis zu sieben Erwachsene und vier Kinder in dem überbesetzten Haus meiner Großmutter wohnten (meine Tante Trude, ihr Mann und ihre drei Kinder miteingeschlossen, da sie ebenfalls ausgebombt waren), gab es nichts Lebenswichtigeres – außer, das eigene Leben zu retten –, als Essen zu beschaffen und für die Mahlzeiten zu sorgen. Meine Mutter, die froh war, dem allzu wachsamen Blick meiner Großmutter zu entkommen, verbrachte täglich mehrere Stunden damit, geduldig zwischen jungen und alten Frauen Schlange zu stehen, in der Hand die kostbaren Essensmarken, die für Mütter die Extraration Milch, sonst aber nur Brot, Eipulver und andere Leckereien bedeuteten, bis die Füße und der Rücken schmerzten. Es gab nur ein Thema, und nichts unterbrach die dumpfe Stimmung außer den Berichten darüber, wessen Sohn, Bruder oder Ehemann gefallen oder auf Fronturlaub gekommen war. Kaum einer wagte es, sich darüber zu äußern, was er wirklich von diesem Regime hielt, dem es nicht gelang, seine Bürger vor den Bomben zu schützen und vor dem Krieg, dessen verhängnisvoller Ausgang zu diesem Zeitpunkt vorauszusehen war.

»Wenn mal jemand in der Schlange sagte: ›Na, allmählich verliert man ja den Glauben, unsere Männer gehen alle in

Stalingrad drauf‹, dann war da sofort ein Nazi-Weib, das sagte: ›Ich würde an Ihrer Stelle vorsichtig sein‹«, berichtet meine Mutter.
Doch hinter dem meist müden Schweigen verbarg sich Agonie und auch niederdrückende Ungewißheit: Wie lange wird es noch dauern? Sind unsere Männer noch am Leben? Die Frauen tauschten Blicke aus, dunkel vor Angst. Sie waren Verbündete in ihrem Leid und taten, was Frauen in Kriegszeiten immer tun: hoffen, beten und warten.
»Selbst ich wußte, daß das Ganze in die Hose gehen würde, und betete, daß die Besetzer bald kamen«, erinnert sich meine Mutter. »Ich hoffte auf die Amerikaner und war sehr enttäuscht, wenn es hieß, daß die Engländer näher an Hamburg waren. Vielleicht lag das an den guten Stories, die wir über die Amis gehört hatten, die im Süden bereits Schokolade und Zigaretten verteilten. Die Engländer«, sagt sie lachend, »waren geizig und sehr zugeknöpft. Ich glaub, sie waren auch härter bei der Entnazifizierung. Doch alles in allem waren die Leute froh, weil sie keine Rabauken waren wie die Amis, die sich besoffen und klauten.«
Doch obwohl sich meine Mutter unglücklich fühlte, bescherten Schwangerschaft und Mutterschaft ihr einen nicht zu unterschätzenden Vorteil. Sie wurde nicht für »schmutzige Arbeit« rekrutiert. Während die meisten Frauen in ihrem Alter den Führer und den Krieg unterstützen mußten (seine Aufrufe 1943, sich freiwillig zu melden, fielen zumeist auf taube Ohren, nur wenige kamen dem nach), indem sie in der Rüstungsindustrie eingesetzt wurden, blieb es ihr erspart, in Overall und Kopftuch am Fließband zu stehen und Handgranaten den letzten Schliff zu geben. »Nie im Leben hätte ich in der Rüstungsindustrie gearbeitet, da wäre ich rebellisch geworden«, sagt sie empört. Davon abgesehen, daß sie keinerlei Lust verspürte, für einen verrückten Krieg und ein Land, das sie nicht liebte, auch nur einen Finger zu heben, war sie einfach nicht der Typ, der in einer schmutzigen Fabrik zu-

sammen mit dem »ordinären Volk« bis zum Umfallen hätte arbeiten können.
Für die meisten der Frauen, die arbeiteten, bedeutete das Ende des Krieges auch das Ende ihres Berufslebens, und viele bedauerten es, egal, wie stupide, aufreibend und unterbezahlt die Arbeit auch gewesen war. Die geschlagenen, abgekämpften Männer kamen nach Hause und wollten nichts von der plötzlich erwachten und schnell gewachsenen Unabhängigkeit ihrer Frauen wissen, die damit eine Bedrohung für ihr ohnehin schon beschädigtes Selbstbewußtsein darstellten. Die Frauen wiederum konnten nicht verstehen, wieso Arbeitengehen plötzlich wieder nur das Recht des Mannes sein sollte. »Es gab viele Probleme, als die Männer wiederkamen. Viele waren sich fremd geworden, oder die Frauen hatten keine Lust, sich wieder total zu fügen, und sagten: ›Wieso, ich hab das ja bis jetzt auch alleine geschafft. Nun kommt der plötzlich nach Hause und zieht den Anzug an, den ich ihm fünf Jahre aufgehoben habe, und ich soll springen‹«, erklärt meine Mutter mit ärgerlichem Unterton. Trotzdem, die meisten Frauen gaben nach und kehrten – halb widerwillig, halb erleichtert – dorthin zurück, wo sie schon vor dem Krieg gewesen waren: in die Küche. Und da blieben sie auch die nächsten zwanzig Jahre (ein folgenschwerer Fehler, auf den viele der Töchter sie später aufmerksam machten).
»Ich war so froh, daß mein Mann und mein Kind gesund waren. Man wollte nur den Frieden genießen. Wenn man zusammensaß, sprach man nicht darüber, was mal war, sondern was man machen konnte. Es ging ums Aufräumen und Reparieren. Wir haben Möbel mit Zuckersäcken bezogen und aus Fallschirmseide Kleider genäht.«
Für die deutschen Frauen jedoch war der weltweite Trend nach dem Krieg, sich in die Sicherheit der eigenen vier Wände zu flüchten, obwohl sehr bequem, psychisch wie auch physisch bedeutend anstrengender als für die Frauen anderer Nationalitäten – und oft zunächst noch schier unmög-

lich. Von ihnen erwartete man nicht nur, daß sie ihr Land wiederaufbauten, sondern auch, daß sie ihre durch Nazi-Ideologien verwirrten Köpfe säuberten. Legendär wurden sie durch ihren einzigartigen Einsatz zwischen den Trümmern, ihren eisernen Willen und das unübertroffene Durchhaltevermögen. Fragen nach Schuld und Mittäterschaft in einem mörderischen Regime blieben dabei auf der Strecke, wurden auf ewig verschoben.

Eine Tatsache hat mich seit Jahren irritiert. Warum waren die Mütter auf geheimnisvolle Weise – zumindest schien es so für eine lange Zeit – von dem Verdacht der Mittäterschaft, dem nur wenige Väter entfliehen konnten, ausgenommen? Die Frauen verliehen dem Krieg lediglich eine weibliche Note – sie führten ihn nicht oder hatten ihn gar vom Zaun gebrochen. Sie waren die selbstlosen Krankenschwestern, die mit geschickten Händen zerschossene Helden verbanden, die mit großem Eifer nahrhafte Eintöpfe kochten und verteilten und nachts noch Socken für die frierenden Soldaten in Rußland strickten.

Männer machen den Krieg – die Frauen machen den Dreck weg. Auch meine Wut und meine Zweifel galten immer den Männern. Sie hatten die Gewehre und bombardierten die Städte. Sie hatten die Konzentrationslager erfunden und die mechanisierten Massentötungen durchgeführt. Und doch: Auch die Frauen waren Bürger des Dritten Reiches, Wählerinnen, die nicht ohne Einfluß waren. Wenn es stimmt, daß hinter jedem großen Mann eine noch größere Frau steht, ist es dann nicht auch so, daß hinter jedem großen Nazi eine noch größere »Nazistin« stand? Ich glaube, daß sich für mich gar nicht die Frage stellte, ob Frauen Nazis waren oder nicht (ich wußte auch nicht, wie man sie hätte entdecken sollen), weil sie für mich immer die gebenden, selbstlosen und beschützenden Mütter waren, die dem Haushalt vorstanden und scheinbar keiner Fliege etwas zuleide tun konnten. Ich traute Frauen ganz einfach mehr als Männern und bezweifelte die Arglosigkeit und Unschuld meiner Mutter nicht, weil meine Beziehung zu ihr liebevoller und gefühlsbetonter war als zu meinem Vater. Ich hatte immer den Eindruck, daß der Krieg etwas gewesen war, das sie als Mißbrauchte, zufällig Anwesende über sich hatte ergehen lassen müssen.

»Ich bin keine Deutsche«, darauf bestand meine Mutter immer, selbst nachdem sie fünfundzwanzig Jahre im Land ihres Ehemanns gelebt hatte (danach kam Mallorca). Das war eine Tatsache, die sie für mich nicht nur automatisch von jeder Verbindung zur deutschen Schuldfrage ausschloß, sondern sie außerdem auch als verläßliche Chronistin mit einer zusammenhängenden, durchdachten politischen Sicht disqualifizierte. Die Nazis waren häßliche Typen, sie konnte sie nicht leiden, hatte sie nicht gewählt – und damit hatte es sich. Da gab es nichts, mit dem sie sich auseinandersetzen oder das sie verarbeiten mußte.

»Ich habe mit dem deutschen Volk nichts zu tun, außer daß ich einen deutschen Mann geheiratet habe. Ich fühle mich nicht verwandt oder verhaftet mit etwas Deutschem, und das ist keine Verdrängung, sondern ein echtes Gefühl«, sagt sie bei unserem Gespräch, und ich weiß aus Erfahrung, daß ich sie einfach nicht dazu bringen kann, diese Abgrenzung noch einmal zu überdenken. Doch da sie zu eben der Zeit in Deutschland lebte, da der Holocaust auf dem Weg zu seinem Höhepunkt war, mußte sie zumindest moralisch Stellung beziehen.

»Ganz besonders schlimm fand ich, wie in Berlin die Juden vom Trottoir geschubst wurden. Mir tat das Herz richtig weh, als ich sah, daß man eng an jungen und alten Menschen vorbeigehen und sie einfach so aus dem Weg schubsen konnte. Die meisten liefen schon neben dem Kantstein. Einmal sah ich ein junges Mädchen, das in einen zu großen Mantel mit dem gelben Stern gewickelt war, sie sah so völlig traurig aus und blickte nur nach unten, während sie vorbeihastete. Diese Traurigkeit kann man gar nicht beschreiben, vielleicht könnte man diese Gesichter malen. Ich dachte, das hätte ja auch ich sein können, mit einem anderen Stern. Auch wenn die Balten sehr antisemitisch sind und ich wohl auch antisemitisch aufgewachsen bin, hat so etwas doch nichts damit zu tun; das ist doch eine Frage der Menschlichkeit. Ich hatte, als ich flüchtete, schon an den Grenzen Juden in langen Reihen stehen sehen; da wurden auch viele zusammengeschlagen. Ich hätte den Nazis an die Gurgel springen können. Was wäre, wenn meine Eltern von den Deutschen vergast oder umgebracht worden wären? Ich glaube, ich hätte die bis an mein Lebensende gehaßt.«

Verdrängung und Vergessen wurde den Frauen leichter gemacht, denn sie konnten sich sehr bequem hinter der Rolle des »schwachen Geschlechts« verstecken. Viele sahen sich als ausgenutzte, manipulierte, gutgläubige Opfer des Nationalsozialismus und wiesen darauf hin, wie das misogyne Regime sie auf die Rolle von Gebärmaschinen, Hausfrauen und Kirchgängerinnen reduziert hatte. Es dient der Frauenbewegung in keiner Weise, wenn man diese »Unschuld nach Geschlecht« akzeptiert. Claudia Koonz, die Autorin des so brillanten wie provozierenden Buchs *Mütter im Vaterland,* zieht den Schluß: »Weit entfernt davon, hilflos oder gar unschuldig zu sein, machten die Frauen einen mörderischen Staat möglich, weil sie diejenigen waren, die den Nazismus in verstärktem Maße in die Familien brachten.« Was wäre passiert und was hätte verhindert werden können, wenn die Frauen ihre spezifisch »feminine« Kraft dazu benutzt hätten, den Nazismus zu bekämpfen und ihn aus ihrem Hause fernzuhalten?

Keine der Frauen, mit denen ich gesprochen habe, konnte sich auch nur im entferntesten vorstellen, daß sie in der Lage gewesen wäre, etwas gegen die Nazis zu tun, was über stillschweigende Mißbilligung oder kleine Gesten der Hilfe und des Mitgefühls hinausgegangen wäre. Ich wäre nicht überrascht gewesen, hätten sie mir erzählt, daß sie sich aus

Angst nicht gegen die Nazis aufgelehnt hätten. Fast alle Frauen, die im Widerstand waren, sind hingerichtet worden. Doch meine Gesprächspartnerinnen gaben an, aufgrund ihres Geschlechts wäre ihr Widerstand unwesentlich gewesen, und zwar sagten sie das nicht, um es als Entschuldigung zu benutzen, sondern sie äußerten diese Meinung aus einer ziemlichen und noch immer unveränderten Mutlosigkeit heraus.

Meine Mutter, die inzwischen zu einer Pensionärin mit feministischem Einschlag geworden ist, entdeckt im Gespräch mit mir einige irritierende Wahrheiten: »Ich glaube, daß Frauen viel mutiger sind als Männer. Sie haben ja bewiesen, was sie können, ihnen verdankt Deutschland seine Stärke. Am Rathausmarkt sollte eine Trümmerfrau als Denkmal stehen. Ja, Frauen gebären Söhne, die sie dann in den Krieg schicken, zusammen mit ihren Männern, aber glaub mir, kein Mann würde sich von einer Frau davon abbringen lassen – selbst wenn sie ihn auf Knien anbettelte –, in den Krieg zu ziehen.«

Meine Mutter wurde 1920 geboren, und wie die meisten Frauen ihrer Generation wurde sie in einer Atmosphäre erzogen, die Frauen davon abhielt, sich Männern ebenbürtig zu fühlen und über sich selbst positiv zu denken. Als eine »gute«, folgsame Tochter stellte sie wenig in Frage und wuchs zu einer lieben, etwas eigensinnigen, doch letztendlich bescheidenen und angepaßten jungen Frau heran. Sie war aufgeweckt und talentiert, wurde aber nie ermutigt, ihre intellektuellen Fähigkeiten zu schärfen und zu benutzen. Statt dessen verließ sie sich völlig auf ihre Intuition und ihren Instinkt, die beide sehr gut entwickelt waren, und auf ihr Aussehen, womit sie noch besser fuhr.

Es war daher nicht überraschend, daß meine Mutter bis zu einem fast nur noch komisch zu nennenden Grad eine sorglos unpolitische Frau wurde. Für sie waren Politik und Geschichte Wörter, die ausschließlich von Männern benutzt werden sollten, da sie beides zu machen schienen, und es war eine zu tollkühne Idee, daß eine Frau anmaßend genug sein könnte, sich ihre eigene Meinung zu bilden, und daß sie einen anderen Beitrag leisten könnte, als das Heim zum hübschesten in der Nachbarschaft zu machen. Außerdem fühlte sie sich von Präsidenten, Königen, Diktatoren und besonders Kanzlern schrecklich gelangweilt, die ihr wenig attraktiv vorkamen. Sie kannte weder ihre Namen, noch wußte sie, wofür sie standen, und bis auf Adenauer und Willy Brandt gab es, glaube ich, keinen deutschen Politiker, den sie seiner Funktion oder Parteizugehörigkeit nach korrekt hätte einordnen können. Hinzu kam, daß sie aus einem Land stammte, das über die Jahrhunderte dauernd von fremden Mächten annektiert und besetzt worden war, und daher eine tiefe Abneigung gegen die Politik entwickelt hatte, die unentrinnbar Schaden nach sich zu ziehen schien. Immerhin war es auch die Politik gewesen, die sie aus ihrer Heimat vertrieben hatte.

Leider war sie durch das Fehlen jedes historischen, politischen und soziologischen Bewußtseins nicht in der Lage, detaillierte Informationen über ihre eigene Familiengeschichte abzugeben. Keiner in der bunt zusammengemischten Gruppe Menschen, die sie liebevoll beschrieb, wurde zu einer realen, komplexen Figur. Sie alle blieben fiktive, widersprüchliche Charaktere mit liebenswerten und amüsanten Eigenheiten, deren Persönlichkeit und Lebensgeschichte sich veränderte, sobald meine Mutter etwas Neues über sie zu erzählen wußte. Ihr heißgeliebter Vater Jonas war nach ihren Angaben Berufssoldat in der russischen Armee gewesen (wahrscheinlich vor und nach dem Ersten Weltkrieg), später nach Lettland gezogen, wo er eine große Werkstatt führte, die maßgeschneiderte Schuhe herstellte. Er war angeblich Sozialist, las Tolstoi, sah ein bißchen aus wie Clark Gable und war ein charmanter Mann, aber leider auch ein gewissenloser Kartenspieler, der schon mal die Juwelen seiner Frau versetzen mußte. Ihre Mutter, Paula, beschrieb sie als eine ungeduldige, überarbeitete, hitzköpfige Hausfrau mit Feldwebelmanieren, die aber dennoch liebevoll mit ihren vier Kindern umging. Schwester Luzie galt als die Schönheit der Familie – war selbstbewußt und sehr blasiert. Die jüngste Schwester, Anett, war lieb, anmutig und artig, und Albert, das jüngste Kind und der einzige Sohn, war Muttis Liebling und als Hausprinz so verzogen, daß meine Mutter nur mühsam ihre ungeschwisterlichen Wut- und Rachegefühle zurückhalten konnte. Leider konnte sie sich nicht genau erinnern, wann ihre Eltern geboren waren, wie sie aufgewachsen waren und warum sie ihr heimatliches Litauen verlassen hatten. Sie hatte nicht mehr die Möglichkeit, sie zu fragen, und bedauert das bis zum heutigen Tag.

Meine Mutter war allerdings unübertrefflich im Erzählen von überraschend komischen kleinen Geschichten aus einem turbulenten Haushalt in Nazi-Deutschland, die sich in ihrer Absurdität und Unvorstellbarkeit mehr wie aktionsgeladene Cartoons als wie wahre Begebenheiten anhörten. So wuchs ich mit Frauengeschichten aus dem Krieg auf. Väter hatten nie Zeit zum Erzählen, und außerdem waren ihre meist grausamen Kriegsabenteuer nicht nur ungeeignet für Kinder, sondern auch zu tief in ihnen vergraben, um sich mit leichter Hand wieder Zugang zu ihnen verschaffen zu können. Frauen schienen es da leichter zu haben, sie schoben die Brutalität des Kriegsgemetzels einfach beiseite und schufen so Platz für spannende, das Leben bejahende Geschichten, die die weibliche Anpassungsgabe und die erfinderischen Überlebenstaktiken zelebrierten, die sich auch unter den extremsten Umständen bewährt hatten.

Eine Anekdote, inzwischen umhüllt von einem Schleier vergebender Nostalgie, involvierte die englische Royal Air Force. Eines schönen Spätsommernachmittags im Jahre 1944 sausten plötzlich britische Tiefflieger über den idyllischen Garten, in dem meine Schwester und mein Cousin Andreas friedlich in ihrem Laufgitter spielten. Meine Mutter und Tante Trude, die wie immer drinnen ihren hausfraulichen Pflichten nachgingen, hörten nur das Geräusch der herannahenden Bomber und rasten wie die Wahnsinnigen die Treppe hinunter und hinaus in den Garten. Sie wissen bis heute noch nicht, wie sie so schnell dahingekommen sind, und nehmen an, sie seien geflogen. Sie griffen die zwei Babys, ballten ihre Fäuste in die Luft und verfluchten die verdammten Allierten.

Mir waren die Geschichten von Mecki und Lumpi fast lieber. Mecki, das Schaf, wurde von meinem Vater in einem Sack in den Keller geschmuggelt – Tiere zu halten war strengstens verboten –, mit Kartoffelschalen gemästet und ganz schnell, weil es zu verräterisch blökte, schwarz zu ein paar kümmerlichen Dosen mit Fleisch verarbeitet. Lumpi, den Foxterrier, ereilte ein noch tragischeres Schicksal. Der steifbeinige, spielfreudige Kläffer, wurde bei Fliegeralarm so verrückt, daß er von meinem Großvater erschossen werden mußte.

Ende 1944 wurden die Frauen an der »Heimatfront« immer besorgter und fragten sich, wie und wann diese Katastrophe wohl enden würde – die Leichtgläubigkeit war verflogen. Obwohl es bei Todesstrafe verboten war, »Feindsender« zu hören, scherte sich eine große Anzahl von Deutschen wenig darum und hörte heimlich nachts die BBC. Meine Tante und meine Mutter vergruben sich dazu unter eine Wolldecke. Meine Großmutter, eine Frau mit einem penetrant unermüdlichen Glauben an des Führers übermenschliche Talente, deren störrische Bemerkung »Der Führer macht das schon« ihre beiden Schwiegertöchter die Augen verdrehen ließ, wunderte sich oft, wieso die beiden so verdächtig viel über die geplanten Bombenangriffe wußten. Sie fand, daß sie die brillante Kriegführung des Führers verteidigen mußte, und bestand fest darauf, daß er die »Wunderwaffe« parathalte und sie haargenau zur richtigen Zeit einsetzen werde, um den Feind zu überraschen, und sie war sehr indigniert, wenn in ihrem eigenen Haus daran Zweifel laut wurden.

Ein anderer Klassiker im Repertoire meiner Mutter waren die Geschichten vom Schwarzmarkt. Die Hauptrolle im beliebtesten Schwarzmarktdrama meiner Eltern – mein Vater litt da allerdings unter Gedächtnislücken – spielte ein todschicker schwarzer Persianermantel mit einem verrückten Hut, den meine Mutter über alles liebte. Meinem Vater, der ein flotter, aber geschäftsuntüchtiger Tauscher war, gelang es, meiner Mutter das elegante Stück gegen großen Widerstand abzuschwatzen und zu verkaufen. Er hatte Schulden gemacht. Allerdings gelang ihm dieses Kunststück nur, weil er versprach, ihr bei nächster Gelegenheit einen ebenso schönen neuen Pelzmantel zu schenken. Krieg löst die Zungen und läßt sie Versprechungen machen, die nicht unbedingt als verbindlich angesehen werden. Es dauerte zwanzig Jahre, bis meine Mutter unter ständigen Beschwerden zu ihrem Ersatz kam, aber die Mode hatte gewechselt, genauso wie ihre Gefühle füreinander. Ich glaube nicht, daß dieser kniekurze, raglanärmelige, mit Bubikragen und großen Knöpfen versehene Pelz die Lücke, die der Verlust des alten, an Jugend und Heimat erinnernden Mantels gerissen hatte, jemals füllen konnte. Wir Kinder wunderten uns nur immer, wenn das Wort »Persianermantel« voller Bitterkeit und Enttäuschung ganz plötzlich in einem hitzigen Streit zwischen meinen Eltern auftauchte.
Diese Episode zeigt auch, wie der psychische und wirtschaftliche Druck des Krieges menschliche und eheliche Probleme nicht nur entstehen ließ, sondern sie zudem verdeckte und entkräftete. Die Kriegsjahre brachten Menschen zusammen, die sich unter anderen Umständen nie ernsthaft als Partner in Erwägung gezogen hätten. Die Ehe meiner Eltern basierte auf Liebe auf den ersten Blick – ohne einen zweiten zu riskieren –, denn der hätte bestätigt, daß die beiden wenig gemeinsam hatten, außer daß sie sehr narzißtische, stark verunsicherte, emotional ziemlich bedürftige und dazu dramatische und egozentrische Persönlichkeiten waren. Doch der Krieg ist ein

nicht zu überbietender Heiratsvermittler. Verzweiflung macht Menschen tolerant, geteiltes Leid macht gute Bettgenossen, und Not kettet mehr zusammen als das Band der Ehe. Wie wäre das Leben vieler Frauen verlaufen, wenn sie die Gier nach Glück, das starke Bedürfnis nach Harmonie, Schutz und Wärme in einer bedrückenden Zeit nicht in die Arme von Männern, in Ehe und Mutterschaft getrieben hätten, wenn sie Gelegenheit gehabt hätten, das Leben und sich selbst zu entdecken?

Zwischen 1939 und 1945 wurden in Deutschland viele Ehen geschlossen, nur um diese menschliche Verbundenheit zu festigen, die für das emotionale Überleben so entscheidend war. Heirat bedeutete Kurzurlaub von der Front, einige Stunden oder Tage gedrängtes Glück, Küsse, Sex und dazu den Schmerz der Trennung, gemischt mit der nagenden Angst, sich nicht mehr lebend wiederzusehen. Der mit dem Reichsadler versehene Schein, der der frischgebackenen Witwe von offizieller Seite unter die Nase gehalten wurde oder mit der Post ins Haus flatterte und der bestätigte, daß wieder ein junger Mann sein Leben siegreich hatte lassen dürfen, beendete nicht selten eine Ehe, die nur ein paar Monate gedauert hatte.

Was vielen blieb, war das Hochzeitsfoto, aufgenommen irgendwo in Deutschland, manchmal noch im Siegesrausch, doch später immer öfter zwischen Bombenhagel und heranrückenden Fronten. Hinter jedem deutschen Hochzeitsbild ist eine einmalige Geschichte verborgen, auch wenn der äußere Eindruck der von Gleichheit in Aussehen und Stimmung ist: Er trägt die feldgraue Uniform der Wehrmacht, sie ein kurzärmeliges Sommerkleid mit Blumendruck, kurze weiße Handschuhe, einen schräg übers Auge gesetzten kleinen Strohhut mit Kirschgarnitur und handgeschnitzte Korkschuhe mit Keilabsätzen. Sie hätte nie gedacht, daß ihre Hochzeit einmal so unromantisch und kurz sein würde, von den Flitterwochen ganz zu schweigen. Vielleicht würde er

nie wiederkommen, vielleicht in Gefangenschaft geraten, verwundet werden, in ein Lazarett kommen und erst wieder auftauchen, wenn sie ihn längst aufgegeben, ja fast schon vergessen hatte, wie er aussah. Vielleicht würde sie sich in einen anderen verlieben – ganz im Glauben, er sei tot. Vielleicht würde sie ihn auch nicht mehr wiedererkennen, den Kriegsheimkehrer, weil er so verändert war, so still, so bitter, würde seine Launen nicht mehr ertragen können, seine mutlosen Augen, die Alpträume, die ihn nachts aufschreckten, seine Hoffnungslosigkeit; mochte sein Bein, das er nachzog, nicht mehr ansehen. Würde er noch der hübsche, kecke junge Mann sein, mit dem sie öfter auf der Wiese gelegen und in den Himmel gestarrt und der ihr versprochen hatte, daß er nach dem Krieg die Welt mitverändern wollte, so daß es nie wieder einen Krieg zu geben brauchte?
Die Männer, die aus dem Krieg heimkehrten, fühlten sich oft wie uneingeladene Gäste in der sich schnell verändernden Welt Nachkriegsdeutschlands, die eine Frauengesellschaft geworden war. Die Frauen waren es, die die Familien ernährt und am Leben erhalten hatten, erfolgreich Geschäfte und Unternehmen weiterführten, die sich schnell an die neuen Regeln und Routinen unter den Besatzern anpaßten und die letztendlich aus den Trümmern wieder ganze Städte aufbauten, solange die Männer noch nicht zurückgekehrt waren. Hinzu kamen Entfremdung und unvorhergesehene kleine Familiendramen. Viele Babys waren im Krieg geboren worden und in den ersten Jahren ohne Vater aufgewachsen. Es war keine so untypische Erfahrung, die mein Vater machen mußte, als er Ende 1945 eines Tages unangemeldet aus Österreich wieder nach Hause kam. Meine Schwester Sylvia, die ihn nur zur Taufe und wenigen anderen Gelegenheiten gesehen hatte, versteckte sich mit verstörtem Gesicht hinter unserer Mutter, zeigte auf den Mann mit dem albernen Tirolerhut, der sie mit einer Orange zu bestechen versuchte, und flüsterte: »Mami, wann geht der Mann wieder?« Der Mann

aber blieb, und ich hatte später oft das Gefühl, daß Vater und Tochter die rauhen Ecken ihrer ersten Begegnungen nie so ganz wegfeilen konnten.

»Wenn dein Vater nicht zurückgekommen wäre, hätte ich bestimmt Karriere in der Mode- oder Filmbranche gemacht. Käutners [Regisseur Helmut Käutner und Frau Erika] wohnten ja bei Großmutter als Untermieter, da waren dauernd Filmstars zu Besuch. Helmut wollte ›Der Widerspenstigen Zähmung‹ inszenieren, und wir probten immer. Ich hätte seine Regieassistentin werden können«, sagt meine Mutter mit einem stolzen Lächeln. »Ich habe da eindeutig die Chance verpaßt, mich selbständig zu machen. Man wollte seine Familie ausbauen, nicht seine Karriere. Ohne Krieg wäre mein Leben anders verlaufen. Ich wollte eigentlich meine Freiheit, tun können, was mir gefiel. Aber ich war verwirrt, verliebt und staatenlos. Durch die Heirat war ich jemand, gehörte irgendwohin, hatte einen Paß. Man war im Krieg viel stärker abhängig, wenn man jemanden liebte, weil die Angst, ihn zu verlieren, ständig da war.«

Wenn es eine Ära gab, die die Frauen genauso geprägt hat, wie sie von ihnen geprägt wurde, dann ist es das Deutschland nach dem Krieg, obwohl diese weiblichen »Heimatfront-Kriegerinnen« bis heute auf eine merkwürdige Weise anonym geblieben sind. Mein Frauenbild wurde ausschließlich von den Frauen der fünfziger Jahre geprägt. Unter ihrer angenommenen – oder vielmehr aufgezwungenen – Verkleidung als glückliche, wunschlose, angepaßte Modellhausfrauen, verantwortlich für Soßen ohne Klumpen und nicht verbrannten Toast – Dinge, die meiner Mutter niemals gelangen –, schlugen die feurigen Herzen von unsentimentalen Überlebenden, die so ziemlich alles gesehen und durchgemacht hatten. Ihr Leben war von Tod, Verlust, Zerstörung und Verzweiflung unterbrochen und verstümmelt worden, was bei den ungebrochenen, sich nie beschwerenden Witwen, Soldatenmüttern, Kriegsbräuten und hartgesottenen Trümmerfrauen, mit denen ich aufwuchs, eindeutige Spuren hinterlassen hatte. Ich kann nicht behaupten, daß meine Mutter Deutschland mit Muskeln oder Mauersteinen mit wiederaufgebaut hätte – was sie wenig störte –, aber entgegen ihrer Annahme hat ihre unfreiwillige Heimat sie doch stark geformt. Sie hat mehr Glück gehabt und war privilegierter als die meisten Frauen um sie herum, und doch war sie eindeutig Teil und auch Vertreterin der Generation, die zwischen zwei Weltkriegen geboren und in ganz Europa ziemlich ähnlich erzogen worden war. Und obwohl ihre Erfahrung mit Deutschland sich ausschließlich auf die Nazi-Jahre bezog, vier qualvolle Kriegsjahre, hat sie in Deutschland nach dem Krieg Ehejahre, Mutterschaft, den wichtigsten Teil ihres Lebens gelebt, bevor sie das Land als Sechsundvierzigjährige wieder verließ.

Traurigerweise gehören meine Mutter und ihre Generation zu einer stummen und fast vergessenen Gruppe von überraschend bescheidenen und unrebellischen Haushaltsvorsteherinnen ohne starke Identität und ohne besonders großes Selbstbewußtsein, deren Hoffnungen und Träume vom Krieg zertrümmert worden sind und denen für ihre bemerkenswerten Leistungen nie wirklich gedankt wurde. Es scheint ein Widerspruch zu sein, daß diese starken Frauen so auffällig unterwürfig und konformistisch wurden, nachdem die Kriegsjahre alles von ihnen verlangt und sie zu mutigen, selbstbewußten, unabhängigen Kämpferinnen gemacht hatten. Aber in dem Moment, wo das »Wirtschaftswunder« verführerisch mit einem neuen Herd, neuen Möbeln und einer neuen Wohnung winkte, ließen sie alles stehen und liegen und machten einen Schritt zurück ohne Zorn. Sie ergriffen die bisher kaum gebotene Gelegenheit, ihr Leben endlich einmal zu genießen, ihre Wunden zu heilen, indem sie sich zum erstenmal in die durch keine Bombenangriffe unterbrochene kostbare Privatsphäre ihres ungewohnt sicheren und friedlichen Heims zurückziehen konnten.

Nachdem sie ihre materiellen Prioritäten erfolgreich gesetzt und erfüllt hatten, machten sich die deutschen Frauen in den fünfziger Jahren daran, mit Unternehmungslust und Vitalität das emotionale Klima neu aufzubauen. Anders als die Männer, die durch ihre Erfahrungen allem Anschein nach nicht näher zusammengebracht wurden und die ihre Beziehungen zueinander selten über bloße Kameradschaft hinaus zu entwickeln vermochten, hatten die Frauen immer Mitgefühl und Solidarität füreinander empfunden. Sie hatten die Ähnlichkeit ihrer Schicksale erkannt und dankbar akzeptiert, denn sie wußten, daß sie Verschworene, Partner und Verbündete waren, die ihre gegenseitige moralische Unterstützung und praktische Hilfe brauchten. Aus den Trümmern war ein ganz besonderer, scharfzüngiger Humor erwachsen, mit dem die neuen Lebensumstände ausführlich und präzise kommentiert wurden. Heute wird diesen Jahren allseits sehnsüchtig nachgetrauert, und die Frauen haben die Erinnerungen an eine Zeit, in der Freundschaft und Hilfsbereitschaft der Mittelpunkt des sozialen Lebens waren, in warmer Erinnerung behalten.

»Es war eine wunderschöne Zeit. Der Krieg hat bessere Menschen aus den Leuten gemacht. Sie waren nicht so egoistisch, sie hatten Mitgefühl, halfen und teilten untereinander. Es war eine Gemeinschaft, in der keiner dem anderen etwas neidete, da jeder glücklich über das war, was er besaß«, schwärmt meine Mutter noch heute. Kaffeetrinken mit den Nachbarinnen mit ausreichend Geplauder über Kinder, Ehemänner, Abendbrotmenüs, Ausverkaufspreise und die störenden Eigenarten anderer Nachbarn war eine beliebte Form des geselligen Lebens von Müttern und Frauen, die nicht berufstätig waren.

Die fünfziger Jahre waren allerdings auch eine Zeit der sexuellen Unterdrückung, die eine Moral hervorbrachte, so tadellos angepaßt wie das graue Schneiderkostüm und so brav wie die neuen Dauerwellen (was unsere immer frustrierte, nach

Männern lechzende fidele Nachbarin nicht davon abhielt, den überraschten Postboten mit einem Gläschen Schnaps und nur mit Büstenhalter und Unterrock bekleidet an der Tür zu begrüßen). Es gab daher eine Menge diskreter, aber erfahrener Gespräche über Ehe, Seitensprünge, Abtreibungen und Männer, die immer dann abgebrochen wurden, wenn die Kinder zuzuhören schienen. Die Meinung über die Männer und deren individuelle wie allgemeine Leistungen, so wie sie von Frauen um mich herum vorgebracht wurde, war nicht überragend positiv. Der Krieg war eine menschliche Katastrophe gewesen, die hauptsächlich auf männliches Versagen zurückzuführen war, trotz der Frauen, die ebenfalls ihren Anteil an ihm gehabt hatten – was weder die Überlegenheit und Intelligenz der Männer in der Politik noch ihre Fähigkeit bestätigte, die Welt friedlich zu regieren. Und obwohl es niemand wagte, offen den Entscheidungen der Männer zu widersprechen, so hatte das Vertrauen der Frauen in die männliche Allmacht gehörig Schaden genommen.
Mir scheint, daß die deutschen Frauen bei der Verarbeitung der Vergangenheit etwas erfolgreicher gewesen sind als die Männer – nicht so sehr aufgrund einer bewußten Anstrengung als infolge allgemeiner Reflexionen über das Leben. Und doch haben viele der Frauen, die während des Krieges Anfang zwanzig waren und die jetzt fast alle Großmütter Ende sechzig sind, erst kürzlich begonnen, sich öffentlich Gehör zu verschaffen, um über eine Zeit zu sprechen, die sie so betrogen und benachteiligt hat. Im Gegensatz zu den Männern fühlen sich die Frauen weniger von der Vergangenheit verfolgt als verletzt. Sie haben zumindest Teile von ihr emotional aufgearbeitet, indem sie sich erlaubt haben, Verlust zu empfinden und die Verkrüppelungen anzuerkennen, die der Krieg angerichtet hat. Sie mußten keine falschen Identitäten, scheinbares Heldentum und siegreichen Glanz aufrechterhalten, und da sie selten zum Gegenstand der nach dem Krieg durchgeführten Untersuchungen zum Thema

Nazi-Deutschland gemacht wurden, waren sie weniger defensiv eingestellt. Einige von ihnen haben sich im Alter noch wirklich emanzipiert, haben politisches Interesse entwickelt, sind nicht selten als widerstandsfähige Veteraninnen, die sie nun einmal sind, in Bürgerinitiativen, in der Friedensbewegung und in Umweltschutzgruppen als aktive Mitarbeiterinnen zu finden. Ich habe den Eindruck, daß manche dieser einst stummen, unterwürfigen Mitläuferinnen eher als ihre männlichen Zeitgenossen gegen soziale und politische Ungerechtigkeiten protestieren, weil sie über die Vergangenheit wütender sind. Bedauern und Mitgefühl sind knapp in Deutschland, doch scheinen es öfter Frauen zu sein, die mit den von Greueltaten und Tötungen Betroffenen echtes Mitleid zeigen. Obwohl auch sie immer noch Schwierigkeiten haben, Mitwisser- und Mittäterschaft zu akzeptieren, haben sie doch die bitteren Lektionen des Krieges stärker in ihr gegenwärtiges Leben eingewoben als die Männer.

Meine Mutter fühlte sich immer als ein Opfer, das nie in der Lage war, sich aus der weiblichen Falle zu befreien. In den fünfziger Jahren war es unpassend für eine Frau zwischen dreißig und vierzig, die traditionellen Regeln und den unausgesprochenen Handel, den sie durch Heirat und Mutterschaft eingegangen war, umzustoßen. Sie war bis zur Perfektion geeignet für diese undankbare Rolle, da sie Angst davor hatte, sich zu beschweren, zu kritisieren, etwas zu verlangen, und es nicht ertragen konnte, undankbar, unvernünftig, schwierig oder – das Schlimmste von allem – eigennützig zu erscheinen. Zu einem großen Teil versinnbildlichte sie immer noch die Nazi-Ideologie von Reinheit, Harmonie und einem idealisierten Familienleben. Eine ihrer stärksten Überzeugungen war, eine Frau müsse alles für ihren Mann und ihre Kinder opfern, und oft erklärte sie mit bebender Stimme: »Ihr Kinder seid alles, was ich habe und wofür ich lebe« – eine Einstellung, die mich immer trauriger machte und belastete, je älter ich wurde. Ihre Sehnsucht nach Harmonie und Zugehörigkeit war außergewöhnlich. Sie erwartete von ihrem Mann und ihren Kindern, daß sie ihr das verlorene Heimatland und die verlorene Familie ersetzten und obendrein noch ihre Identität und ihre Stütze waren. Sie beschützte das zerbrechliche Glück ihrer Familie mit Leidenschaft und Ausdauer, weil sie mit der Bedrohung, die Auseinandersetzungen und Meinungsverschiedenheiten für sie darstellten, ganz einfach nicht umgehen konnte.

Ich habe sie als absolute Mutter in Erinnerung, von der Art, die immer gibt und niemals nimmt, und als Kind erschien sie mir wundervoll. Sie war überschwenglich und voller Überraschungen – sie sang Lieder mit uns, nähte mir meinen ersten Teddy aus rosa Stoff und mit Knopfaugen und machte uns Pudding mit lustigen Gesichtern. Wir wurden gedrückt und geküßt, und wenn sie uns ansah, dann geschah das meistens mit dem leuchtenden Lächeln der stolzen, ihre Kinder vergötternden Mutter. Wir waren in sie verliebt. Sie war aber nicht nur eine Supermutter, sie war natürlich auch Köchin, Reinmachefrau, Organisatorin, Erzieherin und Sündenbock für alles, was schieflief. Doch etwas ging in ihr vor, veränderte sie mit den Jahren, sie wurde ungeduldig und launisch, verprügelte uns wegen Nichtigkeiten und überraschte uns mit Wutausbrüchen.

In meiner Teenager-Zeit brach sie manchmal in Tränen aus, während sie in der Küche am Spülbecken stand, und schluchzte verstimmt in den Abwasch: »Ich bin nichts außer einer Putzfrau und Dienerin für euch«, worauf ich nur verständnislos mit den Schultern zucken konnte, ihr einen ratlosen Blick zuwarf und schnell in mein Zimmer verschwand. Heute schäme ich mich dafür, wenn ich daran denke, aber ich wußte es nicht besser. Meine Schwester und ich waren faule Prinzessinnen, die nicht allzuviel Hausarbeit zu machen brauchten, und wenn wir einmal murrend den Boden aufwischten oder den Teppich ausklopften, machte sie anschließend alles noch einmal, weil ihr, was wir getan hatten, nicht gut genug war. Sie begann ihr Herz, ihre Frustration und ihre Energie in zwanghaftes Saubermachen zu legen und machte uns am Ende alle verrückt damit. Wir lachten sie aus, machten Witze darüber und fragten sie herablassend: »Mami, kannst du nicht mal was anderes tun?« Aber das konnte sie nicht. Sie hatte kein Selbstvertrauen und wußte nicht, wie man geradlinig ein Ziel verfolgt, weil ihre vagen Ambitionen durch ständig wechselnde Umstände abgewürgt worden waren, und immer wenn sie über die Jahre wieder einmal aufflackerten, wurden sie durch meinen Vater und ihre eigene Ablehnung von Disziplin, Fleiß und Engagement im Keim erstickt. Obwohl sie noch als junge Mutter freiberuflich als Modezeichnerin für ein elegantes Pelzhaus gearbeitet hatte, mußte sie diese Tätigkeit auf Druck meines Vaters aufgeben, als sich herausstellte, daß sie von Zeit zu Zeit zu Modenschauen nach Paris hätte fahren müssen, um es weiterzubringen. Die Idee, daß seine schöne junge Frau außerhalb seiner Kontrolle war und obendrein noch Geld verdiente, war etwas, das mein Vater nicht ohne Krach hinnehmen konnte. Er gewann, sie ging nicht. Sie hatte zwar eine spezielle Begabung, bestimmte Dinge durchzusetzen, aber sie war keine Kämpferin.

Es tut weh, eine Mutter zu haben, die nichts gewesen ist als eine Sklavin, deren Ketten von auffälligem, modischem Beiwerk verdeckt wurden. Immer noch in dem Glauben, daß Männer überlegen wären und Frauen sich ihnen unterzuordnen hätten, hatte sie sich meinem Vater mit Haut und Haaren ausgeliefert und war vollkommen abhängig von ihm, wirtschaftlich wie emotional. Sie besaß nicht einen Pfennig eigenes Geld, statt dessen bekam sie abgezähltes Haushaltsgeld ganz nach dem Gutdünken meines Vaters und mußte um jede zusätzliche Mark betteln und obendrein noch jede größere Ausgabe logisch erklären – von den neuen Küchenvorhängen bis zum Kalbsnierenbraten –, weil mein Vater extrem knauserig war.

Ihr größtes Talent bestand darin, ihrer eigentlich armseligen Umgebung und dem prosaischen Lebensstil den kleinbürgerlichen Mief zu nehmen, indem sie alles, was sie anfaßte, mit sehr wenig Geld in kleine stilvolle und originelle Wunder verwandelte. Es konnte sein, daß es ihr in den Sinn kam, die Wohnung neu zu tapezieren oder die Sessel neu zu polstern, oder daß sie aus heiterem Himmel den unbezwingbaren Drang verspürte, eines ihrer schnellen Nähwunder zu wirken. Sie warf dann nonchalant einige Meter Stoff auf den Fußboden, ließ sich daneben nieder, drapierte ein bißchen herum, legte die Stoffbahnen übereinander und ein hausgemachtes Muster aus Zeitungspapier darauf, bevor sie anfing, mit glitzernden Augen zu schneiden. Während dieser Prozedur steckte sie sich Stecknadeln zwischen die Lippen, wo sie auch den ganzen Tag blieben, denn sie konnte reden und notfalls auch küssen, ohne sie aus dem Mund zu nehmen. Wie durch ein Wunder war der Rock, das Kleid oder Kostüm dann am Abend fertig, denn sie nähte mit der fieberhaften Leidenschaft einer Besessenen, bis sie uns die Kreation schließlich vorführen konnte. Wir saßen auf der Couch, sprachlos über soviel Chic und Eleganz und konnten bloß nicken, wenn sie fragte: »Na, wie sieht es aus?«
Wir sahen ihr immer zu, wenn sie sich für eine Party herausputzte. Sie zog ihre Nylonstrümpfe mit Naht an, ausgefallene Stöckelschuhe und saß dann an ihrem Frisiertisch, in Büstenhalter und Hüftgürtel, während sie mit ruhigen Pinselstrichen ihre langen Nägel mit zyklamfarbenem Lack bemalte. Danach griff sie zur Wimperntusche, spuckte auf das Bürstchen und bearbeitete ihre gebogenen Wimpern damit. Wenn sie Make-up und Frisur beendet hatte, schlüpfte sie in ein trägerloses Abendkleid, fügte noch unzählige Accessoires aus Kästen und Schubläden hinzu und drehte sich zum Schluß für uns einmal im Kreis, bevor sie in einer Wolke teuer duftenden Parfums das Haus verließ und uns Handküsse zuwarf.
Ihr Mißfallen Deutschland und dem nationalen Charakter

seiner Einwohner gegenüber wurde nie von irgend jemandem mit ähnlichen Gefühlen erwidert. Es war fast unmöglich, meine Mutter nicht zu mögen, zu übersehen oder von ihrem natürlichen Charme und ihrer unwiderstehlichen Wärme nicht eingefangen zu werden, die in so einem ernsten und kalten Land selten waren. Sie war vital und leidenschaftlich, hatte graziöse Manieren und ein gutes Herz; ihre Komplimente und Umarmungen wurden überschwenglich an Freunde – und manchmal auch überraschte Fremde – verteilt. Und sie setzte ihren Charme gnadenlos zu ihrem Vorteil ein. Sie liebte es zu flirten, gehörte zu der Art Frau, an die der Postbote die Briefe immer persönlich abliefern wollte in der Hoffnung, sie in einem aufregenden Morgenrock zu erwischen, und für die die fremden Ehemänner immer sprangen, um ihr die Tür zu öffnen. All das schien die Frauen um sie herum nicht zu stören, denn sie war nicht eitel und schlug sich immer auf deren Seite, weshalb sie auch Freundschaften entwickelte, die ein Leben lang gehalten haben.
Mein Vater war hin- und hergerissen zwischen rasender Eifersucht, weil sie so beliebt war, und eitlem Stolz, weil sie ihm gehörte. Ich fühlte eine ähnliche Ambivalenz, als ich so um die sechzehn war, weil sie allmählich begann, mir im Wege zu sein – und ich ihr auch –, während ich um meine weibliche Identität kämpfte. Meine konfliktreichen Gefühle und mein Ärger über eine Mutter, die unter all dieser harmlos wirkenden Weichheit und Liebenswürdigkeit sehr dominierend und kontrollierend war, verstärkten sich mehr und mehr. Sie sah ihre Töchter als symbiotische Kreaturen, die lediglich Verlängerungen ihrer selbst und daher konsequenterweise ihr Besitz waren und von denen nicht erwartet wurde, daß sie sich ohne Erlaubnis aus der Mutterbindung befreiten. Besonders ich provozierte eine Menge Ablehnung in ihr, da sie meine aufsässige Ader ziemlich irritierte – etwas, was sie in sich selbst immer unterdrückt hatte. Sie wußte einfach nicht, wie sie Gefühle wie Aggression, Haß und Wut

in ihr selbstloses Mutter- und Ehefrauenbild integrieren sollte. Statt dessen benahm sie sich mir gegenüber immer ungerechter und diktatorischer und beobachtete meinen Rückzug aus ihrem sicherlich liebenden, aber eisernen Griff mit Ärger und Enttäuschung.

Obwohl sie kein schlechtes Vorbild war, wenn es um Aussehen und einige individuelle Qualitäten ging – besonders ihren unbesiegbareren Optimismus, den sie selbst in düsteren Situationen nie verlor –, hatte ich doch von früh auf gelernt, daß weiblich *und* verheiratet zu sein, Verletzlichkeit, Beschränkung, Unterwerfung und Selbstaufgabe bedeuteten. Und Tränen. Ich hatte meine Eltern zu oft zanken und meine Mutter zu oft weinen sehen, denn sie war nicht in der Lage, sich gegen die verbalen Hiebe meines Vaters zu wehren. Es war ein herzzerreißender Anblick, der weh tat. Es muß für sie hart gewesen sein – und obendrein enttäuschend –, als sie merkte, daß ich sie nicht nur nicht als positives Rollenmodell gewählt hatte, sondern sie im Gegenteil als abschreckendes Beispiel dafür nahm, was Frauen passiert, wenn sie in die Falle der Ehe rennen und ihre Identität, Unabhängigkeit und Karriere aufgeben.

Meine Mutter entmutigte ihre zwei Töchter zwar nicht, bewußt in die Welt zu gehen und zu erreichen, was sie wollten, aber sie half uns auch nicht gerade. Wir gehörten zu einer neuen Generation, und sie spürte, daß wir vielleicht mehr Glück als sie haben würden. Es war vor allem der männliche Chauvinismus meines Vaters, der uns durcheinanderbrachte. Er wollte zwar, daß wir arbeiteten, war aber gleichzeitig der Meinung, daß eine gezielte, gute Schul- und Berufsausbildung nur etwas für Frauen war, die nicht hübsch genug waren, um etwas Profitables zu tun, ohne zu hart dafür zu arbeiten. Er erklärte meiner Schwester und mir schon frühzeitig, daß es sich nicht lohne, uns zur Universität zu schicken, da wir ja sowieso irgendwann heiraten würden, so daß wenig Mut und Motivation bei uns übrigblieben.

Trotzdem beneidete meine Mutter uns irrsinnig und war sehr stolz, weil wir all die Dinge taten, die sie insgeheim selbst immer hatte tun wollen, und sie bewunderte uns für unsere Berufe, unser eigenes Geld und die Möglichkeit zur Selbstbestimmung (meine Schwester und ich beschlossen beide, keine Kinder zu haben). Sie war einfach verblüfft über die Tatsache, daß meine Freunde kochten, einkaufen gingen und ihre Wäsche selber wuschen und daß ich Entscheidungen aufgrund meiner eigenen und nicht ihrer Urteile traf. Doch der am stärksten empfundene Neid galt dem Umstand, daß wir in unserem eigenen Land aufwachsen durften und nicht wie sie in einem Krieg unserer Illusionen beraubt und von unseren Zielen weggezerrt worden waren, einem Krieg, der bei ihr tiefe Narben hinterlassen hatte.

»Ich gehöre zu der Generation, die am meisten betrogen wurde«, sagt meine Mutter in unserem Gespräch. »Es ist, als wäre ich immer zur falschen Zeit am falschen Ort gelandet, so daß ich meine Träume und Ambitionen nie erfüllen konnte. Der Krieg hat von meinem Leben die besten und schönsten Jahre genommen. Mit neunzehn mußte ich von zu Hause fliehen, mit dreiundzwanzig war ich schon Mutter, dann kam die Aufbauphase, und da waren die Weichen gestellt. Plötzlich war ich eine reife Frau.«

Nur rückblickend kann ich beginnen zu verstehen, wie sehr meine Mutter unter ihrer Heimatlosigkeit gelitten hat und wie hart es für sie gewesen sein muß, daß sie mit niemandem diese Gefühle teilen konnte.

»Ich habe mich mein ganzes Leben lang als Flüchtling gefühlt«, erklärt sie. »Ich mußte gegen meinen Willen mein Heimatland verlassen, das war so, als ob man einen Vogel aus dem Nest wirft, bevor er flügge ist. Das schlimmste am Flüchten ist, daß man das verlassen muß, mit dem man aufgewachsen ist: seine Identität. Man konnte nicht mitnehmen, was einem lieb war – Menschen, Landschaften, selbst materielle Dinge. Ich hatte Glück, denn viele konnten in der

Fremde nicht Fuß fassen, selbst reiche Leute, die dann nur noch Erinnerungen und ihren feinen Namen hatten. Ich habe meine Schwestern oft beneidet, nur weil sie zu Hause waren, aber letztendlich habe ich nicht bedauert, daß ich nicht zurückgegangen bin. Aus mir wäre bestimmt irgendeine langweilige litauische Hausfrau geworden. Unter den Russen hätte ich nicht leben wollen. Es ist merkwürdig, aber dieses Nicht-aufgeben-Wollen, dieses heimliche Immer-in-die-Heimat-Zurückwollen, haben wir Flüchtlinge alle, auch meine litauischen Freundinnen in Amerika. Es ist eine Sehnsucht, die sowieso unerfüllt bleibt. Wir würden uns ganz schön erschrecken, wenn wir zurückgehen würden. In der Erinnerung ist ja alles schöner, heiler und größer.«

Ich wünschte, ich hätte früher verstanden, was es heißt, gezwungen zu werden, seine Familie zu verlassen, ohne darauf vorbereitet zu sein und ohne die Chance gehabt zu haben, sich zu verabschieden, in der Hoffnung, alles eines Tages wiederzusehen (was sie niemals tat). Es scheint mir, daß meine Mutter einen großen Teil ihrer Lebenskraft und ihres Selbstvertrauens aufgegeben hat, damals, als sie ihre Heimat verlassen mußte. Sie war nicht freiwillig nach Deutschland gekommen, aber sie war freiwillig geblieben. Sie lernte die deutsche Sprache fast perfekt, behielt einige köstliche Ausdrucksweisen bei, die ihr immer viel Applaus einbrachten, aber sie lernte Deutschland nie lieben. Warum war sie geblieben?

»Ich wollte eigentlich nach Amerika, doch dann habe ich deinen Vater kennengelernt.« Der Mann – der älteste Schuldige der Welt. Dieser deutsche Schuldige nahm ihr ihre Sprache, zerfetzte sie, machte sie lächerlich, und das war das schlimmste. Manchmal sprach sie litauisch mit den zwei kleinen Mädchen, aber ihr Mann verbat ihr, »die Kinder mit dieser albernen Sprache zu verwirren«. Er nahm dieses kleine Lettland und Litauen nie ernst, von dem er keine Ahnung hatte, das ihn auch nicht weiter interessierte, als er eine der Landestöchter heiratete. Er war reichlich arrogant, als ob sein Deutschtum mehr wert war. Er sprach nicht mit ihr über die schöne Ostsee, den weißen Strand, an den Bernstein gespült wurde, wenn ein Sturm tobte, wollte nichts wissen über ihre Geschwister, Eltern, Tanten und Onkel. Alles machte er schlecht, sprach von der »ostischen Faulheit«, wenn sie einmal länger schlief, und bezweifelte ihre Angaben über ihre Familie, die, so schien er zu wissen, nur »kleine Leute« waren. »Du kannst uns viel erzählen«, sagte er in ironischem Ton, und das tat sie auch, voller Sehnsucht nach dem verlorenen Familiengefühl. Sie versuchte, ihre Heimat für uns zum Leben zu erwecken, und wir lauschten oft ganz versonnen. Doch die Geschichten wurden länger, wir wurden ungeduldig, sie wurde traurig, ihre Augen fingen an zu glänzen, und eine Träne rollte ihr über die Wange. Wir verstanden einfach nicht, daß sie einsam war, isoliert, verunsichert. Sie war nicht in der Lage, ihre Heimat davor zu retten, eine ferne Fantasie zu werden, die sich über die Jahre in eine Art Wandteppich wandelte, der mit den leuchtenden Farben glücklicher Erinnerungen einer idealisierten Kindheit geknüpft war. Ihre wirkliche Tragödie ist, daß es ihr Leben lang unerledigte Dinge gegeben hat, die sie nicht abschließen konnte. Sie ist um den entscheidenden Prozeß, lose Enden zusammenzuknüpfen und sich mit ihrer persönlichen Biographie auseinanderzusetzen, betrogen worden. Nichts, das eine physische Konfrontation mit ihrer Familie erfordert hätte, vermochte sie aufzuarbeiten, neu zu ordnen und neu zu bewerten. Als ihre Eltern in den späten sechziger und frühen siebziger Jahren und ihre Schwester Luzie in den achtziger Jahren starben, mußte sie ihre Familie betrauern, indem sie mit tränenverschleierten Augen auf ein unscharfes Foto starrte, das man ihr geschickt hatte und auf dem alte, nicht wiederzuerkennende Leute abgebildet waren.

Meine Mutter erwachte spät. Lange nachdem ihre Töchter aus dem Hause waren, fing sie an zu versuchen, mit sich und ihrem Schicksal ins reine zu kommen. Sie erkannte, daß sie in der Tat erwachsen geworden war – in einem fremden Land –, daß ihre idealisierte Kindheit verloren war, daß sie vielleicht nie mehr ihre noch verbleibenden Geschwister und Verwandten sehen würde (sie hat nie Anstalten gemacht, Lettland oder Litauen zu besuchen). Sie erkannte außerdem, daß sie eigentlich keine Verbindung mit einem Ehemann aufrechterhalten wollte, der weder ein liebender Partner noch ein verständnisvoller Freund war.

Sie trennten sich, und, befreit von einem Tyrannen, war sie in der Lage, einige ihrer alten Muster zu durchbrechen und jene Qualitäten, die seit Jahrzehnten verschüttet gewesen waren, hervorzulassen. Mit fünfundfünfzig machte sie ihren Führerschein, eröffnete ihr erstes Bankkonto, tat, was ihr gerade gefiel und lebte endlich in einer Wohnung, die ihr gehörte und in der sie allein war. Sie lernte, etwas egoistischer zu sein und nein zu sagen, und, noch besser, brachte ihren beachtlichen Sinn für Humor wieder auf Hochglanz, der in der Gegenwart meines niederschmetternd gewitzten Vaters nie eine Chance gehabt hatte. Im höheren Alter hat sie wieder begonnen, ein bißchen der Mutter zu ähneln, die ich glaubte in der Kindheit verloren zu haben – lebendig, großzügig und lieb. Sie hat das gefunden, was einem Heimatgefühl am nächsten kommt: ein Gefühl für sich selbst.

5

Wir kommen jetzt zu einem schrecklichen Thema...

Ich erinnere mich an Herrn Kranz und Fräulein Schubert ohne große Wärme oder Begeisterung. Teils, weil sie keine besonders außergewöhnlichen Personen waren, teils, weil sie ihren Beruf verfehlt hatten. Sie waren meine Geschichtslehrer, gewöhnliche Staatsbeamte, dazu ausersehen, einer Klasse von gelangweilten deutschen Schülern die wechselvollen Geschehnisse der europäischen Geschichte nahezubringen.

Hitler und das Dritte Reich waren der zur Diskussion stehende Stoff, als wir so um die vierzehn waren, was nun nicht heißen soll, daß wir tatsächlich über dieses Thema diskutierten. Ich habe lange gedacht, daß der Entscheidung, wann der Nationalsozialismus durchgenommen werden sollte, sorgfältige Überlegungen zugrunde lagen, mit dem Ergebnis, daß ein deutscher Schüler mindestens vierzehn Jahre alt sein mußte, um emotional und intellektuell reif genug zu sein, mit dem Thema konfrontiert werden zu können. Aber es war eher eine zufällige als eine sachliche Entscheidung. Geschichte wurde chronologisch gelehrt, und Hitler kam eben an die Reihe, als wir vierzehn waren – ob wir das nun verkraften konnten oder nicht. Die undankbarste, wenn auch unvermeidbare Aufgabe eines jeden Geschichtslehrers schien die Unterrichtung dieser speziellen Periode zu sein, und sie

wurde auf seltsame Weise von plötzlich auftretenden Sprachstörungen, einer heiseren Stimme, unkontrollierbarem Hüsteln und winzigen Schweißperlen auf der Oberlippe begleitet. Schon während der Lehrer seine noch in epischer Breite angelegten Berichte über den Dreißigjährigen Krieg, Kreuzzüge und Preußens Könige vortrug, veränderte sich die Stimmung im Raum, und als er bei der Weimarer Republik angelangt war, hatte seine Stimme endgültig an Stolz, Selbstbewußtsein und Lebendigkeit verloren.
Wir kannten den Grund, und wir konnten die nahende Katastrophe spüren. Nur noch ein paar Seiten weiter in unserem recht dünnen Geschichtsbuch, ein letztes nervöses Schlukken, und dann würde Fräulein Schubert in einem beiläufigen, aber kontrollierten Ton, vielleicht eine Nuance zu laut fragen: »Wir kommen jetzt zu einem sehr tragischen Kapitel in der deutschen Geschichte. Ich bin sicher, ihr wißt, was ich meine?« Jeder von uns hatte bereits viele Male das Buch auf der Suche nach aufregendem Material durchgeblättert und war selbstverständlich auf den Mann mit dem Bärtchen gestoßen. Wir wußten, daß Fräulein Schubert sich auf die »schreckliche Zeit zwischen 1933 und 1945« bezog, in der die gutgläubigen Deutschen diesem Teufel in brauner Verkleidung zum »Opfer gefallen waren« – so hörte es sich jedenfalls an. Ganze fünfzehn Seiten waren dem Dritten Reich gewidmet, und sie waren angefüllt mit den unglaublichsten Geschichten über eine Massenbewegung, die Nationalsozialismus genannt wurde und die großartig begann, aber leider in einer tragischen Katastrophe für die ganze Welt endete – das Wort »Holocaust« gab es noch nicht. Nur wenige Fotos waren in die dürftigen Fakten eingestreut: die Männer vom 20. Juli 1944, der Führer selbst, mit zum Hitlergruß erhobenem Arm, und sein Volk, das diese freundliche Geste erwiderte, dazu noch die »anderen Diktatoren«, Stalin und Mussolini.
Und dann folgte ein gesondertes Kapitel, ungefähr eine drei-

viertel Seite lang. Es trug den Titel »Die Ausrottung der Juden«, und ich hatte es viele Male zu Hause in meinem Zimmer gelesen – bei verschlossener Tür, denn ich wollte nicht, daß irgend jemand wußte, was ich da las. Sechs Millionen Juden waren in den Konzentrationslagern getötet worden, und während ich über Auschwitz und die Gaskammern las, rollte eine Welle von Gefühlen, eine angsteinflößende Faszination, vermischt mit Abscheu und Unglauben, über mich. Aber ich sagte nie etwas. Was für schreckliche Monster mußten damals existiert haben. Ich war froh, daß diese Dinge vorüber waren, daß die grausamen Deutschen verschwunden waren, weil man ja, wie das Buch hervorhob, die Schuldigen bestraft hatte. Und doch fühlte ich mich alarmiert, da war etwas, auf das ich nicht meinen Finger legen konnte. Wie haben nur so viele unschuldige Menschen ermordet werden können?

Es gab keine Erklärungen für meine unausgesprochenen Fragen, keinerlei Antworten in Fräulein Schuberts hilflosem Gesicht. Sie schien peinlich berührt zu sein und sehr verstört, biß sich auf die Lippe und sah dauernd auf ihre orthopädischen Halbschuhe hinunter, während sie das Dritte Reich in fünfzig Minuten unterzubringen versuchte – ungefähr eine Minute für jede Million Menschen, die im Zweiten Weltkrieg getötet worden waren . . . sechsundzwanzig Zeilen für sechs Millionen Juden, gedruckt auf gelblichem, billigem Papier in einem deutschen Geschichtsbuch von 1960. Effizient, ohne Zeit zu vergeuden, nach deutscher Art.

Wir lasen dieses Kapitel natürlich nicht laut in der Klasse, wie wir es so oft mit anderen, sichereren Themen machten. Es war das eine, das unantastbare Thema, von allen gemieden und damit freigegeben für jedermanns persönliche Interpretation. Da war diese subtile, unausgesprochene Vereinbarung zwischen Lehrern und Schülern, nicht in etwas herumzuwühlen, das nur unangenehme Gefühle auf allen Seiten hervorrufen würde. Ganz davon abgesehen wurde es als krank angesehen, hätte man als Schüler allzuviel über Konzentrationslager wissen wollen.

Nachdem also das Dritte Reich in unserer Klasse, untermalt von dem Geräusch hastig umgeblätterter Seiten, sehr schnell seinen Zusammenbruch erlebt hatte, lüftete sich das bedrükkende Schweigen, die deprimierende Atmosphäre verschwand. Jeder schien erleichtert, besonders Fräulein Schubert, die wieder ihr unbekümmertes, humoriges Selbst wurde. Sie hatte zwei Weltkriege überstanden, sie würde auch einen Haufen gleichgültiger Teenager überstehen. Fräulein Schubert muß damals etwa Ende sechzig gewesen sein. Sie war eine winzige, faltige Matrone, die genau meiner Vorstellung von dem entsprach, was offizielle Institutionen ausmachte, mit ihrem sackartigen Flanellrock, der dunklen Strickjacke, dem grauen Knoten im Nacken und den Stützstrümpfen mit Naht. Sie hatte übrigens eine übertriebene, durch nichts zu erklärende Vorliebe für Johannes Gutenberg, den Erfinder des Buchdrucks, den wir über die Jahre intimer kennenlernten als Adolf Hitler. Und doch, sie tat ihre Pflicht. Deutsche Lehrer mußten nun einmal Geschichte lehren, ob sie es wollten oder nicht.

Die Lehrer meiner Zeit waren – mit wenigen Ausnahmen – sämtlich Bürger des Dritten Reichs gewesen und damit Zeugen und Teil einer Epoche, die bloß einige Jahre nach ihrem traumatischen Zusammenbruch in einer neutralen, distanzierten Weise besprochen werden sollte. Was hätten sie einer Klasse mit teils geschockten, teils gelangweilten Heranwachsenden über die unverarbeiteten Geschehnisse sagen sollen? Sie mußten sich ihre Autorität, ihre Unangreifbarkeit erhalten, um glaubwürdig zu bleiben, und sie hatten es einfach mit uns, weil sie nie herausgefordert wurden. Kritisches Bewußtsein und übertriebene Neugier waren eindeutig unerwünschte Eigenschaften in den Klassenräumen, in denen ich meine Schulzeit absaß. Da bestand so gut wie keine Gefahr, daß ein wißbegieriger Schüler einen Lehrer in die Ecke drän-

gen und ihm mehr Fakten über Nazi-Deutschland abverlangen würde. Wir waren nicht darauf aus, unsere Lehrer vor Gericht zu stellen, sie konnten unverurteilt und ohne irgendeinen Schaden zu nehmen nach Hause gehen. Wir fragten auch unsere Eltern nicht über die Nazis aus, warum also sollten wir uns in der Schule anders verhalten?
Die Wahrheit war, daß die Lehrer auch keine wirklich freie Hand hatten, ihre privaten Ansichten über die Nazi-Vergangenheit unter die Schüler zu bringen, egal, wo sie damals gestanden haben mögen. In allen Bundesländern gab es Richtlinien dafür, wie das Thema durchzunehmen sei, inklusive einer unausgesprochenen Grundregel: Das Dritte Reich und Adolf Hitler sind unzweideutig zu verdammen; ohne spezielle Kritik oder gar Lob. So wie ich es erlebt und gehört habe, gab es drei Standardwege, die deutsche Vergangenheit zu behandeln: 1. So schnell wie möglich durch den Stoff zu gehen, um damit jeder Art von Fragen und Antworten aus dem Weg zu gehen. 2. Die Zeit so leidenschaftlich und auffällig wie möglich zu verdammen, um jeden Verdacht von persönlicher Teilnahme im Keim zu ersticken. 3. Das Dritte Reich ganz vorsichtig aufzuwerten, indem man herausstellte, daß es doch einige sehr positive Seiten gehabt habe, man denke nur an die Autobahnen und die vielen so notwendig benötigten Arbeitsplätze, die Adolf Hitler geschaffen habe. In welchem Stil die Ausflüchte und Verfälschungen auch vorgetragen wurden, die deutsche Vergangenheit wurde stets als isolierter und fataler Unfall ohne tatsächliche Schuldige dargestellt. Wodurch es unmöglich wurde, sich mit den Gründen des Desasters auseinanderzusetzen. Sich auseinanderzusetzen hätte bedeutet, die Frage nach den Schuldigen zu stellen. Wird eine Sache jedoch pauschal als schlecht und zu verdammen abgetan, hat man gar nicht die Möglichkeit, nach verschiedenen Winkeln und Schattierungen zu suchen. Die Nazi-Zeit blieb außer Reichweite, es konnte einfach nicht auf eine übersichtliche Größe reduziert werden.

Ich überlege manchmal, wieviel von einem Lehrer, der Kriegsteilnehmer gewesen war – egal ob Soldat oder Nazi oder Anti-Nazi –, hätte erreicht werden können, wenn er ehrlich und offen über seine persönlichen Erfahrungen gesprochen hätte. Aber das passierte nicht. Statt dessen wurden wir mit Zahlen, Daten und bloßen Reizworten überschüttet. Mehrere Millionen tote Menschen gehen über jede Vorstellungskraft, Zahlen erwecken keine Gefühle. Verständnis ist immer persönlich, und nur Geschichten, die diese Zahlen »vermenschlicht« hätten, hätten uns tatsächlich erreichen können. Wäre uns erlaubt worden, eine Verbindung zwischen uns selbst und dem Leben und Verhalten der Menschen im Dritten Reich herzustellen, dann hätten wir uns identifizieren können, hätten vergleichen können, um zu lernen, zu verstehen und Mitgefühl zu entwickeln. Aber wir waren uns nicht bewußt, wie mangelhaft die Vergangenheit in der Schule behandelt wurde, weil wir das Thema im Grunde genauso ablehnten wie die Lehrer selbst, die ja irgendwie mit darin verstrickt waren. Teenager haben, wie es scheint, generell wenig Interesse an Geschichtsunterricht; wir lernten Daten und Fakten nur, um gute Zensuren zu bekommen oder in Prüfungen nicht durchzufallen. So wie uns Geschichte und Politik dargeboten wurden – ohne jedes Engagement und als eigentlich nicht beeinflußbar –, war es kein Wunder, daß keiner von uns annahm, unsere Meinung und unser Verständnis von historischen Begebenheiten könnten irgendwie wichtig sein und machten auch nur den geringsten Unterschied für die Welt im allgemeinen oder für irgend jemanden im besonderen.
Herr Kranz, ein anderer Geschichtslehrer an einer neuen Schule, zu der ich überwechselte, hatte ein beeindruckendes Talent, Pathos und Drama zu einem für uns sehr unterhaltsamen Theaterstück zu vermischen. Um die Glanzlichter des Dritten Reiches darzustellen, gab es keinen lebendigeren Schauspieler als Herrn Kranz. Seine Stimme war donnernd

und wütend, seine Augenbrauen finster zusammengezogen und seine erhobene Hand zur Faust geballt, als er über des Führers unerbittliche Herrschaft sprach. (Manche der etwas unkonventionelleren Lehrer fühlten sich sogar dazu animiert, zur Veranschaulichung Hitlers Diktion nachzuahmen.) Doch als er dann beim letzten Teil des Krieges angekommen war, ging es mit der lebhaften Stimmung schlagartig bergab. Arme und Hände erschlafften zu beiden Seiten seines dunkelbraunen, fadenscheinigen Anzugs, seine Stimme wurde leiser, bescheidener; es gab über keine Siege mehr zu berichten. Schließlich wurde sein Gesicht bewegungslos und von nicht empfundener Trauer überzogen; nun kam das Resultat der Jahre unter »nationalsozialistischer Herrschaft«. Es war wieder Zeit für das unantastbare Kapitel, das Kapitel, bei dem es mäuschenstill im Klassenraum wurde und bei dem Herr Kranz nervös mit der Hand über seine Glatze fuhr, sich kurz räusperte und etwas von »sechs Millionen Juden« murmelte. Es war das Kapitel, das ihn das Buch mit einem energischen Knall zuklappen und uns den Rücken zuwenden ließ, um dann mit einem spürbaren Seufzer der Erleichterung die »Pause« anzukündigen.

In der Stunde darauf war das Thema dann vergessen, und niemand brachte es mit unnötigen bohrenden Fragen wieder in Erinnerung. Glücklich darüber, daß er ausführlicheren Darstellungen noch einmal entkommen war, blätterte Herr Kranz hastig weiter und überging großzügig Unangenehmes wie Kapitulation, Entnazifizierung und das ganze beschämende Nachspiel für eine besiegte Nation. Die dunklen Wolken waren vorbeigezogen, die Vergangenheit war verabschiedet, und er konnte wieder scherzhaft und gesprächig werden wie gewohnt.

Herr Kranz hatte natürlich gar nicht versucht, uns sachlich über die Geschehnisse zu informieren, sondern uns von etwas zu *überzeugen,* indem er selbst die Rolle des Anklägers übernahm. Für ihn waren nicht etwa die gefallenen und ermordeten Menschen im Zweiten Weltkrieg der Skandal, sondern die Teilung Deutschlands und die Gemeinheit »des Russen«. Wut und Enttäuschung über den verlorenen Krieg, sonst unterdrückt oder auf andere projiziert, konnten jetzt offen gezeigt werden, wenn auch verkleidet als Rechtschaffenheit. »Der Russe« hatte Teile Deutschlands gestohlen – kein Wort darüber, was wir alles gestohlen hatten. »Der Russe« war ein Kriegsverbrecher; die Deutschen waren die Opfer.

Wäre ich wider Erwarten wirklich neugierig gewesen und hätte Hintergründe erfahren wollen, hätte ich in meinem dürftigen Geschichtsbuch wenig Hilfe gefunden. Was man von der zwölf Jahre währenden Katastrophe hätte lernen können – genug Material, um eine Bibliothek damit zu füllen –, wurde auf ein paar kryptische Phrasen reduziert wie: »Die Deutschen zeigten wenig Reue«, und: »Es wollte wenig Besinnung aufkommen.« Geschichtsbuch und Lehrer waren das beste Beispiel dafür, wie man das Dritte Reich und die Nazi-Verbrechen einfach abtun und dem Vergessen überantworten konnte, ohne sich je damit auseinanderzusetzen.

Ein neues Kapitel, eine neue Ära und ein neues magisches Wort – das »Wirtschaftswunder« – belebte schon bald unser Klassenzimmer und inspirierte Herrn Kranz zu einer neuen patriotischen Glanzleistung. Der unangefochtene Star des deutschen Geschichtsunterrichts in den sechziger Jahren war der bemerkenswerte Wiederaufbau Deutschlands nach 1945. Das war endlich ein Thema, in das ein alter Schullehrer seine Zähne schlagen konnte. Eine Nation von Überlebenden hatte die Ärmel aufgekrempelt, und Herr Kranz war selbstverständlich einer von ihnen. Das war endlich die Chance, Deutschland zu rehabilitieren und Glanz über das verfaulte Gehäuse zu breiten, indem deutsche Lehrer mit wehmütigen, nostalgischen Blicken noch einmal die vereinten Kräfte, die eiserne Entschlossenheit und die fabelhafte Kameradschaft wiederaufleben ließen, die Deutschlands

Fassaden restauriert hatten. Herr Kranz konnte wieder stolz sein auf Deutschland, er selbst hatte mitgeholfen, es in ein Land zu verwandeln, das er wirklich mochte. Nachkriegsdeutschland war ein echtes Gemeinschaftsprodukt, massenfabriziert für und nach dem Geschmack der ehemaligen Bürger des Dritten Reichs. Hitler, wer war Hitler? Die neuen Führer waren die Helden der fetten Jahre, dargestellt als selbstlose Männer von größter Würde.

Für uns Schulkinder gab es nichts, was uns weniger interessierte als diese Prachtleistungen. Wir waren alle in dieses zerstörte Land, das Alliierte besetzt hatten, hineingeboren worden; die Nachkriegsjahre waren nicht Herrn Kranz' Jahre, die Erinnerungen an Ruinen und Armut waren für uns genauso unauslöschlich – wenn auch nicht so traumatisch – wie für unsere Eltern. Aber in seiner Begeisterung bemerkte Herr Kranz nicht, daß seine Lobeshymnen auf taube Ohren trafen. Weder mochten oder bewunderten wir ihn, noch trauten wir ihm.

In all dieser Aufregung über das Wirtschaftswunder blieb ein anderes, fast größeres Wunder bequemerweise ungeklärt. Auf Seite zweihundertneunzehn meines alten Geschichtsbuches wurde Deutschland als eine Nation beschrieben, die glücklich und ohne sichtbare Gewissenskrise unter dem Nationalsozialismus und einem allem Anschein nach akzeptierten Führer lebte. Doch nur vierzehn Seiten weiter befand sich das gesamte Volk in einer völlig neuen Welt, auf wundersame Weise entnazifiziert, umgeschult, seine mörderische Vergangenheit säuberlich weggesteckt unter einem zerlöcherten, aber nichtsdestoweniger undurchdringlichen Netz von Vergeßlichkeit.

Wie hatten sie das bloß gemacht? Die Bundesrepublik Deutschland folgte fast direkt auf das Nazireich. Wo war der ganze braune Ballast abgeladen worden? Der Rollenwechsel vom gehorsamen Nazibürger zum gehorsamen Bundesbürger ging allzu glatt. Was für ein akrobatischer Akt von »Sieg

Heil« zur Demokratie und von marschierenden braunen Uniformen zu marschierenden grauen Flanellanzügen. Wo waren Substanz und Basis geblieben, auf denen Ideologie und Erfolg des Dritten Reiches geruht hatten? War sie vielleicht noch existent, versteckt, unterdrückt, auf Eis gelegt?

Solche beunruhigenden Fragen hatten natürlich keine Chance, gestellt oder gar beantwortet zu werden. Die Lehrer, die ich um mich hatte, waren eine gleichermaßen einschüchternde Gruppe: alte Männer und Frauen (mit einer gloriosen Ausnahme), die Respekt, Ordnung und Gehorsam verlangten. Sie erdrückten meine Fantasie, ignorierten meine Talente und betäubten meine Neugier in der Art der Menschen, die dafür bezahlt werden, daß sie Ausbrüche unabhängigen Denkens unter Kontrolle halten. Ihre Einschätzung meines Charakters las sich in Zeugnissen unter der verwirrenden Rubrik »Allgemeine Haltung« folgendermaßen: »Sabine stört den Unterricht, ist faul und frech und könnte bei ihrer Begabung mehr leisten.«

Obwohl »körperliche Züchtigungen« verboten waren, wurde diese Methode noch vielfach angewandt – mit Unterstützung der Eltern. Eine Kopfnuß oder ein schmerzhafter Schlag mit dem Lineal auf die Finger waren gewöhnliche, nicht besonders beachtete Aktionen, die dem unfolgsamen Schüler dabei helfen sollten, sich der Ordnung zu unterwerfen und sich so aufs spätere Leben vorzubereiten. Meine Schulerinnerungen sind angefüllt von dünnlippigen, strengblickenden Männern und Frauen, die oft mit unbarmherziger Starrheit und Gefühllosigkeit über uns Schüler regierten. Ich bin mir ihnen gegenüber immer wehrlos vorgekommen. Sie konnten einen schikanieren und tyrannisieren, ohne zur Rechenschaft gezogen zu werden, und sie hatten die Macht, einem auch das Leben zu Hause zu ruinieren, indem sie Zeugnisse schrieben, die nichts als idiotische Verbote (kein Fernsehen für zwei Wochen) und Einschränkungen (kein Lambswool-Twinset zum Geburtstag) einbrachten.

All diese Gefühle kamen zurück an die Oberfläche, als ich 1983 auf dem Wege war, einen alten Lehrer zu interviewen. Ich konnte es nicht verhindern, daß ich innerlich triumphierte. Jetzt war ich es, die die Fragen stellte, denn ich hatte einen dunklen Fleck auf ihrer weißen Weste entdeckt, etwas, das ich noch nicht hatte sehen können, als ich jung und unter ihrer Kontrolle war. Plötzlich hatte *ich* die Macht, sie nervös zu machen, und mein Sieg über ihre deutsche Autorität schien vollkommen. Die Rache eines Schulmädchens?

Das war sicher nicht alles. Ich hatte ein wirkliches Interesse daran herauszufinden, wie die alten Lehrer so viele Jahre später über ihre Fehler dachten. Hatten sie neue Wege gefunden, ihre schädlichen Versäumnisse, Verzerrungen und Euphemismen zu rechtfertigen? Mehr als jede andere Nachkriegsgeneration war meine Generation diejenige, die nicht nur geschichtliche Aufklärung, sondern auch die emotionale Hilfe der Erwachsenen, die diese noch gar nicht so ferne Vergangenheit selbst erlebt hatten, am nötigsten gebraucht hätte. Wir waren die direkt Nachgeborenen, waren Augenzeugen der physischen Zerstörung und der psychischen Desolation um uns herum gewesen, die von unseren erschöpften Eltern nicht so schnell verändert werden konnten.

Irgendwie suchte ich natürlich nach Herrn Kranz und Fräulein Schubert. Aber davon abgesehen, daß die beiden wahrscheinlich nicht mehr lebten, hätten so mittelmäßige Lehrer wohl keinen wirklichen Beitrag zu der Art Diskussion, wie ich sie mir vorstellte, leisten können. Ich wollte die Perspektive eines Lehrers, der zumindest versucht hatte, sich mit seiner Vergangenheit auseinanderzusetzen.

Ich hatte Glück, Karl Hallmann zu finden, einen sechsundsiebzig Jahre alten ehemaligen Lehrer und Geschichtsprofessor. Er konnte mir gleich den Widerwillen seiner Kollegen erklären, über dieses Thema zu sprechen: »Traditionell ist der Pädagoge der, der erzieht und es gerne so sieht, daß er in seiner Vergangenheit ein vorbildliches Leben geführt hat.

Wenn er nach so vielen Jahren zum erstenmal entdecken muß, daß es in seiner Vergangenheit nicht perfekt zuging, ist er gehemmt. Wir waren doch sehr beeinflußt von einer Ideologie der heilen Welt.«

Hallmann, ein jugendlich wirkender Mann in Cordhosen mit Rollkragenpulli, strahlt Integrität und Freundlichkeit aus. Er wohnt mit seiner Frau in einem dieser gemütlich aussehenden roten Backsteinhäuschen aus den frühen dreißiger Jahren in einem Hamburger Vorort. Es ist eine ruhige, sichere Nachbarschaft mit vielen Bäumen, zahlreichen Dackeln und wenig Aktivität.

»Das komische war, daß wir am 30. Januar 33 ein privates Marx-Seminar in einer Kneipe im Hinterzimmer hatten, und wir lasen gerade das erste Kapitel vom ›Kapital‹, als wir die Schreierei draußen hörten und erfuhren, daß Adolf Hitler Reichskanzler geworden war. Mein Freund, der später lange gesessen hat, sagte zu mir: ›Reg dich nicht auf, wenn wir mal in zwanzig Jahren ein Geschichtsbuch schreiben, dann wird dieser Tag höchstens Stoff für eine Fußnote bieten.‹«

Hallmann lacht amüsiert, und nichts an diesem sympathischen, angenehm offenen und gediegen wirkenden Herrn scheint mir fragwürdig – und doch kann ich nicht beiseite schieben, daß er einmal Lehrer in Nazi-Deutschland gewesen ist, wo im Unterricht Köpfe vermessen und »unwertes Leben« diskutiert wurde.

Hallmann stammt aus einer sozialdemokratischen Arbeiterfamilie, sein Vater war Kunstmaler, seine Mutter mußte als Putzfrau Geld dazuverdienen. Von der Volksschule ging's zur »Aufbauschule«, auf die besonders begabte Volksschüler geschickt wurden, dann zur Uni und dann, am 4. April 1933, erfolgte die Anstellung an eine »rote« Hamburger Schule als Lehrer für Geschichte. Obwohl der Führer sich von »seiner« Jugend nichts Geringeres erbat, als »zäh wie Leder, schnell wie ein Wiesel und hart wie Krupp-Stahl« zu werden und im allgemeinen befand: »Mit Wissen verderbe ich mir die Jugend«, konnte selbst ein so unbeugsamer Diktator wie er ein Land nicht über Nacht umkrempeln. Das Leben in der Schule änderte sich, zumindest in Hamburg, unter den Nazis relativ langsam.

»So '34 fingen die Nazis dann an, nachzuprüfen, inwieweit die Lehrer sich der neuen Order angepaßt hatten. Einige wurden entlassen, andere für eine Zeit in Umschulungslager gesteckt. Aber der Lehrplan selber wurde frühestens 1936 verändert, und es war lange möglich, offen zu sein, da Kollegen, Elternschaft und Schüler in der Mehrzahl einen nichtfaschistischen Hintergrund hatten. Es gab natürlich fiese Typen unter den Lehrern, die dann plötzlich in Uniformen ankamen, was die Schüler aber ablehnten. Viel später war das dann allerdings ein so übliches Bild, daß man sich ohne Uniform fast nackt vorkam; wir mußten diese schrecklichen Reithosen tragen und Knobelbecher, allerdings ein normales Hemd. Dann, 1937, kam plötzlich der Befehl, daß die jungen Lehrer in die Partei eintreten mußten; da bin ich dann rein.« Karl Hallmanns Stimme wird etwas leiser bei diesem Geständnis, doch er scheint nicht in Konflikt mit seiner ehemaligen Position als Parteimitglied zu sein.

Daß die ersten Jahre unter den Nazis laut Hallmann einigermaßen erträglich waren, »weil es ja auch so was wie einen Alltag im Faschismus gibt, auch für die, die nicht faschistisch denken«, änderte nichts daran, daß mindestens einmal die Woche die Lehrer und Schüler auf dem Hof antreten mußten, um bei gehißter Hakenkreuzfahne das Horst-Wessel-Lied zu singen. Die mit Spannung erwarteten großen Reden des Führers mußten von älteren Schülern und den Lehrern auf dem Volksempfänger angehört werden, und nazifizierte Rechenaufgaben lasen sich im Schulbuch folgendermaßen: »Wenn ein Geisteskranker täglich 4 Reichsmark kostet, ein Krüppel 5,50, ein Verbrecher 3,50 und ungefähr 300 000 Geisteskranke, Epileptiker usw. in Anstaltspflege sind, was koster diese jährlich bei einem Satz von 4 Reichsmark – und wi

viele Ehestandsdarlehen zu je 1000 Reichsmark hätten statt dessen ausgegeben werden können?«
Den von den Nazis erfundenen neuen Fächern wie Rassentheorie, Rassenhygiene und Erblehre wurde von den verschiedenen Schulen Deutschlands unterschiedliche Bedeutung beigemessen, und Karl Hallmann sah das nicht so dramatisch, denn er hatte sich in weiser Voraussicht darauf eingestellt: »Ich habe mir absichtlich eine untere Klasse genommen, weil die Geschichte oder den anderen Nazi-Schwachsinn noch nicht hatte. Ich muß dazu sagen, daß man als Lehrer ziemlich unabhängig im Klassenzimmer war und selber entscheiden konnte, was man sagen oder überspringen wollte. Es gab schon Wege, der penetranten Nazi-Ideologie zu entgehen.«
Die erste öffentliche Aktion der Nazis gleich nach der Machtübernahme war die »Säuberung« der öffentlichen sowie der Schulbüchereien von »jüdischen und undeutschen Elementen«, die große Lücken in den Regalen hinterließ, da neue »Literatur« noch nicht geschrieben und neue Schulbücher vor 1936 noch nicht gedruckt waren. Im selben Jahr wurde die Mitgliedschaft in der Hitlerjugend Pflicht, die in Pimpfe, Hitlerjungen und den Bund Deutscher Mädel eingeteilt war. Was das Reich der Zukunft brauchte, waren furchtlose, stolze Männer »aus Stahl« und ergebene, fruchtbare Frauen – alle am liebsten blond – und keine weichlichen Intellektuellen.
»Den Kindern kann man es nun wirklich nicht ankreiden, daß sie von der Hitlerjugend begeistert waren«, erklärte Hallmann mit großer Überzeugung. »Wenn man in einem solchen Denkraster wie die aufgewachsen ist, wie soll man sich dann dagegen wehren? Das hieße ja, daß ein Kind unabhängig von allen Einflüssen der Welt ist und sich selber an den Haaren aus diesem Sumpf herausziehen kann. Es war ihre Welt, und die HJ-Programme waren sehr attraktiv, mit Sport, Wettkämpfen und Auszeichnungen. Es war schon möglich, daß der Sohn eines Kommunisten oder Sozis als hochdeko-

rierter HJ-Führer nach Hause bzw. zur Schule kam. Ich hatte auch einige in der Klasse – waren alles liebe Jungs. Man muß den älteren Leuten den unerhörten Vorwurf machen, daß sie die Dinge nicht früher durchschaut hatten. Meiner Meinung nach haben die Lehrer, die den Krieg glorifizierten und die Nazi-Ideologie vertraten, ihren Beruf verfehlt.«

In den letzten Kriegsjahren gab es nicht mehr viel akademische Aktivität in Deutschland. Die Nazis waren mit anderen Dingen als dem Einmaleins und Gedichtaufsagen beschäftigt. Viele Schulen waren ausgebombt und praktisch alle Männer im Alter zwischen fünfzehn und sechzig – Karl Hallmann wurde 1940 eingezogen – waren Ende 1944 für den Endkampf mobilisiert und marschierten unter dem heroisch klingenden Namen »Volkssturm« auf unsicheren Beinen dem Verderben entgegen. Kinder wurden als Krankenhelfer, Boten und Flak-Helfer eingesetzt. Hunger, Verzweiflung, Angst und der Wille zu überleben waren stärker als der Wunsch nach Kultur und Bildung. Wen interessiert schon Algebra, wenn der Magen knurrt und die Welt um einen herum auseinanderfällt?

Nach der Kapitulation 1945 brach in der besiegten, gebrochenen Nation das Entnazifizierungsfieber aus und vertauschte die Rollen von Herrscher und Untergebenen. Über ein Jahrzehnt lang hatte sich das Land brutal bemüht, alle »undeutschen Elemente« auszumerzen, und jetzt versuchten die Besatzer, Deutschland radikal von allen Nazi-Elementen zu befreien. Dabei bewiesen ihre Bemühungen lediglich die Unausführbarkeit einer solchen gigantischen Aufgabe, da soviel mehr Menschen als nur die Nazi-Partei und die SS-Elite involviert gewesen waren. Zwölf Jahre unterm Hakenkreuz hatten allerhand an »Literatur«, Kunst, Musik und Film produziert – tatsächlich mußten eine ganze Gesellschaft auseinandergenommen und ihre Leitprinzipien zerstört werden. Natürlich hatte die Reformierung des Erziehungssystems eine hohe Priorität. Millionen von Schulbüchern wurden eingestampft, aber ein Teil wurde erhalten und weiter benutzt, weil einfach keine anderen da waren. Die speziell für diese Aufgabe ausgewählten, sehr strengen alliierten »education officers« entschieden, welche Schulbücher ohne die Gefahr für die Schüler noch verwendet werden konnten (nachdem eine mit Naziparolen infiltrierte Seite hier oder ein hochverdächtiges Kapitel dort herausgerissen worden war). Die zugelassenen Bücher wurden gestempelt und zirkulierten so lange, bis neue gedruckt waren, was nicht vor Anfang der fünfziger Jahre geschah.

»Die Engländer, unsere Besatzer, haben das natürlich alles falsch gemacht, denn diese ganze Entnazifizierung konnte ja nicht intellektuell bewältigt werden. Die kamen mit den großen Feindbildern hier an und wunderten sich dann immer über die Realität, denn in den Akten stand etwas ganz anderes. Das hatten die sich einfacher vorgestellt.«

Den Lehrkörper zu reformieren war problematisch, da viele Lehrer ganz einfach gezwungen worden waren, in die Partei einzutreten, und es war nicht immer leicht zu sagen, wer nun ein »echter« Nazi gewesen war und wer nicht. Manche durften weiterarbeiten, manche bekamen Berufsverbot bis zu zwei Jahren oder mußten zunächst ein halbes Jahr in der Fabrik arbeiten. Junge Lehrer, die unter dem Nazi-Regime ausgebildet worden waren, wurden in speziellen Seminaren umgeschult.

Hallmann wird immer noch wütend, denkt er daran, wie nahtlos einige Kollegen weiterbeschäftigt wurden. (Er selbst wurde 1947/48 nach England eingeladen, um ein Semester Pädagogik zu studieren.) »Nach 1945, als sich keiner mehr erinnerte, wer die Nazis überhaupt waren, landeten Leute, von denen ich wußte, daß sie von Natur aus Nazis waren, gleich wieder ganz oben. Ich bin dann mit einer Gruppe von jungen Lehrern Sturm dagegen gelaufen. Ich sah die als Verbrecher an, die uns Böses angetan hatten, und kam mir vor wie einer von McCarthys Hexenjägern.«

Die Realität war, daß Lehrer dringend gebraucht wurden. Der Krieg hatte eine ganze Generation von jungen Männern ausgerottet, und zu versuchen, arbeitswütige Deutsche nach 1945 nicht in ihren Berufen arbeiten zu lassen, war unpraktisch und unökonomisch. Was an Lehrern übriggeblieben war, wurde deutschen Kindern zugemutet. Man kann wohl sagen, daß ab 1950 fast alle Lehrer wieder in den Schulen und Universitäten unterrichteten, egal, wie ihre Vergangenheit ausgesehen hatte.

Das Bild, das das Schulleben in den ersten Nachkriegsjahren bot, war pittoresk. Die wenigen Schulen, die nicht total zerstört waren, waren mit Kindern aus verschiedenen Klassen und jeden Alters übervölkert – oft wurden die Schüler in nur einem Raum zusammengepfercht. Die herausgebrochenen Fensterscheiben wurden mit Pappe ersetzt, und daß die Kinder an regnerischen Tagen mit aufgespannten Regenschirmen in der Klasse saßen, war genausowenig ungewöhnlich wie die »Kälteferien«, weil nicht geheizt war. Der Lehrer mußte ein geduldiger und humorvoller Ringrichter sein, ideenreich und voller Geschichten; wegen der Buchknappheit mußte er seinen Stoff auswendig können. Die Schüler brauchten ein ebenso fantastisches Gedächtnis, weil es nämlich kein Papier gab. Rechenaufgaben und Aufsätze wurden oft auf Zeitungsränder geschrieben.

Es mag vielleicht die einzige Zeit in Deutschland gewesen sein, in der Schulstunden unregelmäßig, spontan, persönlich und eine genaue Reflexion des wirklichen Lebens waren. Die Schule war plötzlich ein populärer Ort, an dem die Menschlichkeit über die Theorie triumphierte. Lehrer waren nicht nur Autoritätsfiguren, sondern Menschen und Verbündete, die vom Krieg genauso geschädigt waren wie ihre Schüler und deren Familien, und ein guter Teil der Zeit wurde damit verbracht zu diskutieren, wie man am besten Kartoffeln und Kohlen organisierte – direkte Überlebenstechniken waren wichtiger als Pythagoras.

Nur, wie erklärte ein Lehrer in den ersten Nachkriegsjahren Geschichte, während sie passierte? Der Wandel von »Nazis sind gut« zu »Nazis sind schlecht« muß eine verwirrende Erfahrung für die entwurzelten, desillusionierten ehemaligen Kinder des Dritten Reichs gewesen sein. Kinder wurden nicht entnazifiziert. Sie mußten sich an die neue Demokratie anpassen, ohne eine braune Haut abzustreifen. All die Werte, die sie gelernt hatten so leidenschaftlich zu verteidigen, zerfielen vor ihren Augen, und die Realität, der sie einst so vertraut hatten, wurde stumm umarrangiert – ohne daß sie um ihre Zustimmung gefragt wurden. Das gloriose, gewaltige Dritte Reich war ein Schwindel gewesen. Die Juden waren nicht mehr »Volksfeind Nummer eins« und die Polen keine »Untermenschen« mehr. Und der Führer, der war kein übernatürlicher Held mehr, sondern ein bösartiger kleiner Feigling, ein Wahnsinniger, der ein ganzes Volk hatte ausrotten wollen, was ihm beinahe auch gelungen war. Was für ein irreparables Mißtrauen muß sich in all diesen jungen Deutschen, deren Jugend von marschierenden Knobelbechern flachgetrampelt worden war, festgesetzt haben.
Die Lehrer erklärten letztlich überhaupt nichts. »Ich war zwischen 1945 und 1947 wieder Lehrer und muß gestehen, daß der Gedanke, nun irgendein Wort über Adolf zu verlieren, den Schülern gar nicht gekommen ist. Man hatte überlebt und beschäftigte sich mit dem Ergebnis des Krieges – Hunger, Kälte, Armut und persönliche Tragödien – auf praktische Weise. Eine Besinnung konnte da gar nicht aufkommen, denn das tägliche Leben hatte seine Eigendynamik. Ich habe versucht, schöne und positive Dinge mit den Kindern zu unternehmen, die ja viel miterlebt hatten«, erklärt Hallmann und fügt fast überrascht hinzu: »Es ist wirklich erstaunlich, wie extrem apolitisch, ja sogar anti-politisch wir gelebt haben.«
Was auch immer die Alliierten planten, das alte preußische Erziehungsprinzip war stärker als die dürftigen Versuche,

neue Programme durchzusetzen. Karl Hallmann hat noch eine zusätzliche Erklärung dafür, warum die Jugendlichen der fünfziger und frühen sechziger Jahre so wenig fragten und ihre Eltern und Lehrer so wenig erzählten: »Es gab eine starke Ablehnung von seiten der Jugendlichen gegenüber den Erwachsenen. Die Teenager hatten ein feines Gespür dafür, daß es da in der Nazi-Zeit eine Menge gegeben hatte, das nicht so recht zusammenpaßte. Meine eigenen drei Söhne – zwei sind während, einer gleich nach dem Krieg geboren – haben nicht gefragt, weil sie auch meuternde Kinder waren, die meine Redeversuche sehr ironisch mit der Degenhardt-Zeile ›Wenn der Herr Senator spricht‹ einfach abschnitten. Ich hätte gerne geredet, ich hatte keine Schamschwelle, noch litt ich unter persönlichen Konflikten, und so erzählte ich eben sehr viel mehr im Ausland, weil das Thema dort nicht ausgeklammert wurde, im Gegenteil.
Es hat sich allerdings einiges radikal geändert während der letzten zwanzig Jahre; es gab eine kleine Revolution in den deutschen Klassenzimmern. Die Lehrer sind jünger, offener und toleranter als ihre Vorgänger, können aber dennoch die immer rebellischer und undisziplinierter werdenden Schüler kaum in den Griff bekommen.«
Karl Hallman erinnert sich an seine eigene Schulzeit: »Meine eigene Generation und auch die meiner frühen Schüler hat in einer sehr angepaßten Struktur gelebt, die schon nicht mehr mit der, in der meine eigenen Kinder aufgewachsen sind, verglichen werden kann. Das angepaßte Leben war nicht nur typisch für Deutschland und fing auch nicht erst 1933 an. Klar, renitente Persönlichkeiten gab's zu allen Zeiten, aber dieses Grundphänomen, selbst einen Standpunkt zu entwickeln, ist neu. Heute kann man natürlich nicht in Uniform vor der Klasse stehen und allen Ernstes über Rassentheorie sprechen. Man würde ausgelacht.«
Die heutigen Schüler wissen mehr über Nazis, Holocaust, den Zweiten Weltkrieg und das Dritte Reich als die ehemali-

gen Reichsbürger und die unmittelbar nach dem Krieg geborene Generation, und sie scheinen weniger Angst vor Fragen zu haben. Aber ihr Interesse an diesen Themen wirkt intellektuell, und es scheint ihnen zu gelingen, ihre Gefühle aus den Erörterungen herauszuhalten und sich so von den Geschehnissen zu distanzieren, sich vor Schuld und Scham zu schützen. Sie wissen noch nicht, und viele werden es vielleicht nie lernen, daß diese Vergangenheit auch die ihre ist. Es gibt eigentlich nur eine wirkungsvolle Art des Geschichtsunterrichts und der Aufklärung und Verarbeitung. »Man muß die Schulen öffnen und Leute hereinlassen, die über sich und ihre Erfahrungen sprechen – Nazi-Verfolgte, KZ-Überlebende, Kriegsgefangene. Geschichtsunterricht muß auch Mut haben, selbst unter der Gefahr, daß es subjektiv ausgelegt wird, daß der Lehrende seine Situation und seine persönliche Sicht darstellt«, sagt Hallmann.

Karl Hallmann hat es nicht an Mut und Motivation gefehlt, sich Vergangenes genau anzusehen: »Ich habe mich noch mal mit der Weimarer Zeit auseinandergesetzt und ein Kapitel über das 19. Jahrhundert geschrieben, um zu zeigen, wo die Voraussetzungen für die Zeitgeschichte in Deutschland liegen. Mir ist erst jetzt mit letzter Schärfe deutlich geworden, daß die Entwicklung der Deutschen nicht auf einer gegebenen psychischen Struktur beruht, sondern auf dem Sonderweg, den die Deutschen bei ihrer Entwicklung zur Nation beschritten haben.«

Die Art, wie die meisten seiner Zeitgenossen erfolgreich versucht haben, ihrer Vergangenheit und Verantwortung zu entfliehen, hat nichts als Zorn und Enttäuschung bei Hallmann hervorgerufen. »Ich empfinde diese Leute als ganz schlimm. Ich habe Freunde verloren, weil ich in ihren Augen zu kritisch bin, ein ›Nestbeschmutzer‹, der die positiven Dinge von damals nicht sehen will. Das regt mich nicht nur auf, sondern langweilt mich obendrein. Ich bin in der letzten Phase meiner Entwicklung und versuche eine kritische und schwierige Aufarbeitung, auch als Historiker, aber noch mehr mit meiner eigenen ›Lern-Biographie‹. Das ist harte Arbeit, weil die erlernte Harmonie-Ideologie zerschlagen werden muß, aber ich muß die Tatsache akzeptieren, daß schreckliche Sachen passieren können und auch passiert sind. Diese Auseinandersetzung fing erst vor zwanzig Jahren an. Ich bin eben ein Spätzünder«, lächelt er.

Der Versuch, den rapiden Zusammenbruch des wenig glorreichen Dritten Reiches flink unter den Teppich zu kehren, droht heute eine gespenstische Parallele im ebenso rapiden Zusammenbruch der ehemaligen DDR zu finden. Wie 1945 wurden auch 1989/90 gleichsam über Nacht ein System entmachtet und eine Ideologie verbannt, die sich immerhin mehr als vier Jahrzehnte lang hatten halten können. Ein Verschwinden ohne Spuren und ein Abschied ohne Verarbeitung stellen eine psychisch ungesunde Verdrängung dar, die die nächsten Generationen stark zu belasten vermag.
Wieder scheinen Kinder und Jugendliche in einem Land mit eingestampften Schulbüchern und umgeschulten Lehrern leben zu müssen – sich in einer »entkommunisierten« Welt zurechtfinden zu müssen, in der nach 1945 eine Diktatur die andere abgelöst hat. Sozusagen als dritter Versuch wird jetzt den verunsicherten ostdeutschen Nachkriegsgeschwistern unsere Demokratie angeboten, zu einem Preis, der hoch ist: der pauschalen Verteufelung dessen, mit dem sie aufgewachsen sind.

6
Soldaten seh'n sich alle gleich

Soldaten habe ich nie gemocht. Mochte sie nicht ansehen, nicht mit ihnen reden oder zu dicht an sie herangehen, wahrscheinlich wegen eines tiefverwurzelten Mißtrauens und dem Verdacht, daß sie jede Minute einen Krieg anfangen könnten. Deutsche zu sein heißt für mich, ein Problem mit Uniformen zu haben, *allen* Uniformen, und meine starke Aversion ist bereits in frühem Alter entstanden. Ich weiß nicht genau, mit wieviel Jahren man zu ahnen vermag, daß mit einer Uniform all die Begriffe wie Gehorsam, Pflichterfüllung, Macht, Autorität, besonders aber Schießen und Töten verbunden sind.
Vielleicht hätte sich mein Gefühl Uniformen gegenüber aber auch anders entwickelt, hätte ich solche Schätze wie Kaugummi und Schokolade aus den Taschen der amerikanischen Befreier bekommen, etwas, das älteren Freunden von mir, die in der amerikanischen Besatzungszone aufgewachsen sind, tatsächlich passiert ist.
Als ich heranwuchs, gab es drei Hauptarten von Uniformen: Die von den »Tommies« waren von geringem Interesse und schienen wenig alarmierend. Die Polizisten, die wie noch vor dem Krieg in ihre majestätisch wirkenden langen, schwarzen Mäntel gekleidet waren und auf dem Kopf diesen komischen schwarzen Lackhelm mit dem silbernen Stern

trugen, waren schon bedeutend einschüchternder. Später dann, 1956, wurden uns die brandneuen, ausgesprochen langweilig aussehenden hellgrauen Uniformen der neugegründeten Bundeswehr vorgestellt, für die ich damals eine seltsam starke Verachtung empfand. Wenn diese jungen, frisch eingezogenen achtzehnjährigen Jungs mit den roten Backen und dem Bartflaum an ihrem Ausgangstag durch die Gegend stolzierten, würdigten meine Freundinnen und ich sie keines Blickes, denn sie sahen aus wie verkleidete kleine Spielzeugsoldaten. (Ich bin sicher, daß die deutschen Uniformdesigner strikten Befehl hatten, ihre Ideen soweit wie möglich von allem abzusetzen, was auch nur im entferntesten in Schnitt und Farbe an die berüchtigte Nazi-Kollektion hätte erinnern können.)

Mein Vater machte durchweg bissige, herablassende Bemerkungen über die Mentalität von Leuten, die Uniform trugen, zu denen außer den Nazis und natürlich der Polizei für ihn auch Postboten, Zollbeamte, Förster und sogar Kellner gehörten. Alles in allem standen Uniformen in meinen Augen für Krieg, und nachdem ich etliche Dokumentationen über das Dritte Reich gesehen hatte, begann ich an so etwas wie einer Uniformallergie zu leiden und kam zu dem Schluß, daß von Menschen, deren Bekleidung Tod und Zerstörung signalisierte, nichts Positives zu erwarten sei. Ich konnte mir nicht vorstellen, Soldaten je mit Frieden zu assoziieren.

Uniformen sind zweckmäßige Arbeitsanzüge mit einem psychologischen Nebeneffekt: Sie verleihen Menschen Identität, Überlegenheit und ein Gefühl von Macht und Kameraderie, das sie sonst nirgendwo finden können. Frauen lieben Uniformen; außerdem schmeicheln sie dem männlichen Ego, verdecken gnädig einen wenig ansprechenden Körper und überspielen fehlenden Geschmack, der durch das Tragen ziviler Kleidung mitleidslos aufgedeckt würde. Mit dem Abstreifen der zivilen Kleidung wird die Individualität und die Eigenverantwortung abgegeben. Wer Uniform trägt, übergibt sein Gewissen der jeweiligen Autorität und unterdrückt alle weiteren Fragen, denn die Uniformität der Kleidung ermutigt, verstärkt und reflektiert die Konformität des Geistes. »Soldaten seh'n sich alle gleich, lebendig und als Leich«, so Wolf Biermann. Es ist kein Zufall, daß in den Konzentrationslagern die Uniformen der Häftlinge von größter Bedeutung waren, da diese, zu einer gesichts- und wertlosen Masse degradiert, zu bedeutend leichteren Opfern der Nazis wurden.

Wenn man die sichtbaren Totems des Krieges betrachtet, könnte man fragen: Was war zuerst da? Uniform oder Gehorsam? Das Gewehr oder der Wunsch zu töten? Das Marschieren ist nicht nur Fortbewegung, sondern auch Ausdrucksform. Die entfesselndsten Marschorgien aller Zeiten sind von den Nazis inszeniert und dokumentiert worden. Von da an wurde die Kunst des Marschierens ein deutsches Markenzeichen – oft kopiert, nie erreicht. Dieser unnachahmliche Stechschritt, mit atemberaubender Präzision ausgeführt: ein Bild des perfekt schönen Grauens. Aber Marschieren verlangt kein wirkliches, eigenes Talent. Es ist der Glaube an die Macht des Marschierens, des Militärs, des Drills, der diese Körper und Seelen zusammen im Gleichschritt die Staatsmacht vorführen läßt.

Ein Deutscher zu sein heißt, sich immerzu mit Krieg beschäftigen zu müssen. Nach so langer Zeit ist er immer noch ein schwergewichtiger Teil des nationalen Bewußtseins, verwoben mit allen Aspekten unseres Lebens. Die zwei Weltkriege haben bereits das Leben von sechs aufeinanderfolgenden Generationen – ich gehöre zur fünften – geprägt. Meine deutschen Ur-Urgroßeltern starben nach dem Ersten Weltkrieg, meine Urgroßeltern 1946, als sie über neunzig waren. Auch meine Großeltern erlebten beide Weltkriege. Mein Vater verbrachte die Kindheit im Ersten, war im Zweiten Weltkrieg ein erwachsener Mann. 1945 war er dreiunddreißig Jahre alt, genauso alt wie sein Vater, als der Erste Weltkrieg ausbrach. Wenn ich an meine Vorfahren denke, wird mir bewußt, daß meine Generation die erste deutsche Generation des 20. Jahrhunderts ist, die es bis ins Erwachsenenalter hinein geschafft hat, nicht direkt in einen Krieg verwickelt zu werden. Manchmal kommt mir das fast unnatürlich vor. In der ersten Klasse wurde uns eines dieser ellenlangen Wörtern, bei denen man sich so leicht verhaspelt, vorgestellt, und während ich damals nie so richtig herausbekam, was es eigentlich bedeutete, wußte ich doch, daß es mit zwei Dingen zu tun hatte, die ich kannte: Geld und Krieg. »Kriegsgräbergroschen« waren die zwanzig Pfennig, die meine Lehrerin während der fünfziger Jahre einmal im Jahr von uns einkassierte. Sie waren für eine gesichtslose Gruppe von Männern in Uniform, von denen uns gesagt wurde, daß sie auf überall verstreuten Friedhöfen begraben lägen – getötet im schrecklichen Krieg, und daß das Geld benutzt werde, ihre Gräber zu pflegen.

Jahre später erst sollte ich erfahren, wie Kriegsgräber aussahen: sauber angelegt, mit symmetrischen Reihen von Kreuzen, eines wie das andere. Die Monotonie des Todes im Krieg fand hier ihren stärksten Ausdruck. Dort lagen sie unter der Erde, verwechselbare, namenlose Skelette, auf einen Nenner gebracht durch die Zahlen 1939 bis 1945. Große Jahre in der Geschichte der deutschen Friedhöfe. (Ich überlegte mir oft, wenn ich über einen solchen Friedhof ging, ob in diesen Jahren je einer eines natürlichen Todes gestorben ist.) Die Lehrerin sagte natürlich nicht wirklich, warum und wie jene Millionen tapferer Männer gestorben waren, aber wir wußten, daß es vor nicht langer Zeit einen großen Krieg gegeben hatte. Wir saßen mäuschenstill in der Klasse, denn so jung wir auch waren, manche Dinge waren mit dumpfer Bedeutsamkeit beladen. Ich hätte sonst ohne Zögern und ohne Skrupel die Groschen vernascht, doch die Pietät, die ich zwar nicht aus mir heraus empfand, die aber von uns Kindern erwartet wurde, hielt mich zurück.

Natürlich kam das Geld von unseren Eltern, wir waren nur

die Überbringer – wieder einmal das verbindende Glied zwischen Schuld, schlechtem Gewissen und Unschuld. »Sie haben für uns alle gekämpft«, sagte Fräulein Wybkema mit großer Dankbarkeit. Für mich auch?
Währenddessen waren die Erwachsenen nicht untätig, sondern damit beschäftigt, einige Rituale zu konstruieren, die dem üblichen, mit allen Kriegsdingen verbundenen Ernst entsprechen sollten. In einem der schwerfälligen Versuche der Regierung, die Erinnerung an die Kriege und die Ehrung ihrer Opfer zu institutionalisieren, und um zu zeigen, daß die Deutschen sehr wohl zur Besinnung fähig waren, wurden der »Totensonntag« und der »Volkstrauertag« erfunden. Dabei war schwer zu sagen, ob das Volk *über* etwas trauerte oder selbst betrauert werden sollte. Das Ganze war wieder ein Stück herzloser Bürokratie – organisierte Tränen und Trauer auf staatliche Anordnung. Es gab bundesweit ernste Gesichter, Staatsmänner in Schwarz trugen mit steinernen Friedhofsmienen steife Lorbeerkränze zu irgendwelchen strategisch wichtigen Denkmälern, dramatisch untermalt von den nachfolgenden, sorgsam ausgewählten Worten der Mahnung. Das Radio spielte den ganzen Tag nur Bach und Beethoven, und natürlich war auf halbmast geflaggt. So, nun wollen wir heute schön traurig sein, damit wir hinterher wieder um so sorgloser und schuldfreier fröhlich sein können. Das praktische war ja auch, daß man die gesamte deutsche Trauer in einem Abwasch erledigen konnte, denn es gab schließlich nicht nur die Toten von einem, sondern von zwei Weltkriegen zu betrauern.
Es gibt noch eine andere, sichtbare Form, mit der die Deutschen versuchten, ihren unklaren Gefühlen von Schmerz und Leid Ausdruck zu verleihen: indem sie überall in Deutschland Monumente errichteten, während sie ihr Land im berühmt rasanten Tempo wiederaufbauten. Trauer scheint nach glänzendem Marmor, eisernen Büsten und kantigen Betonblöcken zu verlangen, doch der Wunsch, Steine zu ehren,

erscheint mir kalt. Warum muß man Schlachten, Kriege und Siege mit niederdrückenden, seelenlosen, ausschließlich maskulinen Kriegssymbolen ehren, denen nicht anzusehen ist, ob sie vor oder nach, gegen oder für den Krieg errichtet wurden?

»Das ist ein Ehrenmal«, sagte unsere Lehrerin auf einem Klassenausflug durch den Hamburger Denkmalswald und deutete auf einen häßlichen grauen Monolithen, auf dem die Namen vieler Gefallener zu lesen waren. Lohnte es sich zu sterben, um so seinen Namen in Stein gehauen der Nachwelt zu überliefern? In einer anderen Ecke der Stadt stand ein noch beeindruckenderes Monument, das mir wiederum als »Mahnmal« in Erinnerung geblieben ist – treffend insofern, als daß der riesige rechteckige Zementblock mit den eingehauenen, häßlichen deutschen Soldaten im Gleichschritt, Helm auf dem Kopf, Gewehr über der Schulter, eindringlich vor den Kräften mahnt, die Menschen in solche gnadenlosen Marschierer verwandeln können. Solange ich mich erinnern kann, ist diese Beleidigung der Augen ständig mit Farbe bekleckert und mit über die Jahre variierenden Anti-Kriegssprüchen beschmiert gewesen, obwohl die Stadt das Mahnmal von Zeit zu Zeit säubern läßt.

»Unglaublich, eine Schande«, zetern die älteren Mitbürger, wenn sie daran vorbeigehen oder -fahren. »Ein skandalöser Schandfleck«, schimpfen die jüngeren Menschen, »so einen Mist stehenzulassen.« Es scheint, daß die Kinder und Enkel der steinernen Marschierer nicht in dieser Form ihrer Väter und Großväter gedenken mögen. Es wäre interessant zu sehen, wie all die deutschen Mahn-, Ehren- und Denkmäler aussehen würden, wenn sie nicht von einfallslosen Bürokraten in Auftrag gegeben und von kunstlosen Künstlern ausgeführt würden, sondern die Arbeit von den Angehörigen und Freunden der Verstorbenen, Verschollenen, Gefallenen und Ermordeten wären.

Wer entscheidet eigentlich, wer für wert befunden wird, mit

einem Denkmal oder auf Mahntafeln, mit einem Straßennamen oder mit Feierlichkeiten geehrt und verewigt zu werden, worin liegt die spezifische Qualifikation dafür? Der deutsche Staat ist wählerisch und keineswegs großzügig in seiner Auswahl »angemessener« Personen und Gruppen. Offiziell anerkannte Kriegshelden scheinen sich um Ehren am meisten verdient gemacht zu haben, weil sie einen noblen Tod gestorben sind, auch wenn es ein unnobler Krieg war; gewöhnliche Zivilopfer haben einfach nicht genug Status, egal, was ihnen angetan wurde oder was sie geleistet haben. Und weil es so wenige Akte von Widerstand mit heroischen Proportionen gab, werden den wenigen »offiziellen« Bekämpfern des Nazi-Regimes höchste Ehren zuteil – an Wänden, Gedenkstätten und in Schulbüchern –, vornehmlich den Männern des 20. Juli und den Mitgliedern der »Weißen Rose«. Der jüdischen Opfer wird meistens an den Plätzen gedacht, zu denen sie auch zum Sterben geschickt wurden, ehemalige Konzentrationslager, die in Gedenkstätten verwandelt wurden. Sehr wenige sind nachgeblieben und sowieso nicht ohne erheblichen Aufwand zu erreichen. *So* oft möchten die meisten Deutschen auch nicht an *so* viele ermordete Menschen erinnert werden.
Die Welt ehrt auf sehr wählerische Art. »Helden« und »Opfer« sind durchaus nicht als allumfassende Kategorie zu verstehen, sie sind scharf nach »unseren« und »ihren« getrennt, denn der Held einer Nation ist der Feind einer anderen. Es ist nicht erlaubt, die Verluste einer anderen Nation großzügig zu betrauern, auch wenn alle Soldaten zusammen auf demselben Schlachtfeld gefallen sind. Ganz sicher, für all die Ströme von Blut, unklassifiziertem Blut, mit dem die Erde Europas und andere Teile der Welt durchtränkt wurden, sollten über alle Grenzen und Meere hinweg gemeinsame Stätten der Ehrung und des Gedenkens errichtet werden. Warum sollten wir nicht – mitten in Frankfurt oder Nürnberg – an die unvorstellbaren Verluste und Greueltaten, die das russische Volk

durch die ihr Land verwüstenden Deutschen erlitten hat, erinnert werden? Und was wäre so absurd an einem Denkmal, das das polnische und tschechische Volk ehrt und sich für das brutale Abschlachten durch die Deutschen entschuldigt? Überall in der Welt könnte man füreinander Monumente errichten – Länder, die sich gegenseitig bekämpft haben (und es zum Teil noch tun): Amerika, Rußland, Spanien, Japan, Israel, Vietnam, Korea, China, Afghanistan, Chile, Afrika, Indien, Irland, Frankreich, England . . . Es könnte unser Bewußtsein für das Leid anderer Menschen sensibilisieren und helfen zu erkennen, daß Kriege von Menschen gemacht werden, nicht von Ländern, und daß es so etwas wie »ihre« Kriege nicht gibt, weil alle Kriege auch unsere Kriege sind.
Es gäbe sehr wohl auch genügend Gründe für eine ganz andere Art von Mahnmalen und Gedenktafeln. Soviel ich weiß, existieren keinerlei sichtbare Zeichen der Erinnerung für die vielen Flüchtlinge und *displaced persons,* die, in Lagern eingepfercht, oft an Hunger, Krankheit und Heimweh starben, für die Opfer der Euthanasie oder die enormen Mengen von Zwangsarbeitern aus den besetzten Ländern. Wo gibt es Tafeln, Ehrenmale und Gedenkstätten für Juden, die man tatsächlich sehen kann? Und wo ist das Monument – und groß müßte es sein – für die Mütter, Witwen und Rote-Kreuz-Schwestern, für alle Frauen, ohne deren beispiellosen Mut, Einsatz und Überlebenswillen Deutschland nie so schnell hätte wiederaufgebaut werden können? Und wer gedenkt der Kinder des Krieges und den schon mit fünfzehn eingezogenen Wehrmachts-Winzlingen, ob sie umgekommen sind oder nicht, deren freudlose Kindheit von Bomben und Leiden geprägt wurde anstatt von Teddybären und Kindergärten?
Und schließlich könnte es eine brauchbare Übung im Nichtvergessen sein, sich auch ein paar der Täter und der mächtigen, weniger edlen Gruppen, die Leben hätten retten können, es aber nicht taten, herauszusuchen. Wo sind die Mahn-

tafeln vor den Kirchen, um die frommen Kirchgänger daran zu erinnern, daß Gott anscheinend auf der Seite der Nazis stand und daß in den dunkelsten Stunden des Nazi-Terrors diese geheiligten Orte oft keinerlei Trost oder Schutz für die Verfolgten und Entrechteten boten? (Natürlich muß hier gesagt werden, daß es Pastoren und Bischöfe gab, die die Nazis ablehnten und vielen Menschen das Leben retteten.)
Warum nicht eine der schwierigen Skulpturen, die üblicherweise vor den KZ-Gedenkstätten stehen, dorthin stellen, wo einmal I.G. Farben war, als kleine Erinnerung daran, daß dieses Unternehmen mit dem Blut und dem Schweiß von KZ-Häftlingen, die nach getaner Arbeit vergast wurden, aufgebaut wurde? Oder wie wäre es mit einer kleinen Marmortafel in und vor den Fabriken von Krupp, AEG, Flick und Thyssen, nur um die Arbeiter daran zu erinnern, daß man ein rücksichtsloser Unterstützer einer kriminellen Regierung sein und später trotzdem ohne Schwierigkeiten wieder einen Platz in den ersten Reihen einnehmen kann. Es gäbe auch die Möglichkeit einer Plakette in der florierenden Mengele-Fabrik im Angedenken an ihren infamen Sohn Josef – um daran zu erinnern, daß eine wohlhabende, prominente Familie einen Kriegsverbrecher über vierzig Jahre heimlich unterstützen und trotzdem ein bestens gehendes internationales Geschäft betreiben kann, ohne einen Boykott befürchten zu müssen.
Wie die deutsche Vergangenheit in einem Museum dargestellt werden könnte, muß wohl eine delikate und schwierige Angelegenheit sein, egal, auf welcher Seite des gerade erst gefallenen »eisernen Vorhangs« man darüber nachdenkt. Die Regierung der ehemaligen DDR zum Beispiel war immer sehr stolz auf die Tatsache, daß sie den Faschismus nach dem Krieg rücksichtsloser bekämpfte und Nazi-Verbrecher unbarmherziger verfolgte, als es in der Bundesrepublik der Fall war, und erklärte daher die »halbe« Nation für nazifrei (wie man dieses märchenhafte Resultat erzielt hat, bleibt allerdings ein gutgehütetes Geheimnis).

Das Ostberliner »Museum für deutsche Geschichte«, ein faszinierendes Gesamtkunstwerk sozialistisch-kommunistischer Schönfärberei, ist inzwischen in einer Säuberungsaktion zwecks aufgezwungener Angleichung an das von Westdeutschland befohlene gesamtdeutsche Erfolgsimage vorübergehend geschlossen worden. Im Zuge hektischer Verdrängung ist hier den Menschen ein authentisches Stück deutscher Geschichte in Form eines durchaus mutigen Museums der Information und Reflexion entzogen worden. Die eigenen Bürger und auch die Besucher dürfen nicht mehr selber entscheiden, was sie vom Gedankengut, dem Selbstverständnis und der Ideologie der inzwischen scheinbar peinlichen ehemaligen DDR halten sollen. Vielleicht ist die DDR in zwanzig Jahren nur noch eine Fußnote in der Geschichte vom atemlosen, schwindelerregenden, rücksichtslosen Aufstieg der bundesdeutschen Republik, die ihren kleinen, verkrüppelten, anämischen Verwandten einst mit Haut und Haaren verschlang.

Ein Teil des Museums war dem Holocaust gewidmet, und man zeigte dort hinter Glas Holzpritschen, gestreifte KZ-Kleidung, hölzerne Suppenschüsseln und eines dieser hölzernen »Pferde«, auf die die Gefangenen gebunden und zu Tode geprügelt wurden. Aber die Grenzen der Zumutbarkeit, wenn es um die Wahrheit geht – die authentische, von Menschen ausgedachte Wirklichkeit –, scheinen auf einer sehr niedrigen Stufe gezogen zu werden. Eine Ecke der Ausstellung war durch einen schwarzen Vorhang verdeckt, und ein Schild warnte den Besucher, hinter dieser Schwärze befinde sich etwas so Schockierendes, daß der Betrachter ein gewisses Risiko eingehe, für das er selbst verantwortlich sei, wolle er es sehen. Auf Knopfdruck öffnete sich der Vorhang und enthüllte so schaurige Objekte wie Schrumpfköpfe von KZ-Gefangenen und eine Lampe mit einem Schirm aus Menschenhaut.

Man wird sehen, wo diese schockierenden gesamtdeutschen

Beweise einer schamvollen Vergangenheit wieder auftauchen werden und welcher neugeknüpfte Vorhang die Augen und Seelen der Betrachter beschützen wird.
Der Anblick von Soldaten jagt mir auch heute noch Angst ein, obwohl der nächste große Krieg aller Wahrscheinlichkeit nach nicht mehr von Männern auf dem Schlachtfeld gekämpft, sondern mit Knopfdruck erledigt wird. Wo sind die Friedenssoldaten? Es gab einmal eine Zeit, 1944/45, als der Anblick bestimmter Uniformen in ganz Europa mit großem Enthusiasmus begrüßt wurde. Die uniformierten Befreier erlösten Europa von seinen uniformierten Unterdrückern. Deutschland wurde mit Waffengewalt zum Frieden gezwungen. Seitdem beschützen die Waffen den Frieden. Doch auch heute noch werden die Kriege von Soldaten geführt – gehorsamen Werkzeugen ohne Eigenverantwortung. Sie brauchen kein schlechtes Gewissen zu haben, denn die Uniform schützt vor Schuld und das Gesetz beschützt den Krieg. Das beste Versteck sind die Autorität und die Staatsmacht. Sind die Ausführenden sanktionierte Killer oder nur treue Patrioten, ihre Arbeit ernst nehmende Angestellte, eingezogene Bürger, die dem Ruf der Pflicht folgen? Soldaten müssen nicht verstehen, warum sie gegen wen kämpfen. Der Haß auf den Feind ist angeordnet, und die Regierung entscheidet, wer er ist. Individuelle Meinungen werden nicht benötigt, Religion und Glauben nicht berücksichtigt (»du sollst nicht töten«), moralische Vorstellungen und Philosophie brutal ignoriert.
Was wären sie alle ohne ihre Soldaten, die gefährlichen Diktatoren, lächerlichen Popanze, übergeschnappten Egomanen und selbst die guten, legendären Staatsmänner? Ihre Unsterblichkeit erlangen sie durch das Sterben der zahllosen anonymen Kämpfer, die an ihr Vaterland glauben. Und wo sind die Befehlshaber, die Kriegstheoretiker, die von Kämpfen, Macht und Sieg träumen, aber andere für ihre Träume sterben lassen, während ihnen hinter ihrem Schreibtisch nie etwas passiert? Sie existieren in isoliertem Luxus, bewegen

sich weich und sicher auf roten Teppichen und schütteln bewegt ein oder zwei Witwen die Hand, während sie sich verstohlen eine falsche Träne aus dem Auge wischen.
Um ihre Soldaten in den richtigen Kampfgeist zu versetzen, müssen Politiker mit Parolen, Vorurteilen und Propaganda erst einmal aggressive Emotionen erwecken. Der Krieg wird verschönt, indem man ihn als aufregendes Abenteuer darstellt. Im Krieg kann der Soldat seine Männlichkeit beweisen und hat endlich die Chance, mit der Gefahr und dem Tod zu flirten. Dann muß ein hassenswertes Feindbild produziert werden, denn ein erfolgreicher Krieg braucht einen überzeugenden Grund. Wie würden Soldaten es sonst rechtfertigen können, daß sie fremde Länder überfallen und das Leben von Menschen zerstören, deren Sprache sie nicht einmal sprechen und deren Charakter und Kultur sie nicht kennen? Wie sonst sollte man rechtfertigen, fremde Männer, Frauen und Kinder zu erschießen, sie zu quälen, zu vergewaltigen, ihre Häuser anzuzünden, ihre Städte zu bombardieren, ja sie auszurotten?
Solche Verstümmelungen von Leib und Seele bleiben nicht ohne Belohnung. Das Militär ist eine Männerorganisation, deren Mitglieder fürs Töten und Gewinnen eine Auszeichnung an ihre grüne, blaue, feldgraue oder khakifarbene Brust geheftet bekommen. Die seltsamen Medaillen und Dekorationen aus Metall und bedeutsamen bunten Streifen, die dafür gemacht zu sein scheinen, Respekt, Bewunderung und auch Neid beim Betrachter hervorzurufen, sind begehrte Preise, sauber in verschiedene Klassen eingeteilt, je nach Grad von Tapferkeit und Glück, gehegt und in kleinen Kästchen verwahrt, so daß die nächste Generation von Söhnen sie mit Ehrfurcht bestaunen kann. (Und es sind immer nur die gefühlsbetonten Frauen, Mütter und Töchter, die mit ihrer – typisch weiblich – fehlenden Begeisterung für Kriege den Wert aller Medaillen der Welt in Frage stellen, wenn ein Mann sein Bein und seine Lebenskraft verloren hat.)

Der einzige Grund für einen Krieg ist, ihn zu gewinnen. Verluste sind tragisch. Verluste durch einen verlorenen Krieg unerträglich, die Schäden nicht reparabel. Wird ein Krieg gewonnen, sind die Soldaten Helden – tot oder lebendig. Wird er verloren, sind sie schnell vergessen oder werden zum unglorreichen Ausschuß, der an die Niederlage erinnert und deshalb gemieden wird. Der Applaus der Nation gehört dem Sieger, dem Verlierer bleiben die Alpträume.

Diese bittere Wahrheit mußten ganz besonders die deutschen Wehrmachtssoldaten nach dem Zweiten Weltkrieg erfahren, genau wie die Vietnam-Veteranen – zumindest zu Anfang. Beide fühlten Enttäuschung und Wut darüber, ausgenutzt und fehlgeleitet worden zu sein. Die Männer wurden in den Krieg geschickt, angefeuert durch Patriotismus, darauf vorbereitet, den Feind zu vernichten, sahen und taten Dinge, von denen sie immer geglaubt hatten, daß sie unmenschlich und unchristlich seien, nur um letztendlich herauszufinden, daß der Krieg eine fatale Schande für ihre Nation war. Der unzuverlässige, vergängliche Glanz des Krieges.

In den letzten Jahren wurde in den USA zumindest der Versuch unternommen, die Vietnam-Veteranen zu rehabilitieren, doch die deutschen Soldaten werden die Schande nie von sich waschen können, zu schlimm ist das, wofür sie stehen. Es gab einen enormen Unterschied zwischen den amerikanischen Rittern in Uniform, die nach dem Zweiten Weltkrieg von einer edlen Mission *over there* zurückkehrten, und den geschlagenen Wehrmachtssoldaten, die sich nach Hause in ihr total zerstörtes Heimatland schleppten und sich schon bald, zusammen mit ihrem Volk, für die furchtbaren Verbrechen, die in ihrem Namen begangen worden waren, verantworten mußten. In Amerika blieben die Soldaten aus dem Zweiten Weltkrieg liebevoll *the boys,* tapfere Figuren und ehrenwerte Bürger, die sich ein für allemal einen glorreichen Platz in der Kriegsgeschichte erkämpft hatten; in Deutschland blieben die Kämpfer namenlos. Es gab ohne

Zweifel sehr viele einfache Soldaten, die in gutem Glauben und mit großer Tapferkeit für ihr Vaterland und nicht für Hitler gekämpft hatten und die nicht unbedingt wußten, daß das Regime, dem sie einen Eid geschworen hatten, eine kriminelle Organisation war – die ihren Job an der Front so korrekt und fair (falls das möglich ist) ausführten, wie jeder Soldat es eben kann.

Nach den fundamentalen Prinzipien des Krieges verdienen sie ihre Orden und Auszeichnungen genauso sehr (oder wenig) wie irgendein anderer Soldat. Wenn es um Pflichterfüllung geht, gibt es keinen Unterschied: Alle Befehle kommen von oben, alle Soldaten folgen ihnen und riskieren ihr Leben; sie alle haben große Sehnsucht nach ihrem Zuhause, möchten mit Freunden und ihrer Familie zusammensein; und alle töten unschuldige Menschen. Alle haben sie Angst vor dem Tod, fühlen Schmerz und bluten wie jeder andere, und die Tränen, die über ihren Tod vergossen werden, sind überall salzig. Der einzige Unterschied ist die Uniform.

Die Soldaten Nazi-Deutschlands könnten ihre Orden heute nie in der Öffentlichkeit tragen, ohne großen Protest hervorzurufen. Ich glaube, daß nur wenige das Bedürfnis danach verspüren. Ihre Belohnung dafür, daß sie einem betrügerischen Diktator geglaubt haben, liegt irgendwo rostend zwischen alten Kisten und Schachteln im Keller. Dazu kommt, daß sie auch nicht sehr viel mehr Glück damit haben, ihre Kriegserlebnisse zu Hause zum Leben zu erwecken: Die Ehefrau kann es nicht mehr hören, die Kinder sind unbeeindruckt und maulen: »O Vati, erspar uns deine Schützengraben-Abenteuer.« Nur wenn die entehrten Kämpfer mit ihren Kriegskameraden zusammenkommen, fühlen sie sich verstanden und können ihre Erinnerungen miteinander teilen.

Deutsche können ihre wirkliche Trauer nicht öffentlich zeigen. Sie können auch kein besonderes Mitgefühl für die über zwanzig Millionen Opfer des Zweiten Weltkriegs erwarten. Wenn man ein Deutscher der Nazi-Generation ist, dann

scheint man fast kein Recht auf Trauer und Schmerz zu haben, denn man hat beides ja selbst verschuldet. Leid als Strafe. Deutsches Leid ist selbstverschuldetes Leid, ein Leid, das die Betroffenen verdient haben. Aber wo versteckt man seinen Schmerz, selbst wenn man ihn angeblich »verdient« hat? Hinter merkwürdig kalten Akten vorgetäuschter Reue, wie zum Beispiel dem »Volkstrauertag«, die mit ihrem Anlaß nichts zu tun zu haben scheinen.
Mein Abscheu den Wehrmachtssoldaten gegenüber bekam vor einigen Jahren den ersten Knick, als ich auf einem Filmfestival eine Zusammenstellung seltener Filmausschnitte über die Befreiung von Paris sah. Die Dokumentation zeigte das tägliche Leben unter deutscher Besatzung, mit deutschen Schildern, wehenden Hakenkreuzfahnen an den Wahrzeichen der Stadt und sorglos flanierenden SS-Männern. Ich rutschte etwas tiefer in meinen Sessel, wie immer in solchen Situationen, peinlich berührt, ein Teil dieser arroganten Nation zu sein, und hoffte, daß niemand nach der Vorstellung bemerken würde, woher ich kam. Sogar der Führer erschien zu einer Stippvisite, und das wahnwitzige Bild vom Touristen Adolf Hitler, der am Fuße des Eiffelturms stand und in die Kamera seines Chronisten winkte und lächelte, war von einer perversen Komik.
Diese herrenhafte Überlegenheit und die Kleinbürger-Siegespose von Kriegsangestellten, die in *tout Paris* all ihre Hemmungen fallenließen, verstärkten nur meinen Haß auf Deutsche im allgemeinen, und ich wartete ungeduldig (wie wohl auch die Franzosen), daß eine große wunderbare Macht herniederkam, um diese räuberischen Eindringlinge zu zerstören.
Eine halbe Stunde später schon fühlte ich weniger Rachsucht und war mir der Sache nicht mehr so sicher. Paris wurde befreit, und ich sah die jungen, entsetzten deutschen Soldaten mit den verwirrten Gesichtern, deren Augen um ihr Leben bettelten. Der Spieß war umgedreht worden, jetzt waren sie

die Opfer. Der Haß der Pariser entlud sich auf die Männer, die getan hatten, was ihnen befohlen worden war, außerstande zu zweifeln. Jetzt wurden die Nazi-Soldaten hemmungslos geschlagen, bespuckt und erniedrigt, genau wie sie es so oft mit anderen gemacht hatten. Fünf Zivilisten schlugen auf einen Deutschen ein und rissen ihm wütend den Adler von der Jacke und die Mütze vom Kopf. Eine Gruppe bewaffneter Widerstandskämpfer trieb brutal mehrere vor Angst zitternde Deutsche aus einem Kellerversteck – die Hände über dem Kopf verschränkt.
Obwohl ich erst gedacht hatte, daß sie es verdienten zu sterben, konnte ich plötzlich nicht mehr die Grenze zwischen »richtigem« und »falschem« Töten ausmachen und fühlte, wie meine Genugtuung angesichts des Terrors auf den Gesichtern dieser jungen Soldaten, die einfach nichts mehr begreifen konnten, langsam nachließ. Ich hatte eine unerlaubte Regung: Ich fühlte Mitleid mit ihnen. Nicht weil sie ohne Schuld waren, sondern weil sie Menschen waren. Ich dachte über das Wort »Kriegsgefangene« nach und stellte fest, daß jeder, egal wer die Schlacht der Stunde gewinnt, ein Gefangener des Krieges ist. Der Krieg *ist* das Gefängnis, und die größte Illusion ist ein »gewonnener« Krieg. Kriege werden immer verloren, sind immer umsonst. Wann endlich wird die Idee des Krieges zerstört und mit ihm die Legende seiner Ehrenhaftigkeit?

Ich mochte immer gerne Friedhöfe, fühlte mich zu ihnen hingezogen. Sie waren für mich Orte des natürlichen Schweigens, wo die Stille beruhigender Ausdruck des nicht mehr Existierenden ist und die oft unerträgliche Spannung fehlt, die Schweigen unter den Lebenden auslöst. Als ich über dreißig war, hatte ich das Bedürfnis, meine aufgestauten Gefühle von Trauer für all die Toten, die in Kriegen gefallen sind, herauszulassen und zu verteilen. In unserer Familie hatte es keine Kriegstoten gegeben. Ich kannte den Tod nicht als das Resultat von Gewalt, sondern als natürlichen Abschluß eines langen Lebens. Doch wie und wo sollte ich meine Traurigkeit loswerden? Wie weint man um Millionen toter Menschen, die man nie gekannt hat? Ich suchte wohl auch nach einer Form von Beteiligung – ich hatte nicht an der Schuld mitgewirkt, aber konnte ich nicht wenigstens die Resultate betrauern?

Ich ging auf den Friedhöfen spazieren, mit demselben Verlangen, mit dem ich oft zum Hafen gegangen war: um den vorbeifahrenden Schiffen nachzusehen und von imaginären Passagieren Abschied zu nehmen, Fremden, die sich für immer von mir entfernten und mich allein und sehnsüchtig zurückließen. Die Schiffe und die Friedhöfe waren nur eine Metapher für den Verlust, sich nicht kennengelernt zu haben. Einmal saß ich auf einer kleinen Bank vor einem verwitterten, häßlichen Grabstein und den Gebeinen irgendeines unbekannten Hans oder Willi und habe einfach über die Inschrift geheult: Geboren 1929, gefallen 1945 – ein chancenloser Tod. Er hatte wenigstens ein Grab, ein stummes Symbol ehemaliger Existenz. Die Juden haben keine Gräber hinterlassen; blumen- und namenlos verschwanden sie in Massengräbern oder lösten sich in Rauch auf. Ich hätte lieber an einem jüdischen Grab geweint, für Menschen, deren gedenkenloser Tod mich noch mehr bedrückte als der eines deutschen Opfers – aber auf den gewöhnlichen Friedhöfen gab es keine solchen Plätze. Ich mußte sie in mir selbst finden.

7
Entschuldigen Sie, sind Sie Jude?

Wenn erste Eindrücke wirklich entscheidend sind, dann hatte meine Begegnung mit Juden einen grauenvollen und befremdlichen Anfang. Sie wurden mir tot vorgestellt: als enorme Berge von Haut und Knochen, verdrehten Gelenken und entstellten Gesichtern, die darauf warteten, auf Karren geworfen und dann zu den Öfen gekarrt zu werden. Ich sah sie als Reihen von übereinandergeschichteten Körpern, die vornüber in die langen, frisch ausgehobenen Gruben gefallen waren, nachdem die Kugeln ihre Nacken getroffen hatten. Ich sah sie als eine Wolke Rauch, die den Backsteinschornsteinen von Auschwitz entstieg. Ich begegnete ihnen in alten Dokumentarfilmen, die ich in den sechziger Jahren sah – wortlose, grobkörnige schwarzweiße Zelluloidfiguren, festgehalten in einer tödlichen Pantomime, ohne einen Hauch von Farbe oder Lebensrecht. Gekennzeichnet mit einem gelben Stern und ständig gezwungen, sich in langen, engen Reihen aufzustellen, waren sie Menschen, die immer auf dem Weg zur Vernichtung waren. Ein Volk aus Kolonnen, Gruppen, schüchtern, traurig, leidend.

Wären sie nicht in die Gaskammern geschickt worden, hätte ich die Chance gehabt, mich mit wirklichen Juden aus Fleisch und Blut anfreunden zu können, ohne daß diese erdrückenden Bilder eine Wand aus Schuld und Scham zwischen uns gerammt hätten. Ich hätte mit jüdischen Kindern aufwachsen können, gewöhnlichen Gören wie ich selber, und wir hätten uns ganz normal und natürlich benehmen können, ohne Feindseligkeit, Überempfindlichkeit und ohne schlechtes Gewissen, denn diese schwarze Wolke der Verfolgung hätte nicht über ihnen gehangen. Und ich hätte mich nicht mit der peinigenden Tatsache auseinandersetzen müssen, daß es meine Landsleute waren, die den sorgfältig geplanten, kaltblütigen Völkermord, der fast alle von ihnen getötet hat, ausgedacht und ausgeführt haben.

Da die Juden in meinen Augen eine völlig abstrakte, exotische Gruppe von Menschen waren, besaßen sie für mich sehr lange einen gleichsam mythischen Charakter. Nicht einmal das *Wort* »Jude«, die Verkörperung von Schande und schlechtem Gewissen, schien von deutschen Lippen geformt werden zu können, es war genauso aus dem deutschen Vokabular entfernt worden wie die Menschen selbst aus dem Leben der Deutschen. Die schreckliche Wahrheit ist, daß Hitlers mörderisches Vorhaben, euphemistisch die »Endlösung der Judenfrage« genannt, Erfolg hatte. Als ich geboren wurde, war Deutschland »judenrein«, nicht nur was ihre tatsächliche Existenz betraf, sondern sie waren auch aus dem Bewußtsein getilgt. Erst haben die Deutschen sie totgemacht, dann totgeschwiegen; das war, als hätten sie die Juden zweimal umgebracht – erst ihre Körper und dann ihre Seelen.

Daß die Juden nicht einmal im Bewußtsein der Deutschen wiederauferstehen durften, war ein ganz besonderes Verbrechen gegen die Menschlichkeit, und nur ein Volk, das keine Trauer, keinen Verlust empfinden konnte, war fähig, es zu begehen.

Und doch, obwohl die Juden physisch ausgemerzt waren, nachdem sich die Türen der Gaskammern geschlossen hatten, wurde ihre beunruhigende Nicht-Existenz so unzerstörbar wie ein Phantom, das nie ausgemacht, eingekreist wurde oder mit dem man sich hätte konfrontieren können. Die

»Unnennbaren« wurden zu immer gegenwärtigen Geistern, die ihre Mörder verfolgten – Mörder, die so stumm wie ihre Opfer geworden waren.

Ein Beispiel mit düsterem Humor, das zeigt, warum es wahrhaftig nicht einfach war, einen Juden in Deutschland zu treffen, wurde mir von einem meiner besten jüdischen Freunde in Amerika geliefert. Als sechzehnjähriger Austauschstudent wurde er 1955 vom American Field Service für drei Monate zu einer Schlachterfamilie nach Hannover geschickt. Diese Familie besaß alle Voraussetzungen für die klassische Nachkriegskomödie. Tante Gisela, die dicke, fröhliche Besitzerin des gepflegten Einfamilienhauses, war eine nicht unterzukriegende Witwe, deren Mann im Krieg gefallen war, weshalb auch sein hübsch gerahmtes Foto in Wehrmachtsuniform das Klavier im Wohnzimmer zierte, und sie regierte sowohl die Familie als auch den Schlachterladen und den Schlachthof, der sich hinter dem Haus befand. Hans und Klaus, ihre zwei blonden, arisch aussehenden Söhne, trugen die neue Nachkriegshochnäsigkeit zur Schau – einer von ihnen ging sogar ins Gymnasium – und sahen etwas geringschätzig auf das florierende Geschäft ihrer proletarischen Mutter mit Koteletts, Wurstwaren und Ochsenschwänzen herab, auch wenn sich in der Garage ein großer Mercedes Diesel befand.

Der amerikanische Teenager wurde herumgeführt, zum Wagner-Festival nach Bayreuth geschleppt, um sich an Walküren sattzusehen (er schlief mitten in der Vorstellung ein), und mit großzügigen Portionen von Würstchen, Schinken, Blutwurst und Kasseler zum Abendbrot und mit leckerer Kirschtorte zum Sonntagsfrühstück gefüttert. Sie kamen alle großartig miteinander aus, und Tante Gisela schluchzte herzzerreißend, als sie sich von dem entzückenden Ami verabschiedete. Da war nur eine kleine Sache. Er hatte der Familie nicht erzählt, daß er Jude war.

»Warum nicht?« wollte ich wissen.

»Ich hatte irgendwie Angst«, antwortete er.
»Was dachtest du denn, würden sie mit dir machen?« fragte ich.
»Ich weiß auch nicht, es war nur so ein Gefühl. Vergiß nicht, es war erst zehn Jahre her, daß sie mein Volk in die Gaskammern geschickt hatten«, entgegnete er.
Ich kann eigentlich nicht mit Sicherheit sagen, ob ich bereits einmal einen Juden getroffen hatte, bevor ich nach New York kam; sollte es so gewesen sein, habe ich es verdrängt. Vielleicht in Italien, England oder Dänemark? Vielleicht hatten diejenigen, die ich getroffen hatte, es tunlichst vermieden, mir, einem Nachkommen der Mörder ihres Volkes, zu verraten, wer sie waren? Keiner stellte sich mir mit der Bemerkung vor: »Hallo, ich bin ein Jude«, nicht in Deutschland und auch nicht in den anderen europäischen Ländern, in die ich als Neunzehnjährige reiste. Es hätte einer solchen Vorstellung bedurft, denn ich besaß kein Gefühl für ein Volk, das ich nie hatte kennenlernen dürfen.
Später fand ich heraus, daß meine Eltern, als ich noch klein war, einige jüdische Freunde hatten, die öfter zu Partys zu Besuch kamen, aber ich wurde nie auf sie hingewiesen. Ich wuchs jedoch auch nicht mit antisemitischen Bemerkungen auf, obgleich es Leute geben wird, die sagen, daß Schweigen eine Form von Verleumdung sein kann. Meine Mutter erzählte einmal mit erstickter Stimme von einer jüdischen Schulfreundin, die vergast worden war, und mein Vater sprach immer mit einer gewissen Bewunderung von den vielen osteuropäischen Juden, die er vor dem Krieg in Berlin kennengelernt hatte und deren »typisch jüdischen Humor« er über alles schätzte. Das war so ziemlich das einzige, was ich aufschnappte: daß Juden sehr witzig waren. Davon einmal abgesehen, hätte ich von Cohns und Bernsteins, Rosenbergs und Kirschbaums, Horowitzes und Finks umgeben sein können, mit Gesichtern und Charakteristika, die man im allgemeinen mit Juden assoziiert, und es hätte für mich keine

Bedeutung gehabt. Nicht mal bei den vielen jiddischen Ausdrücken, die bei uns zu Hause verwendet wurden, einer davon »Chuzpe«, ein Wort, das oft und mit widerstrebendem Respekt von meinem Vater benutzt wurde, um Aspekte meiner Persönlichkeit zu beschreiben, klingelte es bei mir. Das waren für mich einfach komische Wörter.

Aber meine unschuldige Unwissenheit war nicht nur auf die Juden beschränkt. Ich wußte genausowenig, wann ich zum erstenmal einen Juden getroffen hatte, wie, wann und ob ich einem ihrer deutschen Mörder begegnet war. Vielleicht war es Dörthe Biesterfeld, ein dunkles, hübsches Mädchen mit einem sorgfältig frisierten Pferdeschwanz, mit der ich zur Volksschule ging, deren Eltern den gelben Stern tragen mußten und wunderbarerweise überlebten, und vielleicht war es der reizende Herr Loerke aus der Rauchstraße, der einst die Uniform trug, die ihm die Lizenz zum Töten gab.

Wenn einem ein Volk physisch und psychisch zerstört vorgeführt wird, dann hat man nichts weiter als ausgesuchte kleine Fetzen und skizzenhafte Ideen, die dem Reichtum und der Einzigartigkeit von individuellem Leben nie gerecht werden können. Ganz tief drinnen war ich fasziniert von den Juden und wollte mehr über sie wissen. Aber da keiner reden wollte, mußte ich mir mein Bild über sie aus Fernsehdokumentationen und Fotos zusammenstellen, die man üblicherweise im obligatorischen glänzenden Bildband über das schreckliche Dritte Reich in den Bücherregalen einigermaßen zivilisierter deutscher Familien finden konnte.

Es gab ganz bestimmte Fotos: Das von dem kleinen Jungen mit der Schirmmütze im Warschauer Getto, die Hände über dem Kopf, ein Gewehrlauf auf ihn gerichtet, war eines der unauslöschlichsten. Für mich waren die orthodoxen Juden am faszinierendsten und eindrucksvollsten, und ich studierte ihre schwarze, würdevolle, sehr altmodisch aussehende Erscheinung mit großer Aufmerksamkeit. Religion war mir ziemlich egal, da meine katholische Mutter und mein evangelischer Vater wegen der ständig erzwungenen Religiosität, der sie als Kinder ausgesetzt gewesen waren, mit den Lehren der Kirche nichts mehr zu tun haben wollten, und ich konnte um mich herum wenig Verbindung zwischen Glauben und Kleidung sehen, bis auf den Umstand, daß ich zu meiner Konfirmation ein unschmeichelhaftes, dunkles Prinzeßkleid tragen mußte, als ob den lieben Gott das irgendwie kümmerte. Ein Foto, auf dem ein Rabbi und ein SS-Offizier abgebildet waren, machte mir eine Gänsehaut und schien schicksalhaft in seinem traumatischen Zusammenstoß zwischen Glauben und Gewalt – zwei Welten, zwei Rätsel, zwei starre, auffällige Bekleidungen, die Antithesis voneinander und doch symbolisch durch den Tod für immer miteinander verkettet.

Mir schien, daß Deutsche und Juden ein bißchen wie siamesische Zwillinge waren: Man konnte den einen nicht ansehen, ohne auch den anderen zu bemerken.

Wenn auf Fotos oder in Filmen Gruppen von Juden gezeigt wurden, hatte man manchmal Gelegenheit, sich ihre Gesichter genauer anzusehen. Warum waren diese Menschen so gefürchtet, daß ihre Existenz zermalmt werden mußte, daß alles, was Teil von ihnen war, verbrannt, zerschlagen und verstümmelt werden mußte? Welche magische Kraft besaßen sie, die sie scheinbar so gefährlich machte, daß sie hinter Stacheldraht gesperrt werden mußten? Unbewußt nach Zeichen in ihrem Erscheinungsbild suchend, die wenigstens einen winzigen Hinweis darauf geben würden, was denn nun die Deutschen so erschreckend und hassenswert an den Juden gefunden hatten, kam ich zu dem Schluß, daß sie im großen und ganzen sympathischer als die Deutschen der Zeit aussahen; das Fehlen von Uniformen – ein großes Plus – mag meinen Eindruck verstärkt haben. Die Frauen, meist mit dichten dunklen Locken, und die Männer in ihren langen Mänteln und Tweedmützen hatten keinerlei Ähnlichkeit mit dem zelebrierten nordischen Nazi-Ideal. Mir gefielen die seelenvollen

Augen und soliden, menschlichen Gesichter, denen die angeborene teutonische Arroganz und Eitelkeit fehlte.
Wo waren die riesigen Hakennasen, die vorstehenden Augen und die wulstigen, auf das Kinn herabhängenden Unterlippen, die fetten Bäuche und das schmierige Lächeln, mit dem sie in den Karikaturen im »Stürmer«, von denen ich einige in einem Geschichtsband gesehen hatte, dargestellt waren? So wie sie da standen, verschnürte Kisten und Koffer in den Händen, bestätigten diese Menschen die Behauptung des »Stürmer« nicht, daß alle Juden raffgierige Halsabschneider, berechnende Leuteschinder und von Natur aus minderwertige, bösartige Individuen seien. Sie sahen wie verlorene Menschen aus, die eine dunkle Ahnung hatten, daß dieses vielleicht eine Reise ohne Wiederkehr sein könnte.
Ich war so um die vierzehn, als ich zum erstenmal mit dem visuellen Teil meines Erbes in etwas konzentrierterer Form konfrontiert wurde. Eines Tages wurden wir in der Schule in die Aula gerufen, um »einen Film« zu sehen, der den ziemlich versonnenen Titel »Nacht und Nebel« trug. Toll, dachten wir, denn wir alle liebten Filme, egal, wie langweilig sie waren, solange sie uns nur aus dem Klassenzimmer herausholten. Die Anwesenheit des Rektors mit dunklem Anzug und düsterem Gesicht hätte uns allerdings stutzig machen sollen. Er fing an, etwas über Auschwitz zu murmeln, begleitet vom üblichen nervösen Gehüstel. Der schäbige schwarze Vorhang öffnete sich und in dieser morbiden, von Schuld durchtränkten Atmosphäre, stürzte die Dunkelheit der Vergangenheit auf uns – die Ungewarnten und Unvorbereiteten – herab. Nach dem Film war ich sprachlos, schockiert und fühlte mich elend. Wir wurden alle ohne weitere Erklärungen nach Hause geschickt. Was ich gesehen hatte, diskutierte ich weder mit meinen Klassenkameraden, noch erwähnte ich es zu Hause. Ich war so überwältigt und so taub vor Ekel, daß mir Gefühle von Entrüstung über die Täter oder Mitleid mit den Opfern unmöglich waren. Alles Fühlen

schien aus mir herausgesaugt. Nichts machte einen Sinn. Irgendwie hatten die Mörder so wenig Identität wie die Opfer. Niemals, wenn wir etwas über die Nazis und die Juden hörten, konnte ich eine direkte Verbindung mit meinen Eltern oder den anderen älteren Deutschen finden. Der Film zeigte das Verbrechen gegen die Menschheit schlechthin, und doch, für mich gab es da ein fehlendes Glied – das Herz, der Kopf und die Seele der Maschinerie, das deutsche Volk. Die Erwachsenen vermittelten uns immer den Eindruck, als ob es einfach so passiert wäre. Ganz von allein.

Waren diese Berge von ausgemergelten Körpern plötzlich aus dem Nichts ganz einfach dagewesen? Und die Berge von Haar, Brillen, Koffern, Schuhen, Goldzähnen und Kinderspielzeug? Wessen Haar war das und wem hatten diese Dinge einmal gehört? Wer hatte das alles dort aufgetürmt, und warum? Wo waren die Hände, die die Türen der Gaskammern geschlossen, die all das Haar abgeschnitten, die die Abzüge an den Gewehren gedrückt, die Millionen Namen sauber auf Listen geschrieben und Millionen Nummern auf Arme tätowiert hatten?

Und wo waren die Köpfe, die sich all das ausgedacht hatten? Wo die Menschen, die es hatten geschehen lassen? Und wo waren sie jetzt – die zugedrückten Augen, die tauben Ohren und verschlossenen Lippen?

Was für eine Vorstellung von Gerechtigkeit und Humanität sollen junge Menschen bekommen, was für moralische Schlußfolgerungen sollen sie ziehen, wenn sie lernen müssen, daß ein Volk von einem anderen nicht nur zur Ausrottung ausgewählt werden, sondern daß diese abscheuliche Aufgabe auch ohne Reue, ohne unüberwindliche Hindernisse und ohne besondere Strafe ausgeführt werden kann? War es da nicht möglich, daß zusammen mit dem Rauch aus den Schornsteinen von Auschwitz die Idee von Gott mit in den Himmel gestiegen und verschwunden war?

Aber ich überlegte nicht nur, was wohl in den Köpfen der

Jäger vor sich gegangen war, ich dachte auch an die Gejagten, und es waren irritierende Gedanken. Als Teenager wagte ich natürlich nicht zu fragen, worüber ich mich da wunderte: »Warum ist das mit den Juden passiert? Was war los mit ihnen? Da *muß* doch etwas falsch mit ihnen gewesen sein! Sie müssen doch *irgend* etwas Schlimmes getan haben! Es kann doch nicht sein, daß unschuldige Menschen einfach so getötet werden?« In ihrem Stigma lag etwas Zerstörerisches. Die Juden: das Volk, das man beinahe hatte ausrotten können.

Ich wunderte mich darüber, warum sich die Juden nicht verteidigt hatten, in den Konzentrationslagern eine Revolution angezettelt, sich organisiert, die SS einfach zusammengetrieben und statt ihrer in die Gaskammern verfrachtet hatten. Immerhin waren sie doch in der Mehrheit. Wenn sie wußten, daß ihnen grausamer Tod bevorstand – was sie zumindest geahnt haben müssen, nachdem sie eine Weile in den Lagern gelebt hatten –, warum denn nicht im Kampf sterben? Warum es den Henkern so verdammt einfach machen? Warum so unterwürfig und fügsam sein? Ich wünschte mir nichts sehnlicher, als daß die Nazis von ihren Opfern besiegt worden wären.

Wie sollte ich damals wissen, daß die »Endlösung« ein so schändlicher wie meisterhaft geplanter Wahnsinn gewesen war, der jeden Versuch von Rebellion durch schieren Sadismus und die systematische Entmenschlichung, die die Juden über sich ergehen lassen mußten, im Keim erstickte, bevor sie auch nur darüber nachdenken konnten. Ihrer Haare, Kleidung, Würde und Individualität beraubt, zu einer tätowierten Nummer reduziert, der lediglich ein Stehplatz in einer überfüllten Gaskammer zustand, grausam geprügelt und erniedrigt, war es zu schwer für sie zurückzuschlagen. Die Nazis verwandelten die Juden in Kreaturen, die nicht länger in die Kategorie einer zivilisierten Gesellschaft paßten. So war es für sie leicht, die Juden zu Untermenschen zu deklarieren,

derer man sich entledigen konnte, ohne eine Spur von Schuld zu empfinden.
Die allgegenwärtige Frage »Warum die Juden?« kam in der Schule oder anderswo nie wirklich auf. Vielleicht, weil wir alle wußten, daß es darauf sowieso keine befriedigende Antwort gab. Ich glaube, die übliche Erklärung, die in den Köpfen herumschwirrte, besagte, Hitler sei ein Wahnsinniger gewesen, der irgendeinen krankhaften, persönlichen Haß auf die Juden hatte. Seine Helfer blieben unerwähnt, gesichtslos.
Zu den seltenen Gelegenheiten, zu denen sich ein Lehrer verpflichtet fühlte, den Schülern etwas über die Juden zu erzählen, wurde natürlich nur die Elite der »präsentablen« Juden erwähnt und hastig hinzugefügt, daß es sich durchaus um eine wertvolle Rasse handle, mit all den Talenten wie Einstein, Freud, Mendelssohn und Rosa Luxemburg. Von den durchschnittlichen, namenlosen Juden war nicht die Rede, sie verschwanden in der Anonymität der Statistiken.
Trotzdem erscheint es mir heute fast unmöglich, mir vorzustellen, daß ich meine Teenagerzeit in intensiver Anbetung von Kafka und Heine verbrachte, ohne daß mir bewußt wurde, daß sie Juden waren. Genauso seltsam war, daß ich sehr wenig von der Existenz Anne Franks wußte, denn weder meine Lehrer noch meine Eltern oder Verwandten kamen auf die Idee, mir ihr bewegendes Tagebuch zum Lesen zu geben. Ironischerweise war es Hollywood, das mir das inspirierende holländische Mädchen auf die amerikanische Art vorstellte – leicht verdaulich, wenn auch traurig, und so schön gespielt von Millie Perkins. Das war kein deutscher Film. Und dadurch gelang es auch ihm, das Thema zu neutralisieren, zu entdeutschen, zu vernebeln. Ich vermochte keine wirkliche Verbindung zu den Deutschen um mich herum zu ziehen. Die hatten nichts damit zu tun, konnten es ja gar nicht, da sie in Ruhe und Frieden lebten, ohne Strafe und ohne schlechtes Gewissen. Das Rechtsgefühl eines Teenagers ist in vieler Hinsicht noch ungebrochen.

Obwohl ich es über viele Jahre für fast unmöglich hielt, mich mit dem Thema Nazis und Holocaust auseinanderzusetzen, hatte ich doch immer das seltsam starke Bedürfnis, mir alle verfügbaren Dokumentationen, alte Wochenschauen und Archivfilme, in denen sich oft seltenes Material über die Konzentrationslager fand, anzusehen. Allerdings konnte ich lange nicht über das sprechen, was ich sah; meine Trauer, meine Bestürzung und meine Scham blieben ohne Worte. Die Bilder, die mir die Kehle zuschnürten, stapelten sich in meinem Unterbewußtsein, und ich legte sie einfach erst einmal »zu den Akten«, in der Hoffnung, der Tag werde kommen, an dem ich in der Lage wäre, auch nur das winzigste Teilchen von Sinn darin zu entdecken. Dieser Tag kam niemals.

Einmal sah ich einen Film, den die Alliierten gleich nach der Befreiung von Buchenwald gedreht hatten. Zweitausend Deutsche aus der näheren Umgebung wurden gezwungen, durchs Lager zu gehen und sich das grausige Resultat dessen anzusehen, was ihre Landsleute in ihrem Namen anderen Menschen angetan hatten. SS-Leute hatten einmal hämisch bemerkt, daß, selbst wenn eine Handvoll Häftlinge überlebte, niemand je ihren Erzählungen glauben würde. Und tatsächlich, die Gesichter der Frauen und Männer drückten neben Übelkeit, Entsetzen, Abscheu und Schock – einige hatten Taschentücher vor ihre Münder gedrückt, andere schluchzten – hauptsächlich Ungläubigkeit aus. Sogar die direkte physische Konfrontation mit den Beweisen, die jeden Zweifel an der Authentizität des Geschehens ausschloß, ließ das beschützende Element des Einfach-nicht-glauben-Wollens nahezu unberührt. Es durfte nicht sein! Denn war das die Wahrheit, gab es kein Entrinnen vor der Frage nach der eigenen Verantwortung und Schuld, gab es überhaupt keinen Schutz mehr, da damit auch die letzten Grenzen gefallen wären. Was einmal möglich gewesen war, konnte wieder möglich werden. Die Unantastbarkeit der Menschenwürde war eines der grausamsten, zynischsten Märchen unserer Zeit geworden. Die Wahrheit mag niederschmetternd sein, aber sie ist zumutbar, und alle Menschen sollten zumindest einmal im Leben dazu gezwungen werden, die Filme anzuschauen, die die Verfolgung und mechanisierte Tötung der Juden und anderer Minderheiten in all ihren verschiedenen Stadien des Horrors zeigen.

Aber alle meine geheimen Gedanken über Juden und Nazis waren sehr tief in mir vergraben, als ich nach New York kam, und das letzte, was ich erwartete, war, daß ich genau dort die Menschen treffen würde, die es, wenn es nach der Generation meiner Eltern gegangen wäre, nicht mehr gegeben hätte und deren Nicht-Existenz mir soviel Unruhe und Unbehagen bereitet hatte.
Was passiert, wenn die Nachkommen der Unschuldigen auf die der Schuldigen treffen? Ist die Unschuld so groß, daß sie die Schuld verschlingen oder gar tilgen kann? Verschmilzt die Unschuld mit der Schuld zu einer Gleichheit, die so stark ist, daß sie die Bürde der Schuld und der Wahrheit ertragen kann? Wie viele Generationen braucht es – wieviel Buße und Trauer werden für die Vergebung benötigt?
Deutsche und Juden sind emotional unentrinnbar miteinander verkettet, ihre Schicksale ineinander verwoben und werden es auch für eine lange Zeit bleiben. Immer wenn ein Deutscher einen Juden trifft, stehen sechs Millionen Tote zwischen ihnen; die nehmen eine Menge Platz ein. Der Deutsche denkt: Ich hoffe, daß sie/er keinen Verwandten in einem KZ verloren hat. Der Jude denkt: Ich möchte gern wissen, ob ihr/sein Vater, Onkel oder Großvater irgendeinen von uns getötet hat. Beide hoffen das Beste, aber dieses Spektrum von beunruhigenden, quälenden, unverarbeiteten Gefühlen ist keine günstige Voraussetzung für eine herzliche, vertrauensvolle und entspannte Freundschaft.
Wie es der Zufall oder die Vorsehung wollte, hatte ich meine

erste amerikanische Romanze mit einem jüdischen Künstler, und ich wußte nicht, daß er Jude war. Er hatte nichts gesagt, ich hatte nicht gefragt. Juden waren für mich immer noch so unwirklich, daß ich sie mir nicht so leicht lebend – außerhalb Europas und außerhalb ihrer schwarzweißen Filmexistenz – vorstellen konnte (ich erinnere mich an die uns alle verblüffende Entdeckung, daß Bob Dylan Jude war).
Als ich später herausfand, daß auch mein Freund Jude war – die Romanze war bereits beendet –, war ich überrascht, konnte aber nicht anders, als mich rückwirkend über diese Verbindung zu freuen. Es schien ein Schritt in die richtige Richtung gewesen zu sein: persönliche Aussöhnung und Wiedergutmachung, die auf Liebe, nicht Haß basierte, eine Form von emotionaler Verstrickung, die nicht tötet.
Später entdeckte ich, daß fast alle Deutschen, die einige Zeit in Amerika, speziell in New York, verbracht hatten, in irgendeiner Art und Weise durch starke und ausnahmslos anregende Beziehungen zu Juden beeinflußt worden waren – durch schwierige und wütende Auseinandersetzungen, aber auch durch Liebesaffären und Heirat. Wir diskutierten manchmal diese zwiespältige, doch starke Anziehung zwischen Juden und Deutschen, ohne allerdings auf verläßliche oder gar »wissenschaftliche« Resultate zu stoßen. Aber wir waren alle der Meinung, daß unsere Begegnungen mit Juden von Angesicht zu Angesicht zu den wichtigsten und bereicherndsten Erfahrungen unseres ganzen Lebens gehörten – etwas, das die Deutschen zu Hause nicht nachvollziehen, geschweige denn selbst erfahren können: Diejenigen, die sie durch ihre bloße Anwesenheit am wirkungsvollsten an ihre unbewältigte Vergangenheit erinnern könnten, sind einfach nicht da. Es war für mich eine besondere Form von Heilung, die Chance zu haben, nicht nur Juden zu treffen und ein wenig mit ihnen zu sprechen, sondern mich ihnen gleichermaßen intellektuell wie gefühlsmäßig zu nähern, zu öffnen, sie lieben zu lernen und wiedergeliebt zu werden und mit

ihnen zu leben. Ich habe oft versucht, mir vorzustellen, wie mein Leben ohne diese Beziehungen verlaufen wäre. Wären sie für mich auf ewig die Berge von ausgemergelten Körpern geblieben oder die gestreiften Gestalten, die nichts als Entsetzen und Schmerz auslösten? Oder wäre es mir auch so gelungen, sie aus dieser Vorstellung zu erlösen und geistig wiederauferstehen zu lassen? Hätte ich überhaupt das Bedürfnis danach gehabt?

Je mehr ich mit gleichaltrigen Juden sprach, desto vertrauter wurde ich mit ihrer Lebenssituation. Die persönliche Geschichte ihrer Eltern und deren emotionale Verarbeitung des Holocaust hatten auch ihre Wahrnehmungen und den Grad der Feindseligkeit und des Mißtrauens (oder der Offenheit und Neugier), die sie in unsere Begegnungen einbrachten, geformt. Einige konnten zu Hause das Wort »deutsch« nicht erwähnen, ohne Aggressionen, Wutausbrüche oder dumpfes Schweigen hervorzurufen; so waren sie des Themas müde geworden oder hatten es total verdrängt – ganz wie es in Deutschland gemacht wurde. Andere wiederum hatten ein starkes Verlangen entwickelt, mit oder ohne Zustimmung ihrer Eltern nach Deutschland zu reisen und junge Deutsche kennenzulernen, und kamen meist sehr interessiert und oft positiv beeindruckt zurück.

Einige meiner Freunde sind amerikanische Juden der ersten Generation, deren Eltern in den zwanziger und dreißiger Jahren aus Osteuropa kamen. Als ich einen von ihnen nach unserem zweiten Treffen fragte, ob er Jude sei, antwortete er – so wie ich es so oft getan hatte, wenn ich gefragt wurde: »Sind Sie Deutsche?« – mit einem »Warum?« statt mit einem »Ja«. Ich habe oft Juden getroffen, die von ihrer Herkunft ganz und gar nicht begeistert zu sein schienen, es manchmal sogar zu verbergen suchten, ohne daß ich diese Unsicherheit und den fehlenden Stolz verstehen konnte. Wenn sie in Deutschland gelebt hätten, vielleicht, aber in Amerika, dem freien, toleranten Amerika? Oder war es so, wie Kafka einmal über

Heine sagte: »Daß er in Konflikt damit ist, Jude zu sein, ist das typisch Jüdische an ihm.«

»Das verstehst du nicht«, erklärte mir dieser Freund. »Wir sind ein heimatloses Volk. Tief drinnen sind wir ständig auf der Flucht, die Koffer sind in unserem Geiste immer schon gepackt. Man weiß nie, wann der nächste Holocaust um die Ecke kommt. Als kleiner Junge träumte ich oft, daß ich von der SS gejagt würde.«

Am überraschendsten war für mich die Entdeckung, daß es erstaunliche Übereinstimmungen im Benehmen zwischen meiner Generation und der gleichaltrigen jüdischen gab. Ich verdanke es Helen Epsteins aufwühlendem Buch »Die Kinder des Holocaust«, daß ich es wagte, einige der Gedanken weiterzuverfolgen, die ich in Gegenwart von Juden lange Zeit nicht aussprechen mochte. Ich fürchtete, sie würden die Tatsache, daß auch eine Deutsche wegen des Leids der Juden Schmerz für sich beanspruchte, als anmaßend zurückweisen.

Ich erfuhr, daß viele Kinder von Holocaust-Überlebenden in einem erstickenden Schweigen und einer unerklärlichen Angst vor diesem geheimnisvollen Etwas aufwuchsen, das hochexplosives Material enthielt, nämlich die Vergangenheit ihrer Eltern, an der man sich nicht zu schaffen machen durfte. Dieser Eindruck wiederum erinnerte mich daran, wie ich mit diesem Thema aufgewachsen war. Die Unfähigkeit beider Elternteile, in meinem Fall einer ganzen Nation, über die Vergangenheit zu sprechen – aus Schmerz und aus Schuld –, führten bei jüdischen wie bei deutschen Kindern zu ähnlichen Symptomen. Wir alle akzeptierten das von den Eltern gesetzte Tabu, weil wir »gute« Kinder waren, die gehorchten und die die Eltern zufriedenstellen und sie beschützen wollten. Wir wagten nicht, nachzuhaken und die Sache zu untersuchen, statt dessen schluckten wir unsere Fagen hinunter und unterdrückten unsere Neugier, um den Eltern ihre Erinnerungen zu ersparen. Durch Epsteins Buch erfuhr ich von der speziellen Belastung, ein Kind von Verfolgten zu sein, die überlebt haben. Bis dahin hatte ich nur gewußt, wie es war, als Kind unter den Verfolgern zu leben, ohne je viel über deren Opfer zu wissen. Auch dieses Nichts-übereinander-Wissen erwies sich als eine symmetrische Entwicklung bei den Kindern von Opfern und Tätern.

Einem Impuls folgend, entschied ich mich, an einem der Treffen teilzunehmen, die eine Gruppe von Kindern von Holocaust-Überlebenden mehrere Male im Jahr organisierte – ein Unternehmen, von dem etliche wohlmeinende Leute mir strengstens abrieten, weil sie einen möglichen Schaden an meiner Seele oder meinem Gleichgewicht befürchteten. »Warum mußt du das nur tun?« wurde ich gefragt. »Und warum du nicht?« entgegnete ich. Doch weshalb wollte ich wirklich dorthin? Ich wollte daran erinnert werden, daß der Holocaust und seine Auswirkungen für inzwischen mehrere Generationen immer noch eine Realität darstellt und daß die Wahrheit immer noch die Wahrheit ist – und keine bloße Zumutung, der man ausweichen sollte. Ich war ganz und gar nicht der Meinung, daß es sich hierbei um masochistischen Exhibitionismus meinerseits handelte, sondern betrachtete es als gute Gelegenheit für beide Seiten, sich miteinander zu beschäftigen und Fragen zu stellen und zu beantworten, die normalerweise gar nicht erst gefragt werden.

Es gab keine sprühenden Funken in der düsteren Synagoge in Queens, als meine zwölf jüdischen Zeitgenossen und ich uns in einem Kreis zusammensetzten – nur vorsichtige Neugier auf ihrer und Nervosität auf meiner Seite. Ich glaube, sie verstanden nicht gleich, warum ich gekommen war und mich in eine Situation begeben wollte, in der ich durchaus untergehen konnte. Aber Mut ist ein verläßlicher Rettungsring und brachte mir nach der langen Diskussion Anerkennung von ungefähr der Hälfte der Teilnehmer ein.

Das Treffen, so wie es angesetzt war, konnte wirklich nicht als zwanglos bezeichnet werden, es hatte eher die Atmosphäre eines Prozesses, und ich wußte nicht, ob ich den prüfenden Blicken standhalten konnte. Ich wußte nur eins: Noch nie in meinem Leben hatte ich mich mehr geschämt, eine Deutsche zu sein. Menschen gegenüberzusitzen, die mit Berechtigung sagen konnten: »Woher wissen wir, daß dein Vater als Schauspieler nicht genau diejenigen unterhielt, die ein paar Tage später unsere Eltern und Verwandten getötet hätten, wären sie in die entsprechende Situation gekommen?«, war eine Erfahrung, die man nicht alle Tage macht. Es war etwas ganz anderes, als sich mit amerikanischen Juden anzufreunden, die in ihrer persönlichen Geschichte keinen Anlaß dazu sahen, sich mit dem Holocaust und seinen Auswirkungen auseinanderzusetzen.

Ein noch größerer Schock war es für mich, auch wenn es mich nicht wirklich überraschte, zu hören, wie Deutschland und die Deutschen von den Kindern, deren Eltern durch seltenes Glück die Todeslager überlebt hatten, gesehen wurden. Daß der Nazismus wie alle »ismen« eine Ideologie ist, die gelehrt, übernommen und in die Köpfe gehämmert werden kann, mag für die meisten klar sein, aber ich wurde mit der so unglaublichen wie mich wütend machenden Behauptung konfrontiert, daß der Nazismus – oder vielmehr, wie einer es formulierte, die genetische Disposition für bösartiges Töten – eine erbliche deutsche Krankheit sei, die von einer Generation auf die nächste übergeht. Was den Grundannahmen, auf denen die Nazis ihre Rassentheorie aufgebaut hatten, schon ziemlich nahekam und Basis für die absurde Idee sein könnte, daß, genau wie es geborene Mörder gibt, man auch ein geborenes Opfer sein kann.

Eine Frau in meinem Alter, die in Israel geboren war, sah mich nur einmal direkt an, ein fast zynisches Glimmern in den Augen, um mir mit ungeduldiger Wut zu sagen: »Weißt du, was? Bis auf meine Eltern haben sie alle umgebracht – Tanten, Onkel, Nichten, Großeltern, eine sehr große Familie. Egal wie nett du sein magst, nie in meinem Leben könnte ich Deutschland betreten.« Ein Faustschlag in meinen Magen. Das hier war das Leben, war wirklich, keine Geschichte aus den Archiven, und dennoch ein Schmerz, so klein und unwichtig, verglichen mit dem, was diese Frau zu erdulden hatte. Ich fühlte mich mundtot gemacht, entmutigt. Ich wußte nichts zu entgegnen, weil es nichts gab. Ich konnte ihr weder irgend etwas übelnehmen, noch konnte ich sie trösten, und doch dachte ich: Was wird sie ihren Kindern über Deutschland und die Deutschen erzählen, die beides vielleicht nie kennenlernen werden? Was wäre, wenn ihre Tochter eines Tages nach Hause kommen und verkünden würde: »Ich habe mich in einen Deutschen verliebt?« Und noch während ich über die Langzeitwirkung scheinbar nie verheilender Wunden nachdachte, warf jemand anderes ein: »Ich kann mit dieser Art Haß nicht leben, es ist ein verkrüppelndes Gefühl.«

Es ist für mich keine Strafe, wenn Juden keine deutschen Autos fahren oder ihre Kaffeebohnen nicht mit einer »Braun«-Kaffeemühle mahlen wollen, wie es bei vielen üblich ist, aber die Deutschen kollektiv zurückzuweisen – und damit auch die Chance der Veränderung und Versöhnung –, empfinde ich als ungerecht. Oftmals habe ich Lust verspürt, mich einfach vor eine Gruppe derer zu stellen, die sich kategorisch und beharrlich jeder Idee von Annäherung widersetzten, und sie nach Leibeskräften anzubrüllen: »Was soll ich denn tun, was wollt ihr, das wir alle tun? Was müssen wir beweisen und wie sollen wir es anstellen, wenn ihr noch nicht mal uns junge Deutsche ansehen wollt?«

Mir wurde langsam klar, daß ihre Fragen über Nazis und Deutsche, die stark rationalisiert waren, zeitweise belanglos und einfältig klangen und von den wirklichen, hautnahen Themen ablenken sollten, aus einer gut abgedichteten Kapsel kamen, die mit vagen Annahmen und eigentümlichen, ungeprüften Schlußfolgerungen gefüllt und in die nicht leicht einzudringen war. Ein Mann, der mich die ganze Zeit über scharf durch seine Brille gemustert hatte, sagte: »Du scheinst eine ungewöhnliche Deutsche zu sein, und deine Altersgruppe ist nicht unbedingt ein Problem, aber ehrlich gesagt, in Massen möchte ich euch nicht um mich haben.« Es war derselbe Mann, der mich auch ungläubig fragte: »Und du bist in Deutschland nicht unter Leuten aufgewachsen, die ›Judenschweine‹ und solche Sachen sagten?«

Fälschlicherweise hatte ich außerdem angenommen, die Nachkriegskinder von jüdischen Überlebenden wüßten ganz besonders gut über die Nazis und den Holocaust Bescheid und seien von Neugier und dem Verlangen, die Vergangenheit ihrer Eltern Stück für Stück zusammenzusetzen, geradezu besessen. Immerhin waren sie doch unschuldig, mußten sich nicht schämen und brauchten keine Angst vor irgend etwas zu haben – wie es deutschen Kindern ergehen mochte. Ich hatte angenommen, allein Schuldgefühle könnten das Verschweigen und Unterdrücken von unerträglichen Tatsachen bewirken, doch statt dessen fand ich heraus, daß die meisten jüngeren Juden kein bißchen mehr über Deutsche wußten als ich über Juden, bevor ich nach Amerika kam. Ich hatte einfach nicht damit gerechnet, wie stark und wie ähnlich die Verdrängung auf beiden Seiten war, und kam zu dem Schluß, daß ich Juden, die sich weigern, sich mit dem Holocaust und den Deutschen auseinanderzusetzen, genauso verdächtig finde wie Deutsche, die dasselbe mit den Juden tun. War es möglich, daß sowohl die Nachkriegsdeutschen als auch die amerikanischen Nachkriegsjuden dasselbe diffuse, stereotype Gefühl für Täter *und* Opfer entwickelt hatten? Betrachteten nicht beide das Erbe der anderen Seite, ohne auf persönliche Erfahrungen oder individuelle Begegnungen zurückgreifen zu können? Genau wie mir wurde meinen jüdischen Zeitgenossen die Vergangenheit der Eltern hauptsächlich durch das geschriebene Wort und das übliche Filmmaterial aus dem Zweiten Weltkrieg nahegebracht – nicht auf direktem, persönlichem Wege.

Auf Fotos und Filmdokumentationen sahen wir die Opfer als nicht zu unterscheidende Masse von zusammengetriebenen Menschen, und wir sahen auch die Täter und ihre sie anbetenden Mitläufer als eine Masse, mit einem wichtigen Unterschied: Nicht alle Deutschen waren Nazis, aber alle Juden waren Opfer. Vielleicht waren den jüngeren Juden auch ihre eigenen Landsleute in den Filmen fremd, so fremd, wie mir die Deutschen von damals vorkamen. Deutsche Jugendliche waren nicht weniger verwirrt, entsetzt und tief verstört als ihre jüdischen Altersgenossen, wenn sie die bösartigen Männer in ihren Reithosen das »unwerte Leben« in die Gaskammern schicken sahen. Für beide war es sehr schmerzlich zu entdecken, wer unsere Vorfahren waren. Die Juden mußten mit den schrecklichen Bildern leben, ich darüber hinaus mit denen, die verantwortlich gewesen waren.

Manchmal, wenn ich mit skeptischen Juden über unsere gemeinsamen Konflikte spreche, gerate ich in eine Verteidigungshaltung und fühle mich ein bißchen wie ein schwatzhafter Vertreter, der versucht, einen Schwindelartikel an Leute zu verkaufen, die eigentlich nichts kaufen wollen, aber das macht nichts. Daß es keine »normalen« Beziehungen zwischen Juden und Deutschen geben kann, ist letzten Endes vielleicht gar nicht so schlecht. Eine Freundschaft, für die gekämpft werden muß, für die erst viele Schichten von Schmerz, Wut, Schuld und Mißtrauen vorsichtig abgelöst werden müssen, hat das Potential, eine starke und herausfordernde Freundschaft zu werden, die auf Mitgefühl, Verzeihen und Achtung aufgebaut ist. Auch diesbezüglich haben es unsere Eltern und Großeltern uns überlassen, den Auswirkungen des Holocaust zu begegnen. Da wegen des Mangels an Juden in Deutschland eine Versöhnung und ein Sich-Kennenlernen außerhalb Deutschlands stattfinden muß, werden wohl sehr wenige der alten Deutschen gezwungen sein, sich von Angesicht zu Angesicht bei Juden um Vergebung und die Heilung alter Wunden zu bemühen.

Es ist unsere Verpflichtung – und idealerweise ein Bedürfnis –, als Nachkriegsdeutsche auf die Menschen zuzugehen, die so achtlos und brutal so lange aus unserem Bewußtsein gestoßen worden sind, und ihnen den Respekt und die emotionale und spirituelle Wiedergutmachung anzubieten, die unsere Eltern ihnen verwehrt haben, als sie durch ihre Regierung die Brieftaschen, nicht aber ihre Herzen öffneten. Deutsche und Juden teilen ein Erbe, das einer historischen Nabelschnur gleicht, die nicht durchschnitten werden und die in den unerwartetsten Momenten empfindlich ziehen kann. Wir jungen Deutschen sind so lange unschuldig, wie wir die Schuldigen und die Vergangenheit nicht vergessen. Ein Weg, die Schuld abzutragen, besteht darin, die Vergangenheit zu untersuchen und uns dem Kampf dagegen anzuschließen, daß derartige Verbrechen jemals wieder geschehen können. Wenn uns das gelingt, können wir den Fluch der Vergangenheit möglicherweise in einen Segen verwandeln.

»Ich habe sehr gute deutsche Freunde«, erzählen mir eine große Zahl von Juden in Amerika, und auch ich habe mit relativ vielen Juden Freundschaft schließen können. Das ist wohl mit die wichtigste und bereicherndste Erfahrung, die ich in Amerika habe machen können. Es gibt keinen anderen Weg: Wir müssen zusammen aus dem Schatten treten.

Wie Marguerite Duras 1945 schrieb, als sie auf ihren Mann wartete, der in Dachau befreit worden war: »Wenn man den Nazi-Horror nur deutsch und nicht allgemein zu erklären sucht, dann reduziert man den Mann in Belsen auf rein regionale Dimensionen. Die einzig mögliche Antwort auf dieses Verbrechen besteht darin, es in ein Verbrechen zu verwandeln, das von allen verübt worden ist. Man muß es teilen. Genau wie die Idee von Gleichheit und Brüderlichkeit. Damit man es ertragen, mit der Vorstellung umgehen kann, müssen wir uns das Verbrechen gemeinsam teilen.«

8
Wie war's denn nun, das Dritte Reich?

»Es ist gar nichts bewiesen! Woher wissen Sie, daß das Vergasungen waren? Es sind uns immer wieder irgendwelche Kammern gezeigt worden, in denen Duschen waren. Dann wurde einfach gesagt, daß durch diese Duschen Gas reingelassen wurde. Wo ist denn der Beweis? Waren Sie dabei?«

Nachdem ich mich von einem mühsam unterdrückten Wutanfall wieder erholt hatte, guckte ich erst mein Tonbandgerät an, wahrscheinlich in der Erwartung, daß es statt meiner explodieren würde, und dann Heinrich M., den ehemaligen Luftwaffenangehörigen und treuen Untertan von Führer und Reich. Nein, ich war damals nicht dabei, aber ich bin jetzt hier, dankbar, daß man mit meiner Geburt bis nach dem Krieg gewartet hat, um mich davor zu bewahren, zu Opfern oder Tätern zu gehören.

Ich wuchs auf zwischen Leuten wie Heinrich M., ohne mir klar darüber zu sein, was für eine außergewöhnliche, wenn auch höchst verdächtige Gruppe da um mich herum lebte. Eine Generation, die ein Land regierte, dem sie durch die Erfindung des mechanisierten Völkermordes einen festen Platz in der Geschichte verpaßt hatte.

Ich sitze mit Heinrich M., einem drahtigen, peniblen Witwer, in seinem ruhigen, bieder-blitzsauberen Wohnzimmer in einem Vorortreihenhaus. Da ich seine Tochter kenne, konnte

er nach mehreren Versuchen dazu überredet werden, sich mit mir zu unterhalten, obwohl er fand, daß er nichts Interessantes zu erzählen hätte.
Heinrich M. wurde 1915 in Bremen geboren, er stammt aus einer Arbeiterfamilie. Not und Armut waren nach dem Ersten Weltkrieg für die meisten Deutschen Alltagsrealität. Man spürt noch die Bitterkeit, wenn Heinrich M. sich an den harten Überlebenskampf seiner Mutter erinnert, die eine sechsköpfige Familie allein ernähren mußte, nachdem sie von ihrem Ehemann sitzengelassen worden war. Heinrich M. machte eine Lehre als Maschinenschlosser und arbeitete als Geselle, bis er 1935 als Kurierpilot in die Luftwaffe eintrat. Er ist ein zäh aussehender kleiner Mann mit dünnem, fettigem, nach hinten gekämmtem Haar und stechenden dunklen Augen. Seine Aufmachung setzt dem klassischen Pensionärs-Freizeitlook ein Denkmal: hellblaues Strickhemd mit halbem Arm und hellgraue Polyesterhosen, dazu braune Sandalen und Perlonsocken. Das ist kein Mann, mit dem man leichtfertig herumalbert oder sich in tiefschürfende Fragen über die Geheimnisse des Lebens verstrickt, sondern ein unverblümter Proletarier, ohne Rüschen und ohne Verzierung.
Als ich ihn dann noch einmal nach den Millionen ermordeter Juden frage, wird er ein bißchen ungeduldig und stöhnt: »Nun kommen Sie mir wieder damit!«, aber entscheidet sich dann, mich endlich aufzuklären: »Nach dem Ersten Weltkrieg, da wurde über die kaiserliche Wehrmacht soviel Schlechtes gesagt. Da wurde der deutsche Soldat wie 'n Wolf dargestellt, mit 'nem großen Bajonett, und dann soll er den Kindern in Holland und Belgien die Hände abgehackt haben, richtige Greuelpropaganda war das. So wird jetzt der Deutsche nach dem Zweiten Weltkrieg auch wieder schlechtgemacht. Aber nun gehen Sie mal, und suchen Sie mir die Kinder mit den abgehackten Händen, die finden Sie nicht...«
Ach, dann ist wohl jede Fotografie, die wir je gesehen haben,

jeder Meter Film, der Leichenberge zeigt und Menschen, die in Reihen zur Selektion an Rampen stehen, eine Fälschung? Ein Fall von schlechter Presse? »Das ist schon wieder eine Frage, die nicht hierhergehört«, pfeift er mich an, »ich kann Ihnen das von Bergen-Belsen erklären. Das haben die Engländer als deutsches Truppenlager angesehen und es kurz vor Einnahme bombardiert. Da sind etliche draufgegangen, weil die KZ-Häftlinge ja keinen Bunker hatten; die lagen dann in ihren Baracken.«

Als Heinrich M. nach dem Krieg von der »Endlösung« erfuhr, wußte er gleich, daß das nicht wahr sein konnte; er ist nun wirklich ein Mann, der mühelos jede Übertreibung ausmachen kann, da gibt's gar nichts. Er schnalzt ironisch mit der Zunge: »Wenn Sie die sechs Millionen vervierfachen, dann haben Sie ja schon einen amerikanischen Staat.«

Und da gibt es noch ein paar andere Sachen, die ihm auf der Seele liegen: »Das Dritte Reich hat ja nicht nur aus Krieg bestanden; die meisten vergessen das heute ganz gern. Vor Hitler gab's nur Hunger und Arbeitslosigkeit. Ich war froh, daß ich in der Luftwaffe war. Wir hatten ein gutes, normales Leben. Das war genau dasselbe wie heute als junger Mensch: Der geht in die Disco oder geht in die Bar. Politik war doch völlig uninteressant. Wenn ich als Soldat nach zwölf Monaten wieder nach Hause kam, glauben Sie, da hat man sich darüber unterhalten, ob es KZs gibt oder nicht? Man war froh, daß man mal 'ne gute Tasse Kaffee trinken und ein Stück Kuchen essen konnte.« Er ist ziemlich entnervt von dieser internationalen Verschwörung, die seit Ewigkeiten gegen seine damals wie heute absolut aufrechten Landsleute läuft: »Die Nazis werden doch immer nur schlechtgemacht, und auf den Nationalsozialismus wird geschimpft. Wenn man heute was im Fernsehen sieht, dann blenden die nur die Zerstörungen ein und schieben das dann den Nazis in die Schuhe. Wer hat denn Hamburg, Dresden und Lübeck zerstört? Nicht die Nazis, sondern die Engländer und Amerika-

ner. Nur um die Moral zu zerstören. Aber darüber spricht ja keiner mehr. Uns wurde ja auch vorgeworfen, daß wir Hitler nicht umgebracht haben. Warum fragen die die Russen nicht, warum sie Stalin nicht umgebracht haben? Wenn man den Deutschen von damals das alles vorwirft, dann soll man das erst mal selber besser machen. Man muß sich doch nur umgucken: Krieg überall. Die Menschheit lernt nie aus.«
Er schüttelt den Kopf voller Verwunderung über die Grausamkeiten und Verbrechen, die im Namen der Menschheit verübt werden. Er hat nichts Schlechtes getan, hat »kein Gewehr in der Hand gehabt«. Er war lediglich Kurierflieger, flog von Front zu Front. »Es war Krieg, und ich habe meine Pflicht getan, so wie es jeder anständige Soldat auf der Welt tut.« Heinrich M. fühlt sich für absolut nichts schuldig. Und wie soll er auch, wenn er noch nicht einmal die Verbrechen anerkennen kann?
Meine politische Aufklärung ist noch lange nicht vorbei. Ich lerne von Heinrich M., daß Faschismus nun gar nichts mit Nationalsozialismus zu tun hat (»Mussolini, das war Faschismus. Gucken Sie sich den Italiener an«), daß die weltweiten Friedensdemonstrationen von kommunistisch unterwanderten Verbänden organisiert werden (»Moskau bezahlt das doch«), überhaupt, daß sehr viele Mitglieder von Deutschlands politischen Parteien »heimlich das KPD-Parteibuch haben«, daß »der Russe« ein viel größerer Kriegsverbrecher ist als die Deutschen und daß die Deutschen sowieso noch nie einen Krieg angefangen haben.
Heinrich M. ist im Herzen immer noch Soldat. Seine Seele trägt Uniform, und die einzige, die ihr paßt, ist die der Nazi-Zeit; er ist nie aus ihr herausgewachsen. Immer noch verteidigt er Führer und Vaterland. Für ihn ist es kein Wunder, daß Hitler so erfolgreich in andere Länder einmarschieren konnte. Der Adolf, der hatte schon den richtigen Dreh, und Heinrich M. hätte es selbst nicht viel anders gemacht. Er mag keine vorsichtigen Angsthasen und Zweifler.

»Wir hatten ja vor Hitler immer nur Politiker, die sich von ausländischen Politikern einwickeln ließen und zu allem ja und amen sagten, genauso wie sie's heute wieder tun. Dann kam Adolf, der war nur ein kleiner Frontsoldat gewesen, ein Gefreiter und kein General, was ihm ja immer übelgenommen wurde, und hat all den anderen Herren und Staaten mal gehörig die Meinung geblasen. ›Hier, das Rheinland entmilitarisieren, das gibt's nicht mehr‹, hat er gesagt, und das paßte vielen nicht. Der Reagan haut ja auch auf die Pauke und gibt den Russen contra. Können Sie in dem weiten Rußland kontrollieren, wie viele Raketen die stationiert haben?«

Als ich kurz einwerfe, daß der Führer sich vielleicht nicht umgebracht hätte, wenn er geahnt hätte, wieviel Unterstützung ihm von so vielen treuen Volksgenossen bis zum bitteren Ende sicher gewesen wäre, verändert sich sein triumphierender Ausdruck und weicht einem verständnisvollen kleinen Lächeln: »Was macht ein Mensch, wenn er nicht weiterweiß? Andere bringen sich auch um. Dieser Fidibus, der Regisseur da, äh... der Fassbinder, der hat ja Kokain mit Schlafmittel genommen, die Romy Schneider hat sich umgebracht, weil sie so viele Schulden hatte. Es gibt eben Menschen, die sind nach soviel Ruhm nicht mehr Herr der Lage, und nach soviel Mist, der passiert ist, ist es kein Wunder, daß Hitler sich umgebracht hat. Ist auch das richtigste gewesen. Was wäre das für den Russen für eine Propaganda gewesen, den Hitler an der Kette über'n Roten Platz in Moskau zu schleifen!« Der Gedanke allein verursacht ihm eine Gänsehaut.

Daß sich die politische Situation heute geändert hat und die alten Feindbilder an Kraft verlieren, wird Leuten wie Heinrich M. keine großen Schwierigkeiten machen. Seine Art, die Geschichte zu sehen, wird immer neue Verschwörungstheorien produzieren, bevor sie sich selbst in Frage stellt.

Heinrich M. schließt meine Generation allerdings nicht mit

ein in seine Toleranz und Sympathie, die er für ehemalige Mörder und Selbstmörder aufbringt. Wir sind für ihn bedrohliche Anarchisten mit verbogenen Ideen und einem entsetzlichen Lebensstil, der dreckige Turnschuhe (»die müssen auch mal wieder geteert werden, sag ich immer«) und Bärte (»ist doch keine Kunst, sich 'n Bart wachsen zu lassen«) zuläßt, und er ist sicher, daß ein gewisser Herr diesem undisziplinierten Haufen in der entsprechenden Weise schon beigekommen wäre. »Es ist doch heute viel schlimmer. Damals gab's den Arbeitsdienst, den es ja schon in der Weimarer Republik gegeben hat, und das war auch gut, daß die jungen Leute von der Straße kamen und zum Arbeitseinsatz geschickt wurden. Da hat sich keiner totgemacht oder einen Zacken aus der Krone gebrochen, wenn er mal 'ne Schaufel in die Hand genommen hat. Damals bei der Flutkatastrophe in Hamburg habe ich schon gesagt: ›Die jungen Burschen müssen mal ran, die haben genug Kraft.‹ Dafür gehen sie heute auf die Straße und schmeißen mit Pflastersteinen.«
Heinrich M. lehnt sich gelöst in seinen großen, resedagrünen Fernsehsessel zurück. Er fühlt sich wohl. Irgendwie rechnet er mich nicht zu der besagten Gruppe, da ich sauber und adrett aussehe und »nur« eine Frau bin. Er glaubt, daß zuviel Freiheit bloß zu subversivem Verhalten führt, was wiederum unvermeidbar Ungehorsam hervorruft – eine schockierende, unfaßbare Angelegenheit für einen ordnungsliebenden Deutschen wie Heinrich M. »Irgendein Arbeitseinsatz muß sein«, sagt er fest. »Es kann der Bund sein. Kriegsverweigerung [seine Variante von Kriegs*dienst*verweigerung] und diesen Blödsinn gibt's nicht. Jeder junge Mensch hat für sein Vaterland und seine Heimat einzustehen und dafür auch ein bißchen Zeit zu opfern.«
Opfer zu bringen, fällt den Deutschen aus Heinrich M.s Generation nicht schwer. Sie kennen nichts anderes. Sie opferten ihre jungen Leben für einen kriegslüsternen Egomanen, der sie am Ende auch noch als seiner unwürdig verur-

teilte, und für ein System, das keinen Platz für individuelle Träume und Glücklichsein hatte. Heinrich M. machte das Beste daraus. Er fühlt sich als Opfer, aber in anderer Weise. Wie so viele seiner Zeitgenossen fühlt er sich ungerechterweise beschuldigt: »Es ist immer dasselbe. Sagen wir mal, da kommt jemand in mein Wohnzimmer und sieht das Foto, wo ja auch 'ne Hakenkreuzfahne drauf ist, an der Wand [er deutet auf sein Hochzeitsfoto von 1943, das ihn in Uniform zeigt] und denkt gleich, ich muß ein Nazi sein. Was hat das nun damit zu tun?«

Als Vater von zwei Kindern fand er die gleiche einseitige Einstellung innerhalb der Schule, wo – sowenig dort die Vergangenheit zur Sprache kam – die Nazis in den dunkelsten Farben geschildert wurden. »Ich halt mich da raus. Wenn man als Vater meint, daß das Schmäh ist, was der Lehrer sagt, und das Kind sagt im Unterricht: ›Mein Vater hat das und das gesagt‹, dann heißt es gleich: ›Ach, der ist wohl ein ehemaliger Nazi?‹ Wenn einer 'ne andere Ansicht hat und sagt, daß es auch gute Seiten gegeben hat, dann gleich drauf auf den. Das Wort ›Nazi‹ wird immer nur schlecht ausgelegt.«

Als ich ihm vorsichtig nahelege, daß es nicht wirklich überraschend ist, daß das Wort »Nazi« selten als Kompliment benutzt wird, spielt er mit glitzernden Augen seine letzte Karte aus. »Jetzt will ich Ihnen mal was sagen. Was wollen denn die Leute immer von uns? Ich war nicht in der Partei, ich war schon Soldat, bevor ich einundzwanzig war, und durfte daher gar nicht wählen – Soldaten war das nicht erlaubt. Das sag ich doch. Ich hab dem Nazi-Regime nie meine Stimme gegeben und es daher auch niemals unterstützt. Warum können die uns nicht in Ruhe lassen?«

Um sich abzusichern, traf Heinrich M. vor langer Zeit eine weitsichtige Entscheidung: »Im Dritten Reich wurden die Kommunisten und Sozialdemokraten verfolgt; nach dem Zweiten Weltkrieg dann wieder nur die Nazis. Und wenn diese Demokratie zusammenbricht – das kann schnell passieren –, wer wird dann verfolgt? Ich werde nie einer Partei angehören.«

Ein Überlebender aus einem Konzentrationslager ist ein unwillkommener Gast in der von Schuldgefühlen gesäuberten Welt Nachkriegsdeutschlands. Ein totes Opfer der Nazis zu sein ist viel beeindruckender als einer der seltenen Überlebenden und damit ein lebendes Denkmal. »Das letzte, was die hören wollen, ist eine wahre Horrorgeschichte«, sagt Harald S., ein früherer politischer Häftling der Lager Sachsenhausen und Neuengamme, nicht ohne Zynismus. Er fühlte sich von zwei Systemen betrogen und bestraft; die Regierung unter Konrad Adenauer war die schlimmste nach dem Krieg, sagt er. »Die haben nicht nur aufgehört, die Nazi-Verbrecher zu verfolgen. Ich kriegte von denen nie eine Wiedergutmachung oder irgendeine Form von Unterstützung, auch als ich sie am nötigsten brauchte. Da ich ›nur‹ ein politischer Gefangener gewesen war, zählte ich nicht. Das war so, als ob sie sagen würden: ›Das war halt dein eigenes Verschulden, daß du unter Hitler links gewesen bist.‹«
Harald wurde 1914 in Halle geboren, wo er auch aufwuchs. Gebildet, gutaussehend, mit weltmännischem Flair und tadellosen Manieren, arbeitete er als Angestellter in einer Reederei, und abgesehen davon, daß er Mitglied in einer linken Gewerkschaft war, verfügte er über kein ausgeprägtes politisches Bewußtsein. Er stammte aus einer Familie der gehobenen Mittelklasse mit sozialdemokratischer Tradition. Die Nazis wurden von seiner Familie total verachtet, dabei aber nicht wirklich ernstgenommen.
Nachdem Harald sich geweigert hatte, am 1. Mai 1933 an dem von Hitler umbenannten »Tag der Arbeit« teilzunehmen – eine Pflichtveranstaltung für alle arbeitenden Deutschen –, lud ihn die Gestapo zu einem kleinen Besuch ein, ohne daß etwas Außergewöhnliches vorfiel. Trotzdem hielt er es für

besser, nach Leipzig zu verschwinden, wo er dann auch ohne besondere Zwischenfälle in einem gutbezahlten Job bis zum Kriegsanfang am 1. September 1939 arbeitete. Eine schwarze Liste mit dreihundert Namen – darunter auch seiner – brachte die brutale Gestapo dann wieder ins Bild und markierte damit den Anfang eines ununterbrochenen Leidensweges, der bis zum Ende des Krieges dauern sollte.

»Ich wurde festgenommen und man beschuldigte mich ›staatsfeindlicher Äußerungen‹ und ›zersetzender Handlungen gegen den nationalsozialistischen Staat‹. Gott, haben mich die Schweine zusammengeschlagen. Ich erfuhr dann, daß ich die Hakenkreuzfahne beleidigt hatte. Ich parkte meinen BMW in so einer Tiefgarage, über der zufälligerweise auch das Versammlungszimmer der Hitlerjugend lag. Aus dem Fenster ragte die Fahne, die so tief nach unten hing, daß ich sie einmal mit meiner Wagentür einklemmte. Ich sagte zu einem Jungen: ›Klaus, ihr solltet mal die Fahne etwas höher hängen – und waschen könntet ihr die auch mal.‹«

Man spürt die Bitterkeit noch immer, die in ihm aufgekommen war, als er hatte entdecken müssen, daß er tatsächlich mehrfach denunziert worden war. »Die Gestapo hatte eine Liste mit jedem einzelnen Satz, den ich je gesagt hatte, mit Datum und Uhrzeit. Kollegen, Bekannte und sogar meine eigene Stenotypistin waren mir in den Rücken gefallen. Es war niederschmetternd.« Harald, der ein sehr nervöser, rastloser Mann ist, wird noch erregter. Seine Augen schnellen ziellos hin und her, seine Hände sind entweder tief in den Taschen vergraben und spielen mit Schlüsseln oder wischen über den leeren Schreibtisch. Alle paar Minuten springt er auf und durchmißt den Raum mit schnellen Schritten (ich sollte später verstehen, wo diese Motorik ihren Ursprung hatte).

Nachdem er festgenommen worden war, erzählt er stockend, »wurde ich vor das gerade neu errichtete ›Sondergericht‹ gestellt, aber aus Mangel an Beweisen freigesprochen. Draußen vor der Tür wartete bereits die Gestapo mit einem roten

›Schutzhaft‹-Befehl, der von Reinhard Heydrich unterzeichnet war. Ich hatte bereits schlimme Sachen über Dachau und andere KZs gehört, dadurch daß ich manchmal ausländische Zeitungen im Büro lesen konnte, aber die Wirklichkeit, die mir bevorstand, war einfach unvorstellbar.« Sein Gesicht wirkt zunehmend angespannt, als er seine Verwandlung, innerhalb von Stunden, von einem gesunden, selbstbewußten, elegant angezogenen Geschäftsmann zu einem kahlgeschorenen, entmenschlichten, geschlagenen Schatten seiner selbst in gestreifter Kleidung beschreibt. Diese Stunden, in denen die Realität von annehmbarer Normalität zu unvorstellbarem Grauen übersprang, sind in sein Hirn eingraviert wie die Nummern auf den Armen der Häftlinge.

»Mein Ziel war Sachsenhausen. Wir waren fünfundsiebzig Männer in dem Bus – alles durcheinander, von gewöhnlichen Kriminellen, Homosexuellen und Politischen bis zu ein paar Juden. Nachdem wir angekommen waren, schlugen die sehr jungen SS-Wächter brutal und völlig wahllos mit Knüppeln auf uns ein. Dann fragten sie uns, warum wir da wären. Mein Nachbar, der wegen Unzucht mit Minderjährigen angeklagt war, konnte gerade noch sagen: ›Ich mag gerne kleine Mädchen ...‹ Der wurde totgeschlagen, direkt neben mir«, erzählt Harald mit zitternder Stimme.

Der schöne schottische Tweedmantel mit den weißen Noppen, den Harald an diesem Tag trug, wurde zum Symbol des schnellen, grausamen Freiheitsentzugs, der zwischen Sonnenaufgang und Dämmerung geschah. »Ich mußte mich auf den dreckigen Boden werfen, mich hin und her wälzen, wieder aufspringen und Kniebeugen machen, Hände hinterm Kopf verschränkt, das nannte man ›Sachsengruß‹.« Er springt auf und demonstriert den Gruß. »Mein Mantel war hinterher schwarz, und ich meine schwarz.« Danach gab er – zusammen mit seinem Mantel, seinem Füllfederhalter und seiner goldenen Uhr – seine Zivilisiertheit und seine Menschenwürde für die nächsten sechs Jahre an die Nazis ab. Er

lacht ein fast hysterisches Lachen, aber man merkt, es bricht ihm immer noch das Herz.
Verglichen mit dem, was ihn noch erwartete, war der Alltag im Politischen Block fast passabel. Aber nachdem die Oberleitung von der Gestapo seine Akte erhalten hatte, wurde er für drei Monate in die Strafkolonie gesteckt. Das hieß, er war so gut wie tot. »Wir waren zweiundsiebzig Deutsche aus allen Lagerkategorien. Drei SS-Männer bewachten uns Tag und Nacht, indem sie uns die meiste Zeit schlugen. Der Kapo war ein ehemaliger Massenmörder. Wir arbeiteten nicht, hatten aber eine tägliche Todesrate von siebzehn – verhungert oder zu Tode gequält von einer der vielen teuflischen Erfindungen.« Ein beliebter Zeitvertreib der SS bestand darin, Gefangene in kleine Besenkammern einzuschließen, die dann von außen mit nassen Decken zugenagelt wurden. Da kam fast keiner lebend heraus.
Wenn Harald nicht in sinnlose Aktivitäten, »Sport« genannt, eingespannt war – endlose Stunden strammstehen, auf dem Fußboden herumrollen oder im Laufschritt einen Haufen Steine von einer Ecke zur anderen schleppen –, mußte er die Toten zum Krematorium tragen. »Natürlich war da Bürokratie wieder das allerwichtigste. Was zählte, war, daß die Toten registriert wurden. Die Nummern wurden mit Kopierstift auf ihre nackten Bäuche geschrieben. Leserlich.«
1940 konnte ein befreundeter, bessergestellter politischer Gefangener es arrangieren, daß er nach Neuengamme bei Hamburg geschickt wurde, um dort am Aufbau eines neuen KZs mitzuhelfen. »Sie sehen hier einen Mann, der sein eigenes KZ gebaut hat«, sagt er mit beißender Ironie. »Wir arbeiteten Tag und Nacht. Natürlich mußten wir die wichtigsten Grundlagen für ein gutes Konzentrationslager zuerst bauen: den elektrischen Zaun und den Platz für die Appelle.« Seine Schreibmaschinen- und Rechenkenntnisse verhalfen ihm zur Position als Schreibstubenführer – der begehrteste Job, weil man so von der harten Arbeit im Freien befreit wurde. Er

wurde jetzt auch nicht mehr geschlagen und träumte vom Tag der Befreiung. »Ich hatte eine Menge unterdrückten Haß und Zorn, aber ich wollte den nächsten Tag überleben. Das war unsere Philosophie. Widerstand war zwecklos. Die SS-Leute waren Mörder, brutale Schlächter.«

Es war Gestapo-Chef Heinrich Himmlers perverser Sinn fürs Praktische, daß er, um so vielen Häftlingen wie möglich die Illusion eines menschlichen Daseins vorzutäuschen, aktive »Unterhaltung« für sie erdachte. Ab 1942 konnte man dürre gestreifte Gestalten sonntags Fußball spielen sehen, eine Lagerkapelle wurde zusammengestellt, und auch für Sex sollte gesorgt werden – als Belohnung. 1944 zogen zwölf Frauen, meist Polinnen, aus Ravensbrück in das neue Lagerbordell. Man mußte rund drei Wochen auf einer Warteliste stehen und sich das Zusammensein mit einer Frau durch nimmermüde Arbeit und vorbildliches Verhalten verdienen. Viele wollten dem vergleichsweise luxuriösen Bordell einen Besuch abstatten, allerdings nicht wegen des Sex. »Sex war das letzte, von dem wir träumten. Unsere körperliche Kondition war so schlecht, daß wir gar nicht gekonnt hätten. Das Bordell hatte die saubersten und bestgeheizten Räume. Es war einfach nur angenehm, dort für eine Weile zu sitzen.«

Im Mai 1945 floh Harald S. aus Neuengamme, noch bevor es befreit wurde. 50 000 Menschen sind dort in fünf Jahren getötet worden. Es ist erstaunlich, daß ich, als geborene Hamburgerin, bis vor zehn Jahren nie von Neuengamme gehört hatte, nicht in der Schule und auch nicht anderswo. Fünfunddreißig Jahre lang, bis 1981, weigerte sich der Hamburger Senat, auf dem Gelände des zerstörten KZs eine Gedenkstätte zu errichten.

Für Harald S. brachte die Zeit nach dem Krieg weder eine psychologische Wiedergutmachung noch irgendwelche materiellen Kompensationsleistungen; oder Recht und Demokratie. »Die Regierung unter Adenauer behandelte ehemalige Häftlinge wie Dreck. Es ist unglaublich, wieviel Korruption und Unrecht es unter ihm gab. Von 1950 an wurden die meisten Kriegsverbrecher von den Amerikanern und Russen begnadigt und die Prozesse so gut wie ganz eingestellt. Die CDU hatte, und hat immer noch, reichlich ehemalige SS-Männer als Mitglieder. Adenauers Staatssekretär, Hans Globke, war einer der Erfinder der Nürnberger Gesetze, und ein anderer Minister war der Führer einer Einsatzgruppe im Osten. Beide traten schließlich in den sechziger Jahren zurück – ihnen wurde nichts übelgenommen. Die Pensionen, die sie erhielten, waren nicht unerheblich.«

Harald S. hat einen Teilzeitjob bei einer Import-Export-Firma. Wir sitzen in einem großen, unordentlichen Lagerraum, der mit billigem, japanischem Schnickschnack gefüllt ist. Er durchmißt den Raum mit nervösen Schritten, während er sarkastisch die deutsche Justiz beschreibt: »Gott sei Dank hat Richard Bugdalle, der Chef der Strafkompanie in Sachsenhausen, keine Sorgen. Er wurde zu lebenslänglich verurteilt – ich war einer der Hauptzeugen im Prozeß –, aber nach ein paar Jahren wieder freigelassen. Er lebt heute in einem prächtigen staatlichen Altersheim. Die Regierung zahlt die Hälfte der Miete.«

Er selber hat nicht einen Pfennig Wiedergutmachung erhalten, bevor er fünfundsechzig war. Heuchelei und Verlogenheit waren die Norm, als es nach dem Krieg ans große Kassieren ging. »Die Einstufung der politischen Häftlinge erfolgte nach dem Status, den sie drei Jahre vor ihrer Gefangennahme hatten. Was das für die Leute, die sofort 1933 ins KZ kamen, bedeutete, ist offensichtlich: Sie waren 1930 natürlich arbeitslos. Ich hatte Glück, daß ich einen guten Job hatte, bevor sie mich abholten, und daß ich zwanzig Prozent kriegsbeschädigt bin wegen einer verletzten Hand.«

Harald S. erinnert sich an einen deutschen Nachkriegsklassiker, das »Ich war nie für die Nazis«-Syndrom. Als Mitglied des Komitees für politische Gefangene nach 1945 half er, die immer größer werdenden Zahlen der sogenannten Opfer

auszusortieren. »Plötzlich waren alle politische Gefangene gewesen – auch die von der SS«, bemerkt er trocken.
Hat Harald S. mit sich und der Vergangenheit Frieden geschlossen? Er führt eine glückliche Ehe, hat eine starke, engagierte Ehefrau (sie war Häftling im Frauenlager Ravensbrück), erwachsene Kinder und ein finanziell gut gesichertes Auskommen. Zum erstenmal in unserer dreistündigen Unterhaltung sieht mich Harald S. direkt an, blickt dann wieder weg und macht ein betrübtes Gesicht, das die darunter versteckte Wut und Enttäuschung verdecken soll. »Wir hatten gehofft, daß die Nazis nach dem Krieg ausgemerzt würden. Das Gegenteil ist der Fall. Was weiß ich, wer mein Nachbar ist und mit wem ich im Fahrstuhl fahre?« Als Ehrenmitglied der Vereinigung Neuengamme führt er Schulklassen und andere Gruppen durch sein altes Konzentrationslager. »Die jungen Leute zeigen großes Interesse«, sagt er, »aber irgendwie ist das doch unvorstellbar für sie. Wenn ich ihnen die Fotos mit den Leichenbergen und den ausgemergelten Menschen zeige, erkläre ich ihnen: ›Das sind keine gestellten Fotos und keine Erfindungen, das ist passiert, das ist echt . . .‹«

»Die Vergangenheit ist vorbei«, sagt Walter L., ein ehemaliges Mitglied der NSDAP und der Waffen-SS und der frühere Chefredakteur einer Frontzeitung im besetzten Reval. »Es muß mal Schluß damit sein. Ich kann da nichts dran ändern, und ich fühle mich auch nicht verantwortlich.«
Aber Walter L. wirkt alles andere als locker. Er hat nicht diese ungeschliffene Frechheit von Heinrich M., sondern würde das ganze Kapitel am liebsten aus seinem Gedächtnis streichen. Aber da er dem Gespräch zugestimmt hat, hat er sich auch darauf vorbereitet. Ein Karton mit Fotos, die er während der Nazi-Zeit gemacht hat, Zeitungsausschnitte und sogar sein Entnazifizierungsschein erwarten mich, und er ist begierig, mir die Memorabilien zu erklären.
Das deutsche Wohnzimmer ist eine Institution. Freude und

Pflicht sind auf wenig originelle Weise miteinander kombiniert: Fernsehapparat und Fernsehsessel, eine Couch mit Kissen unter einem schwerwiegenden Ölgemälde. An der Wand Farbfotos von Frau, Kindern und Enkelkindern und in den Bücherregalen eine bunte Mischung von Heinrich Böll bis Albert Speer. Eine kleine Nische ist speziell der unglücklichen Stunde des deutschen Widerstandes gewidmet – Bücher über das mißlungene Attentat auf Hitler und die Helden, die dafür getötet wurden, daß sie's versuchten.
Walter L. ist ein großer, schlanker, nüchtern dreinblickender Mann. Sein dunkelblondes Haar ist ordentlich zurückgekämmt, eine goldgeränderte Brille sitzt über ungewiß blikkenden Augen. Er hat ein freundliches, aber unsicheres Lächeln; er weiß nicht so recht, ob es wirklich eine gute Idee ist, über Dinge zu sprechen, »die schon so weit zurückliegen und fast vergessen sind« – und noch dazu mit jemandem, der nicht dabei war. Aber wir sind ja fast Kollegen.
1913 in Pommern geboren, arbeitete er als Redakteur und Journalist in Frankfurt am Main, bevor er 1941 dazu ausersehen wurde, im besetzten Estland ein neues Frontblatt für die deutsche Wehrmacht aufzubauen. Er zeigt mir eine vergilbte Ausgabe seiner Zeitung, die er vier Jahre lang fast ganz allein zusammenstellte. Es war eine wunderbare, aufregende Zeit für ihn: abenteuerlich, herausfordernd und gefährlich. Er hält die Titelseite hoch, die gefüllt ist mit den üblichen Meldungen aus dem Reich: ein Sieg nach dem anderen . . . ein triumphierend aussehender Führer . . . wunderbar, Sieg Heil . . . Wir haben soeben Rußland angegriffen. Kolumne um Kolumne ist gefüllt mit der bösartigen, pompösen Propaganda aus dem Kopf von Reichsminister Goebbels. Besonders unerträglich in ihrem Zynismus sind die zahllosen Todesanzeigen oder vielmehr »Dankeschön«-Notizen von huldvollen Eltern, die sich »geehrt fühlen, daß ihr Sohn dem Führer sein Leben schenken durfte«.
Walter L. stört es nicht besonders, daß er niemals dem Ideal

des Journalismus nahekam, die Wahrheit zu schreiben. »Ich liebte die Kreativität und die Verantwortung, und ich war froh, daß ich nicht an der Front kämpfen mußte«, sagt er. Die täglichen Parolen kamen aus Berlin, aber er führte nicht nur die Befehle seines Chefs zu dessen Zufriedenheit und mit großer Beflissenheit aus, sondern sie stimmten vollkommen mit seinen eigenen Überzeugungen überein.

Walter L. trat schon 1932 in die Partei und die Waffen-SS ein. Seine Eltern und er glaubten an die neue nationalsozialistische Bewegung und unterstützten sie. »Hitler war faszinierend, und Deutschlands wirtschaftlicher, politischer und kultureller Aufstieg war fantastisch«, schwärmt er. »Die Olympiade 1936 war spektakulär, und die ganze Welt dachte das gleiche. Keiner hat eingegriffen, als Hitler Europa angriff.«

Wie die meisten alten Deutschen, so fühlt auch Walter L. eine gewisse Ambivalenz gegenüber dem Führer, weil es schwerfällt, ihn so zu verdammen, wie die Welt es wünscht. Der war nämlich eigentlich ein toller Kerl, mit den richtigen Ideen zu Jugend, Kunst, Wirtschaft, Religion, Erziehung und Philosophie. »Hitler war dadurch sympathisch, daß er schlicht blieb, während Göring immer mit tausend Orden an seiner Operettenuniform behängt war. Ich glaube, Hitler hatte die besten Intentionen«, sagt Walter L.

»Als Soldat wußte man überhaupt nichts. Wissen Sie, was sich unsere Regierung heute für uns ausgedacht hat? Ist doch die gleiche Situation wie vor dem Zweiten Weltkrieg. Es kann wiederholt werden, auf andere Weise natürlich. Ein Verrückter wird den Knopf drücken, und es wird Ihre Generation sein, falls noch jemand am Leben ist, die gefragt werden wird: ›Habt ihr das nicht kommen sehen? Konntet ihr das nicht stoppen?‹« Oh, diese Widersprüche. Zwischen seinen unzusammenhängenden, einfältigen und oftmals offensiven Antworten kommt er manchmal mit guten Fragen.

»Ich war ja Kriegsgefangener bei den Amerikanern, und wir wurden im ehemaligen KZ Flossenburg im Fichtelgebirge festgehalten und hatten da ja die Gaskammern gesehen [es gab in Flossenburg keine Gaskammern], deshalb weiß ich, daß das stimmt. Die Amerikaner hatten auch Bilder von Dachau und Auschwitz. Daß sich Menschen dazu hergegeben haben, so was zu machen ... Ich erinnere mich ganz genau an den 6. August 1945, denn da kam der Sergeant an – der war aus Oklahoma – und sagte ganz stolz: ›*We dropped the atomic bomb.*‹ Wer hat nun die Verantwortung für diese beiden Atombomben über Hiroshima und Nagasaki?«

Walter L. ist pensioniert, schreibt aber immer noch Artikel für Lokalzeitungen. Er genießt die übriggebliebenen Fragmente *deutscher* Kultur, wann immer er kann. Was nicht mehr so oft vorkommt wie früher, da Fernsehen, Radio, Magazine, praktisch alles, mit ausländischen »Elementen« infiltriert ist. Er blickt wehmütig auf die Zeit zurück, als die Kultur von »undeutschen Elementen« frei war, als Bücher verbrannt und »dekadente« Kunst verboten wurden und als Goebbels den Standard für all die fürchterlichen kulturellen Vergewaltigungen höchstpersönlich bestimmte. Es ist pure Fiktion, sich vorzustellen, die Verunglimpfung und die Zerstörung der »un-deutschen« Elemente in sämtlichen Kulturbereichen hätten einen entsetzten Aufschrei des Volks provoziert.

»Ich hab gar nicht gemerkt, daß so viele Dinge verboten waren«, gesteht Walter L. treuherzig. »Ich hab die nicht vermißt. Ganz schlicht gesagt, gefiel mir, daß das mit den englischen Liedern, mit denen wir heute wieder überschwemmt werden, aufhörte. Sie kriegen ja schon morgens ›White Christmas‹ vorgespielt. Können die das nicht mal an deutschen Weihnachten weglassen? Mir gefiel Jazz nicht, mir gefiel die ›Dreigroschenoper‹ nicht, und ich war froh, daß diese dekadenten Theaterstücke mal ein Ende nahmen. Für die sogenannte entartete Kunst habe ich heute noch nichts übrig. Ich fand das Verbot in Ordnung. Das paßte wirklich nicht rein. Ich kann mit einem Picasso nichts anfangen, wo die Frau ihren Busen an der Hacke hat und solche Dinge.«

Er lacht herzlich, als er sich an eine amüsante Episode erinnert. »Mein Vater hatte ja eine Glaserei, und ein großer Teil seiner Kunden waren Juden. Und die kamen mit dieser ›Kunst‹ an. Da sagte mein Vater dann mal: ›Wenn du Aufträge zum Einrahmen annimmst, frag bloß, wo die Öse hinsoll.‹ Da haben wir dann überlegt, wie rum denn nun das Ding gehörte.« Er schmunzelte immer noch, als er hinzufügte: »Ich selber konnte ja sehr gut zeichnen.«
Die Deutschen mögen weder mit ihrer Vergangenheit ins reine gekommen sein noch die Komplexität der damaligen Geschehnisse begriffen haben, doch zumindest mit einer Sache scheinen sie ihren Frieden geschlossen zu haben: daß sie Deutsche sind, unverändert, ohne sich dafür zu schämen. Sie sind ihrem – selbst proklamierten – nationalen Volkscharakter treugeblieben und verstehen nur selten den psychologischen Zusammenhang zwischen sich, dem, was passiert ist, und warum es passiert ist.
»Ja, wir sind gehorsam und gehorchen der Autorität«, gesteht Walter L. ein, »aber das tun Menschen überall in der Welt. Die, die Befehle ausführen, sind unschuldig. Wenn ich heute in der Bundeswehr bin, muß ich, wenn ich an der Waffe ausgebildet werde, damit rechnen, daß ich nicht nur auf Pappkameraden schieße. Es gibt nichts anderes, als Befehle auszuführen. Man ist leider ein Stück Herdenvieh.«
Er hat seine eigene Theorie zur Feindseligkeit den Deutschen gegenüber, die er gleich nach dem Krieg in den ehemals besetzten Ländern und heute noch immer von überall spürt – Neid. »Wir werden nicht gemocht, weil wir fleißige, gründliche und fähige Leute sind. Wir sind allerdings auch arrogant. Das ist typisch deutsch. Aber uns gönnen sie ja nichts. Doch wir sind ein notwendiges Übel, denn ohne uns kommen sie nicht klar, weil wir überall mit vorneweg sind.« Aber Walter L. strahlt kein besonderes Selbstvertrauen aus. Er hört sich eher hilf- und hoffnungslos an. Trotzdem, seine robuste teutonische Persönlichkeit triumphiert über die zaghaften Schat-

ten des Zweifels. Ist Walter L. ein typischer Deutscher? Na, das ist ja fast schon eine Beleidigung, aber sein guter Humor kehrt gleich zurück, und er lacht vergebend: »Nein, nein. Ich bin nicht typisch deutsch. Ich bin tolerant.«
Die andere Seite von Toleranz ist Blindheit und Schweigen. Wer soll zur Rechenschaft gezogen werden, und wer sind die Schuldigen? »Diejenigen, die das verursacht und verantwortet haben, sind schuldig und sind auch dafür bestraft worden. Ich fühle mich überhaupt nicht schuldig und habe auch kein schlechtes Gewissen. Es gibt keine Kollektivschuld. Menschen, die Befehle ausführen, sind unschuldig.« Es ist nicht einfach, mit einem Deutschen die nebulöse Identität derer, »die wirklich schuldig« waren, auszumachen. Walter L. fühlt sich in die Ecke gedrängt: »Die SS-Elitetruppen haben sich dazu hergegeben. Da ist der ganze Sadismus im Menschen hochgekommen und auch gezüchtet worden.«
Die Weimarer Republik gilt als schuldig für Hitlers kometenhaften Aufstieg zur Macht. Es gab keine Friedens- oder Antikriegsbewegung vor und zwischen den beiden Weltkriegen. Krieg war ein natürlicher Teil des Lebens. Der Einfluß, den Eltern, Erziehung und Milieu während des Ersten Weltkriegs und der Weimarer Jahre auf die Deutschen genommen haben, wird meist immer noch nicht verstanden, sondern zu vagen, friedvollen und angenehmen Erinnerungen verdichtet: »Mein Vater erzählte uns keine schrecklichen Geschichten über den Ersten Weltkrieg, als ich klein war«, sagt Walter L. »Im Gegenteil, er erzählte uns nur lustige Geschichten.« Aber es muß doch auch Trauriges dabeigewesen sein bei soviel Zerstörung und Tod. »Nein, wieso? Es gab auch gar keine Veranlassung, so was zu erzählen. Über Krieg wurde in meiner Familie und meinem Bekanntenkreis nicht geredet – nicht damals und nicht jetzt«, erklärt er fest. Seine Heiterkeit ist schon lange verschwunden. Der Blick zurück ist alles andere als angenehm. »Ich mache mir über die Gegenwart und die Zukunft Sorgen. Mir gefällt vieles nicht. Ich weiß

doch nicht, was die Regierung mit uns Rentnern vorhat. Ich bin enttäuscht von dem, was uns heute als Demokratie vorgeführt wird. Ich verstehe auch nicht, warum so viele unschuldige Menschen heute noch sterben müssen. Nehmen Sie den Libanon ... Uns wird der Krieg durchs Fernsehen ja ständig ins Haus getragen. Und der heutige Terrorismus in Deutschland, den erwähnen Sie gar nicht. Die Vergangenheit ist weg. Das ist vorbei. Die Politiker in der ganzen Welt haben daraus nichts gelernt.«

Walter L. weist jede Verantwortung dafür, daß er seine beiden Töchter (1947 und 1952 geboren) wahrheitsgetreu über die Nazi-Vergangenheit hätte aufklären müssen, weit von sich. »Wozu? Das führt eher zu einem Herausstellen als Held oder sonstwas. Ich hatte einen Kollegen, wo ich arbeitete, der war Oberleutnant im Krieg gewesen. Ich kannte seine Kriegserlebnisse von vorne bis hinten. Was der für ein Held war!«

Die seltsame Logik, die besagt, daß ein Vater keine andere Möglichkeit der Auseinandersetzung mit der Vergangenheit hat als den Krieg zu glorifizieren, ist nicht gleich klar, aber Walter L. fühlt sich attackiert und wird eine Spur schroff. »Es stand überhaupt nicht zur Diskussion. Davon abgesehen, haben meine Kinder nie gefragt.«

Kein Wunder, daß es seine Kinder schnell aufgaben zu fragen. »Sicherlich haben Kinder ein Recht zu fragen. Aber habe ich die Pflicht, ihnen etwas zu erzählen? Soll ich ihnen die Greuel schildern? Zwölftausend erschossene Offiziere in Katyn und diese ganzen Dinger?« fragt er pikiert. »Unser Recht war es, neu anzufangen und die Vergangenheit zu vergessen.« Seine Position machte mich wütend, denn nichts entschuldigt dieses verantwortungslose Versagen der Mehrzahl der Eltern, die uns in dieses Vakuum hineingeboren haben und jetzt von uns erwarten, daß wir es selbst auffüllen. Allerdings teilt meine Generation einen Verlust mit Walter L.: »Ich fühle keinerlei starke nationale Identität mehr«, meint er, »nichts, wo ich mich engagieren möchte. Wir ersticken doch

in Waffen, und ich fürchte, daß die eines Tages auch benutzt werden.«
Walter L. versichert mir schnell, nach soviel ernsten Überlegungen, daß die Vergangenheit keinerlei Dämonen für ihn mehr bereithält – bis auf die schrecklichen Alpträume, die er immer noch hat und in denen »krachende Bomben, Sirenen und Feuerstürme« ihr Unwesen treiben. Aber es bedürfte schon eines stärkeren Geschützes als nur ein paar fürchterlicher Träume, um einen deutschen Kriegsüberlebenden zu erschrecken. »Ach, das ist nichts Ernstes«, meint er beschwichtigend. »Ich komme immer unverletzt davon.«

Als ich den 1912 in Berlin geborenen und 1990 leider verstorbenen jüdischen Autor Werner Lansburgh zum erstenmal traf, las er aus seinem Buch »Dear Doosie«, einer englisch-deutschen Sammlung von treffsicheren satirischen Reflexionen über sein jüdisch-deutsch-schwedisches Leben. Er hatte Glück gehabt und war den Gaskammern und Quälereien entkommen. 1933 emigrierte er als einundzwanzigjähriger Student zuerst nach Spanien, wo er die Loyalisten im spanischen Bürgerkrieg unterstützte, und dann nach Schweden, wo er fünfundvierzig Jahre lang blieb, fern von dem Land, das er immer noch liebte – wenn auch nicht ohne Zwiespälte. Seine Versuche, nach Deutschland zurückzukehren, schlugen zunächst fehl, da er unterbewußt Angst davor hatte und da er obendrein – vielleicht auch deshalb – keinen Job finden konnte: Seit 1979 lebte er dann wieder in Hamburg und fühlte sich glücklicher als je zuvor, weil der Erfolg seiner Bücher ihm endgültig den Abschied vom ungeliebten Schweden ermöglichte – wo ihn die Sehnsucht nach Deutschland nicht verließ. Sehnsucht nach Deutschland? Wie kann jemand Heimweh nach einem Land haben, in dem die »Endlösung« erdacht wurde und in dem noch immer etliche der Mörder unbehelligt wohnen? Wie nur kann er seinen Zeitgenossen trauen? Werner Lansburghs Antwort ist so überraschend wie bewegend: »Auch ich bin ein Deutscher. Und wenn es so etwas wie Kollektivschuld gibt, dann nehme ich daran teil. Wer weiß, vielleicht wäre ich ein Nazi geworden, wenn ich als Arier in Deutschland geblieben wäre.«

Wir sitzen in Werner Lansburghs Altbauwohnung, deren heimelige Atmosphäre eine willkommene Abweichung von den üblichen, häßlich-kalten Vorortheimen der Wirtschaftswunderjahre darstellt. Dieser zierliche, alerte Mann mit dem üppigen weißen Haar kennt sich aus mit Konflikten. »Ich komme immer wieder darauf zurück. Es ist schon so, wie Goethes ›Faust‹ sagte: ›Zwei Seelen wohnen, ach, in meiner Brust.‹ Thomas Mann schrieb einmal einen Artikel, der ›Bruder Hitler‹ hieß. Ich war doch auch nicht anders als alle anderen Leute; ich identifiziere mich ein bißchen mit dem Volk. Ich verließ ein verbittertes und daher gefühlsrohes Land, und ich war Teil dieser ›Unzivilisation‹.«

Werner Lansburgh kommt aus einer typischen gebildeten, assimilierten Berliner Familie. Mit viel Wärme beschreibt er seinen Vater, den er sehr liebte, einen bekannten Professor für Ökonomie – ein »rechtsliberaler, sehr kritischer, doch konservativer« Mann, der unter den Nazis schwer zu kämpfen hatte. Werner, ein talentierter ambitionierter Student, bewegte sich in den linken Intellektuellen- und Künstlerkreisen von Berlin, nahm aber politisch kaum Stellung, da er »mehr zum Künstlerischen tendierte. Ich war ein getaufter, sehr assimilierter Jude, und meine Freunde und ich wollten in erster Linie Deutsche sein, Europäer, nicht Juden – im Gegenteil. Juden waren sehr oft Nationalisten und sehr patriotisch.«

Vater Lansburgh spürte die alarmierenden Vorzeichen sehr früh und ordnete sie richtig ein. »Junge, du mußt raus, das kann böse enden. Wir Alten, wir können nicht mehr weg«, sagte er 1933 und drängte seinen Sohn, Deutschland zu verlassen. Er selbst nahm sich 1937 das Leben, nachdem er gezwungen worden war, seine Professur aufzugeben. Werner, dessen eigentliches Ziel England oder Amerika war, landete auf seiner Suche nach einer Ersatz-Heimat 1939 in Schweden. Noch im selben Jahr konnte er seine Mutter nachholen und sogar noch 1944 seine Schwester, der es gelungen war, in Berlin unterzutauchen. Tragischerweise nahm sich die Schwester zehn Jahre später das Leben.

Es ist für eine Menge Leute, mich mit meinem Nachkriegsunverständnis eingeschlossen, schwer zu verstehen, warum die Juden nicht schon vor solchen brutalen Aktionen wie der Kristallnacht im November 1938 alarmiert waren. Die erniedrigenden Einschränkungen hatten doch schon 1933 angefangen, mit dem Ausschluß der Juden aus öffentlichen Ämtern, Schulen und Universitäten, Theatern und journalistischen Berufen, gefolgt von den noch repressiveren Nürnberger Gesetzen 1935. Doch das ist für Werner Lansburgh keine Überraschung.

»Bis 1938 dachten die meisten Juden noch, daß man in Deutschland leben könnte. Die Nazis wollten anfangs nicht zu hart durchgreifen, um die Masse der deutschen Bürger nicht zu verschrecken. Wie es mit der Geschichte so ist, wird das im nachhinein perspektivisch verkürzt, aber die Nazis schnürten das ganz langsam zu. Die Schikanen waren zwar recht offensichtlich, aber die Juden wollten nicht glauben, daß sich ihre dunkelsten Ahnungen erfüllen könnten, und waren sicher, daß der Spuk bald vorbei sein würde.«

Werner Lansburgh gibt den Lebensbedingungen in der Weimarer Republik die Schuld für den überwältigenden Erfolg, den die Nazis mit ihrer antisemitischen Propaganda hatten. Die Öffentlichkeit war so anfällig für derartige Parolen, »weil die Deutschen ein verbittertes Volk waren, das einen Sündenbock brauchte«. Die Juden eigneten sich hervorragend dafür, »und das war unser Unglück. Die Juden konnten alles, hatten auf allen Ebenen Wendigkeit und Intellektualität entwickelt, waren immer noch nicht richtig ›mitbürgerlich‹, hatten aber dadurch auch notgedrungen ein leicht schmarotzerhaftes Benehmen, das sehr vordergründig wirkte und bei mir als Jude früher einen gewissen Komplex des Parasitentums auslöste. Außerdem hatten sie Geld und besaßen Banken. Es waren vor allem die vielen Einwanderer aus dem Osten, die mit ein paar Zlotys in der Hochinflation ganze Straßenzüge kaufen konnten, die sehr viel böses Blut verbreiteten. Und sie fielen auf. Die Junker und Rüstungsindustriellen sah man nicht, die saßen auf ihren Schlössern, aber diese kleinen Juden, die in einer kranken Gesellschaft oben schwammen, stachen heraus. In einer gesunden Gesellschaft wäre Hitler nichts geworden.«

Noch gefährlicher waren die linken jüdischen Intellektuellen. »Damit waren die deutschen Bürger überfordert, auch schon mit Tucholsky«, lacht Werner Lansburgh. »Der Deutsche ist reaktionär, da muß man vorsichtig sein und darf ihn nicht provozieren. Aber die linksradikalen jüdischen Intellektuellen taten natürlich genau das.« Das ergab eine Situation, in der Hitlers Talente besonders zur Geltung kamen. »Seine phänomenale Wirkung basierte ja darauf, daß er – mit einiger Übertreibung – den Typus des Kleinbürgers verkörperte.« Für Werner war das Wort Nationalsozialismus einfach genial. »In dieses frustrierte und wütende Deutschland kommt ein Mann, der auf allen Instrumenten gleichzeitig spielt. Für den Arbeiter bietet er eine einfältige Version des Anti-Kapitalismus, aber so, daß die Krupps und Thyssens sich auch daran beteiligen können. Dann, für die Kleingeister, eine primitive Art des Anti-Intellektualismus und dann noch was Schönes für die Bauern: ›Blut und Boden‹. Schließlich ›Zurück zur Natur‹, Jugendbewegung und Wandervögel, gekoppelt mit einem Anti-Stadt-Gefühl, denn der Jude verkörperte die Stadt und den Handel.«

Hitlers demagogische Wirkung auf die Deutschen war zwar nicht überraschend für Werner Lansburgh, aber durch seinen Antisemitismus war Hitler für ihn so gebrandmarkt, daß er ihn als Randfigur und Zirkusnummer beiseite schob. »Wie viele andere auch, habe ich ihn nicht ernstgenommen. Er war ja schon einige Zeit da. Ich bin mit Hitler sozusagen aufgewachsen und sah ihn als typischen Vertreter deutscher Roheit und Brutalität. Er war ein ganz normaler Deutscher«, sagt Werner und zuckt mit den Schultern. Gab es denn sogar Juden, die für Hitler waren? »Es gab so etwas wie jüdische Preußen oder jüdische Antisemiten, und es gab auch jüdische Nazi-Sympathisanten, die wir ›Raus-mit-uns-Juden‹ nannten.«

Die mörderische Realität, die sich so lange hinter der siegreichen Fassade des Dritten Reiches verbergen konnte, überstieg alle Vorstellungskraft. »Ich arbeitete im letzten Kriegsjahr in der englischen Gesandtschaft in Stockholm, und da sickerten dann die Berichte durch. Als wir das erste Mal von Massenvergasungen hörten, wollten wir es alle nicht glauben. Selbst als es Fotos gab und Augenzeugenberichte von Überlebenden, war man noch skeptisch. Man konnte es nicht für möglich halten. Selbst die Juden, die schon in die Viehwagen gestopft wurden, glaubten nicht daran.« Nach dem Krieg, als es keine Zweifel mehr an der furchtbaren Wahrheit gab, kam Werner Lansburgh eine erschreckende Erinnerung.

»Als ich sah und hörte, was in den KZs passierte, wurde mir klar, was ich als kleiner Junge instinktiv gespürt hatte. In der Weimarer Republik wurde Turnen zum Hauptfach gemacht – Hitler übernahm ja schon wehrtüchtige Jugendliche –, und ich haßte es. Da habe ich immer gestört, die Turngeräte umgeschmissen und nachts oft ganz wilde Träume gehabt, in denen Leute geschlachtet wurden. In diesen archetypischen Träumen bewahrheitete sich für mich diese ganze deutsche sensuelle Vulgarität; da war irgend etwas in Erfüllung gegangen.«

Nach dem Krieg, als die Deutschen aus ihrem Alptraum aufwachten und wieder anfingen zu leben, wo haben sie da ihre Erinnerungen untergebracht? Vermochten sie sich tatsächlich zu ändern?

»Wenn man den Ton von damals mit dem Ton von heute vergleicht, dann hat sich etwas verändert. Man fragt sich aber auch: Ist das nun Tünche oder nicht? Wenn man da lange kratzt, kommt dann die alte Farbe wieder durch? Zwei, drei Generationen im Frieden könnten allerdings festigen, was jetzt wie Tünche erscheint. Die Deutschen müssen zivilisiert werden, vielleicht kann ich dazu beitragen. Wo nicht gebrüllt wird und keine Türen geknallt werden, da kann es auch keine Gaskammern geben.«

Ich bewundere Werner Lansburgh für seinen Mut, nach Deutschland zurückzukommen, und für seine Bereitschaft, zu glauben und zu hoffen. Er lacht: »In einem meiner Bücher, ›Schloß Buchenwald‹, da steht das Motto: ›...denn Deutschland ist das beste Land für jeden, der kein besseres fand.‹ Ich habe kein besseres gefunden.« Das glückliche Ende seines Exils teilt er nicht mit vielen seiner Leidensgenossen, denn andere deutsche Autoren vermochten ihre sprachliche Heimatlosigkeit nur mit Selbstmord zu beenden. »Für mich hat das Exil eigentlich erst nach dem Dritten Reich angefangen. Solange Hitler da war, hatte man noch eine Chance, denn es herrschte ein Ausnahmezustand. Man war einfach ein Deutscher im Ausland, so wie Alfred Kerr, Thomas Mann, Stefan Zweig, Kurt Tucholsky, und fühlte sich noch zur deutschen Sprache und zur deutschen Kultur zugehörig. Erst nach Hitler, mit einer Gruppe 47, die sich bemühte, uns draußenzuhalten, fühlte man, daß einem die Sprache entglitt. Ich lebte fünfundzwanzig Jahre in Schweden, schrieb drei Bücher auf schwedisch, hatte Selbstmordgedanken, weil das Exil zu einer äußeren und inneren Arbeitslosigkeit geführt hatte. Ich versuchte, mich zurückzuschreiben, und litt sehr darunter, daß ich nicht mehr den Bezugsrahmen und die notwendige Sprachgewalt hatte. Ich hatte Glück, daß ich schließlich doch noch an den deutschen Leser herankommen konnte.«

Das Gespräch mit Werner Lansburgh löste sehr verwirrende

und bedrückende Gefühle in mir aus. Er war der erste deutsche Jude, den ich als solchen kennengelernt hatte. Juden waren selten in Deutschland – sie waren geflüchtet oder umgebracht worden. Ein deutscher Jude schien mir so etwas wie ein ideologischer und psychologischer Widerspruch zu sein. So als wenn er Täter und Opfer in einer Person wäre. Mir wurde auch klar, daß Werner Lansburgh und ich mit den gleichen Konflikten kämpften. Wir mißtrauten den Deutschen, obwohl wir selbst Deutsche waren. Mein Mißtrauen basierte auf geschichtlichen Daten, seins auf der eigenen Lebenserfahrung. Er hatte sehr zu leiden gehabt, aber drückte sehr viel weniger Wut aus als ich, die ich, verglichen mit ihm, ein sorgloses Leben geführt hatte. Werden Menschen durch Schmerz und Ungerechtigkeit großzügiger und können leichter vergeben? Den Deutschen nicht zu trauen hieß, mir selbst nicht zu trauen, es sei denn, ich würde an Veränderung und an die Kraft glauben, seine eigenen Werte und Überzeugungen zu formen. Ironischerweise war Werner Lansburgh einer von nur zwei Menschen, mit denen ich gesprochen hatte und die sich über persönliche Schuld und Kollektivschuld wirklich Gedanken gemacht hatten. Zu letzterer bekannte er sich.

Auch nachdem ich einige Monate in Deutschland herumgereist war und – unter anderem – mit vielen alten deutschen Vätern gesprochen hatte, blieben meine Gefühle in verschiedenster Hinsicht zwiespältig. Bis auf wenige Ausnahmen hatte ich tatsächlich die Art Leute getroffen, auf die ich vorbereitet gewesen war – störrische, besserwisserische, widerstandsfähige Relikte mit viel Ausdauer und wenig Mitgefühl. Oft verblüfften sie mich mit ihrem unnachahmlichen, unfreiwilligen Humor, vorgetragen mit todernstem Gesicht, einem »hitlerischen« Sprachgebrauch und einer rhetorischen Dreistigkeit, zu der nur hartgesottene Wehrmachts-Veteranen fähig sein können. Trotzdem, ihr eiserner Wille und die Entschlossenheit, um jeden Preis zu überleben, wieder neu anzufangen und dem Leben unerschrocken entgegenzutreten – der Vergangenheit zum Trotz –, zwang mir Respekt ab. Wer wollte sie schon beneiden? Vor, während und nach dem Ersten Weltkrieg geboren, waren sie eine Vor- und Nachkriegsgeneration in einem; Kinder der bewegten Weimarer Republik, die langsam zu Anhängern und Bürgern des Dritten Reiches heranwuchsen. Der Luxus der freien Entscheidung war ihnen fremd. Die besten Jahre ihres Lebens wurden vergeudet und einem Diktator geopfert.

Und doch verteidigen sie heute eine Zeit, die ihnen letztendlich nur Schmerz und Verlust einbrachte. Sie lehnen es ab, sich betrogen zu fühlen, weil es sie zu Narren und bloßen Werkzeugen machen würde. Sie weisen Verantwortung zurück, weil es sie schuldig machen würde.

Nichts mehr von einer zwölf Jahre langen Zeit zum Vorzeigen übrig zu haben außer Kriegsverletzungen, ein paar nicht präsentierbaren Orden und einem Schuhkarton staubiger Fotos mit lächelnden Gesichtern unter Hakenkreuzfahnen, die nie an der Wand von Kindern und Enkeln hängen werden, ist eine deprimierende Belohnung. Nein, das waren nicht die siegreichen Jahre. Eine Nation marschierte ganz einfach über ihre legendären kulturellen und humanistischen Leistungen hinweg und hinterließ als Anlaß zum Feiern lediglich den Volkswagen und die Autobahnen.

Als ich auf einer dieser berühmten Straßen zum Flughafen fuhr, um nach Amerika zurückzukehren, ließ ich ein unfertiges Puzzlespiel hinter mir. Der Detektiv in mir wußte, daß dieser Fall jetzt nicht gelöst werden konnte. Und wahrscheinlich auch in aller Zukunft nicht.

9
Rosa Hasenschuhe

Wie fing es bloß an? Wie fangen Liebesaffären denn an? Ein Blick auf etwas Unergründliches und doch sehnsüchtig Begehrtes, das einem den Atem nimmt. Ich glaube immer noch, daß es die rosa Hasenschuhe waren, weshalb ich mich in Amerika verliebte. »Rosa Hasenschuhe?« kommt die verwirrte Antwort, und wieder erzähle ich – immer noch mit gewissem Stolz – von unseren Paketen aus Amerika. Diese schweren, mehrfach mit braunem Packpapier eingeschlagenen Pakete aus dem weit entfernten Traumland, die meistens wegen der stürmischen Reise auf einem Frachter zerrissen bei uns ankamen, haben meine Kindheit fast so sehr geprägt wie die Krüppel im eigenen Land.

Was auch immer meine unschätzbaren litauisch-amerikanischen Tanten schickten, gebraucht oder neu, zum Anziehen oder Essen, jeder noch so kleine Gegenstand war ein kostbares Geschenk, ein Hoffnungsstrahl für ein Kind, das in einem Land zerbrochenen Glaubens und zerschlissener Kleidung lebte. Doch mehr als nur materielle Schätze waren sie eine Gabe, die es mir ermöglichte, mich als etwas Besonderes zu fühlen. Ein Land, das von so großzügigen Menschen bewohnt wurde, die herrliche Geschenke an zwei kleine deutsche Mädchen schickten, die sie nicht einmal kannten, das mußte ein Paradies sein.

Jahrzehnte später, 1982, sah ich eine dieser Tanten zum ersten- und zum letztenmal, zusammen mit meiner Mutter, die mich in Amerika besuchte. Endlich traf ich eine der ausschlaggebenden und doch immer irgendwie anonym gebliebenen Verbindungen zu meiner Wahlheimat und war sehr traurig, als ich feststellen mußte, daß sie senil und hochbetagt war. Sie war eine Schwester des Vaters meiner Mutter und als junge Frau in den zwanziger Jahren nach Amerika ausgewandert. Wir versuchten ihr wiederholt zu erklären, wer wir waren – ich auf englisch und meine Mutter auf litauisch –, aber Tante Barbara behielt den fernen Ausdruck in den Augen und fing an, scheinbar sinnloses Zeug in ihrer Muttersprache zu plappern. Ich war den Tränen nahe, weil ich ihr nicht meine späte Dankbarkeit dafür zeigen konnte, daß sie einen gut verdienenden Angestellten und keinen Hotdog-Verkäufer geheiratet hatte und so all die Pakete nach Deutschland schicken konnte. Es war eine bewegende Begegnung für mich. Drei Generationen aus zwei Ländern, alle von ihnen Immigranten, die auf zwei verschiedenen Kontinenten wohnten, saßen zusammen in einem bescheidenen Häuschen in Connecticut und versuchten Litauen, Deutschland und Amerika irgendwie unter einen Hut zu bringen.

Tante Barbaras Tochter Ruth brachte einen alten Karton mit Fotografien von meinem jungen Vater, mir und meiner Schwester, die etwa zwischen 1949 und 1953 aufgenommen waren und von denen ich einige noch nie gesehen hatte. Meine Mutter hatte, wie alle stolzen Mütter und Ehefrauen, vor langer Zeit Beweise ihres Glücks nach Amerika geschickt. Ich fand mein Lieblingsfoto, das mich und meine Schwester verschmitzt grinsend auf unserem alten Ohrensessel zeigte, und erklärte meiner Tante, welche davon ich war. Sie lächelte, und ich glaube fest, daß sie plötzlich wußte, wer meine Mutter und ich waren.

Bis zum heutigen Tag haben sich Dankbarkeit und Bewunderung der deutschen Kriegs- und Nachkriegsgeneration für ihren »Big brother« nicht wirklich abgenutzt. Die amerikanischen Besatzer waren populäre Gewinner, freundlich, gutaussehend und von arglosem Naturell. Kein Alliierter war netter und nachsichtiger als die breit lächelnden Jungs in Uniform, die so großzügig die legendären Camels, Kaugummis und Nylons an die gierige Bevölkerung verteilten. Während die übrigen Alliierten nie so ganz warm mit den Deutschen wurden und nur sehr schwer deren Verbrechen vergessen konnten, schienen die unkomplizierten Amerikaner weder besonders reserviert noch übertrieben verurteilend. Sie mischten sich unter die Deutschen und bändelten mit den »Fräuleins« an, die entzückt waren und sich geehrt fühlten, mit einem echten Ami auszugehen oder sogar einen zu heiraten. Dieses Band der guten Freundschaft setzte das Beispiel für die nächsten Jahrzehnte, und die Nazi-Generation sowie deren Kinder wurden die begeistertsten und ergebensten Anhänger von allem, was amerikanisch war.

Vor allem die Nachkriegsgeneration dürstete nach etwas Neuem, Unbeflecktem, Frischem, das nicht an Krieg, Nazis und Schande erinnerte, doch das eigene Land bot da nichts, das man hätte übernehmen wollen. Wir mußten unsere Zukunft, unsere Ideale und unsere Träume aus dem Nichts aufbauen und suchten so weit wie möglich von der Heimat entfernt nach neuen Ideen und Inspirationen. Für mich war die Idee von Freiheit sehr stark mit dem Wunsch verbunden, von dem deutschen Stigma befreit zu sein. Ich fühlte mich wie eine Waise im Geiste, die sich selbst zur Adoption freigegeben hatte und sich dem Land anvertrauen würde, das ihr am faszinierendsten schien. Ich wollte etwas Besseres, ich wollte mehr sein als nur irgendein deutsches Mädchen, denn ich war mir ganz sicher, daß mich sonst nie jemand akzeptieren würde, denn Deutsche mochte niemand.

Amerika bedeutete für mich hauptsächlich Pop-Kultur und Konsum-Paradies, und ich fand es unvorstellbar, dieses fröhliche, fantastische Schlaraffenland mit irgend etwas Ernstem oder Geistigem in Verbindung zu bringen: Das Land der Dichter und Denker war es nicht. Alles, was ich über Amerika wußte, kam aus amerikanischen Filmen, Magazinen und von Platten. Amerika war wie ein farbenprächtiges Kodak-Hochglanz-Fotoalbum, das zum Leben erwacht war und mit seinen Geräuschen, Farben, Bildern und Idolen zu einem so großen tollkühnen und verschiedenartigen Land zusammenwuchs, daß alles und jeder nahtlos hineinpaßte. Von Huckleberry Finn, Jayne Mansfield, Ernest Hemingway und Billy the Kid bis zu Goofy, Grand Canyon, Tiny Tim und Charles Manson.

Auch wenn die Verlierer nicht das gleiche brisante Selbstbewußtsein hatten wie die Gewinner, so wurde doch von beiden Seiten die Erfüllung einer unbezähmbaren Gier nach materialistischen Genüssen betrieben – mit dem Elan der Leute, die einen Krieg hinter sich gebracht haben. Zwar gab es bei uns keine stromlinienförmigen Cadillacs und Thunderbirds, keine Luxusheime im Kolonialstil und vollautomatischen Waschmaschinen, doch die Amerikanisierung nahm ihren Weg mit Coca-Cola, Corn-Flakes, Lux-Seife und kalifornischen Pfirsichen in Dosen. Auch modisch dienten die Amis als Vorbild, und es gab so manche deutsche Hausfrau, die in ihrer Bewunderung für Marilyn Monroe in hautenge Pullis, enge Röcke und schwarze Wildlederpumps schlüpfte, ihr Haar bleichte, goldene Ohrclips trug und Ehemann und Nachbarn als Vamp-Verschnitt überraschte.

Doch am allerwichtigsten waren die amerikanischen Filme. Sie waren für mich die wirkliche Welt, gegen die das farblose Nachkriegsdeutschland absolut nicht ankam. Lange bevor wir einen Fernseher bekamen (um 1959) und ich mit Begeisterung »Vater ist der Beste«, »Lassie« und »Fury« anschaute, hatte ich in den riesigen Kinos meiner Nachbarschaft Cowboys und Indianer in Cinemascope entdeckt. Meine Leidenschaft für Filme erreichte etwa 1955 ihren Höhepunkt, und ich raste jeden Sonntag nach fünf hastig runtergeschluckten

Bissen falscher Hase mit Kartoffelbrei mit fünfzig Pfennig in meiner Anoraktasche ins »Thalia« oder »Harmonie« und stand mit Hunderten von zappeligen Kindern in der Schlange und versuchte mit unverhohlener Aufregung, einen Blick auf das bunte Filmplakat zu ergattern, das die Zwei-Uhr-Vorstellung ankündigte. Ich muß wohl jeden amerikanischen Western gesehen haben, der in den fünfziger Jahren gedreht wurde, denn wegen der dürftigen deutschen Auswahl wurden wir mit aus Amerika importierten B-Western und Abenteuerfilmen geradezu überhäuft. Ein Blick auf die deutschen Filmstars der Zeit genügt, um zu verstehen, daß einem Jeff Chandler wie ein distinguierter Schauspieler mit verwirrendem Charme und Rhonda Fleming wie eine Schönheit, die ihresgleichen suchte, vorkommen mußten.
Nach dem zehnten Cowboyfilm kannte ich den Wilden Westen so gut wie meinen Weg zur Schule und hatte herausgefunden, daß das Leben in Laramie und Dodge City, obwohl es fesselnder war, genau wie das Leben in einem Hamburger Vorort einem bestimmten Schema entsprach. Es gab immer einen Sheriff und eine Handvoll Bösewichte, eine bescheidene Lehrerin und eine lose Saloon-Schlange, einen Richter und einen betrunkenen Doktor, einen Postkutschenüberfall und viele Abende am Lagerfeuer mit gebackenen Bohnen und Kaffee in Blechtassen. Die Helden wurden meistens von James Stewart, Richard Widmark, Rock Hudson, John Wayne oder Kirk Douglas gespielt, die ich alle sehr mochte, und doch schienen wie durch Zauberhand immer wieder Audie Murphy und Randolph Scott in den Hauptrollen aufzutauchen, und die konnte ich nicht ausstehen.
Die Indianer oder »Rothäute«, wie sie genannt wurden, fand ich eine sehr interessante Gruppe von Leuten, die ich nicht so ganz einordnen konnte. Sie waren alle gefährliche Wilde auf Mustangs, und so war es kein Wunder, daß die Cowboys sie umbringen wollten, denn sie steckten die hübschen kleinen Holzhäuser an, vergewaltigten edle weiße Frauen und skal-

pierten tapfere Männer. Sie wollten dauernd Gewehre haben und Feuerwasser und sprachen gebrochenes Englisch, also mußten sie Ausländer sein. Ich fand sie schön mit ihren bunten Federn und den Wigwams. Nach Audies finsterem Blick und seinen warnenden Worten zu urteilen, gehörten diese gesetzesuntreuen, mörderischen Störenfriede jedoch ausgerottet, damit sie ein für allemal aus der amerikanischen Prärie verschwanden. Es kam mir nie in den Sinn, daß diese Indianer echte Menschen sein könnten, die eher in das Land gehörten als Audie Murphy. Ich dachte, sie seien von Hollywood erfunden worden.

Mein gesamtes Leben als Teenager war beeinflußt von dem Wunsch, alles offensichtlich Deutsche von mir abzustreifen. Und viele Dinge ließen sich ja auch tatsächlich ändern, ein bißchen unauffälliger machen oder etwas abfeilen – bis auf eine Sache: die Sprache. Die Zunge war verräterisch und gab das Geheimnis immer preis. Dann kam Raymond in mein Leben. Er war mein Brieffreund aus Cleveland, als ich ungefähr zwölf war, und schrieb mir artige Briefe in einer seltsamen Schrift. Ich hatte mein Schulenglisch seit Jahren damit poliert, daß ich täglich die englischen und amerikanischen Popsongs, die von der BBC gesendet wurden, mitsang, und war daher in der Lage, Raymond sehr intensiv, und allem Anschein nach unmißverständlich, um eine Platte zu bitten, die mich schon nach den ersten Akkorden absolut in ihren Bann geschlagen hatte. Wochen später – es muß irgendwann 1958 gewesen sein – erhielt ich meine erste Schallplatte. Es war eine Single, die »Wake Up Little Susie« hieß, von den Everly Brothers gesungen wurde und einfach revolutionär klang. Eine runde schwarze Scheibe symbolisierte meine sprachliche Unabhängigkeit.
Es war mir völlig egal, daß wir keinen Plattenspieler hatten; was zählte, war der Besitz. Ich begann, Idole zu sammeln und baute ihnen einen Altar. Meine geheiligten Schätze un-

terlagen einem strengen Nationalgesetz: Die angebeteten Götter mußten Ausländer sein, am liebsten Amerikaner oder Engländer. Das war meine private »Entnazifizierung« – und meine Rache gegen alles, was ich als »typisch deutsch« bezeichnete. Ich weiß nicht, wie viele hundert Mal ich diese Worte über die Jahre gesagt habe, aber wenn ich es tat, handelte es sich nie etwa um einen freudigen Ausruf, noch war es als Gütesiegel für etwas besonders Gelungenes gemeint. Im Gegenteil. Diese Phrase, mit größter Verachtung ausgesprochen, diente dazu, alles, vom scheußlich dünnlippigen Benehmen der Erwachsenen bis zu den »kulturellen« Überschreitungen, die mir Schauer über den Rücken jagten, zu charakterisieren.

Es ist nicht zu schwer, sich vorzustellen, wie die Kultur nach zwölf Jahren unentschuldbar schlechten Geschmacks und einer gewalttätigen Kunst-Diät, die von einem hohlköpfigen Diktator angeordnet worden war, hatte aussehen müssen. Die meisten begabten Künstler hatten nach 1933 ziemlich schnell das Land verlassen, und als der Krieg vorüber war, wollten viele von ihnen nicht wieder zurück. Wer könnte es ihnen verübeln? Ihre Karrieren hatten in Blüte gestanden, als sie weggingen, und sie hatten sich mehr oder weniger erfolgreich an ihr jeweiliges neues Zuhause angepaßt, das ihnen ihre Freiheit gewährleistete.

Die jüngeren Künstler, die geblieben waren, hatten während des Dritten Reiches keine Möglichkeit gehabt, kreative, eigenständige Arbeit zu leisten, und ihnen fehlte die Konkurrenz, die Zeit des Experimentierens und des Vergleichens. Aus ihnen wurden schließlich all die drittklassigen Schlagerkomponisten und -sänger, Regisseure und gesichtslosen Filmsternchen, die das kulturgeschädigte Deutschland der fünfziger Jahre gnadenlos heimsuchten. Das passende Massenpublikum war gleich mitgeliefert worden – die ehemalige Hitlerjugend und die noch jüngeren Bewohner von Nazi-Deutschland hatten nie vorher irgendwelche nicht-national-

sozialistischen Ausrucksformen kennengelernt und daher keine Vergleichsmöglichkeiten.
Die deutsche Vorstellung davon, wie die Bürger dem immer noch harten Kampf des täglichen Lebens entfliehen sollten, demonstrierten Spielfilme von nie zuvor dagewesener Banalität. Bestens bekannt waren zwei Standardkategorien, in denen die grüne oder weiße Arbeitskleidung der Protagonisten bereits Erbauung und Drama signalisierten. Da war einmal natürlich der Arztfilm, in dem ein selbstloser Doktor (meistens Rudolf Prack) mit grauen Schläfen und wehendem weißen Mantel Patienten rettet und sich zwischen der aufopfernden, in ihn verliebten Schwester Monika und der todkranken, wenn auch charakterlich schlechten, reichen Gattin entscheiden muß. Dann gab es den Heimatfilm, und der handelte von einem herzensguten feschen Förster, in Loden gewandet, der auf seine ganz eigene, beispielhafte Art mit den Freuden und Leiden, die nun einmal mit diesem aufregenden und durch und durch deutschen Beruf verbunden sind, fertig werden mußte, wobei Waldbrand, Waldi und Wilderer unverzichtbare Ingredienzien waren. Anregungen zum Nachdenken waren es jedenfalls nicht, wofür die Deutschen Schlange standen, und die wenigen Filme, die sich mit dem Krieg auseinandersetzten, waren gußeiserne Schlachtenfilme und zeigten Soldaten bei der Arbeit in Rußland.
Versuche, eine neue Form populärer Musik zu finden, waren nicht weniger freudlos. Joviale mittelalte Herren mit Schlips und Kragen, sauberem Scheitel hatten so einprägsame Namen wie Willi, Rudi, Gerhard und Paulchen und nölten mit monotonen, oft mit Dialekt eingefärbten Stimmen Trivialitäten im Foxtrottrhythmus und mit Akkordeonbegleitung. Keiner schien sich zu schämen, von Max, dem tangotanzenden Trottel, zu jammern oder von der Gitarre und dem Meer. Die Frauen, ebenfalls mittelalt und mütterlich, mit Namen wie Friedel, Margot, Lolita und Gitta, hatten sich oft dem Tragen von Dirndln verschrieben, was nur gelegentlich von rassigen

Roben mit Nerzstolen durchbrochen wurde. Und wenn sie dann alle da standen auf den bunten Abenden im Fernsehen, zu Duos, Trios und Quartetts zusammengetan, und mit launigem Lächeln kleine Liedchen trällerten, da wußte ich, daß diese Attacke auf Augen und Ohren die verspätete Rache des Dritten Reichs war.

Ich mußte einfach aus diesem kulturellen Gefängnis heraus und sehnte mich nach einem Musikschlüssel, der meine schwelende Lust auf emotionalen Höllenlärm öffnen konnte. Ich wollte Farbe, Hitze, Fantasie und wilde, entfesselnde und betörende Rhythmen, etwas, das mir in die Arme und Beine ging. Und das kam aus einem Land, das die Herzen der Teenager kennen mußte. Es hieß Rock'n'Roll und entflammte meine Seele und meine Ohren. Sofort wurde ich ein Rockverrückter Sklave, für den nichts anderes mehr galt. 1958 besuchte Bill Haley Deutschland, und die wildgewordenen Teenager zertrümmerten eine Konzerthalle, was die Alten dazu veranlaßte, junge Menschen vor dieser gefährlichen »Affenmusik« zu warnen. Bill war zu dick und behäbig für mich, denn ich hatte eines der größten Weltwunder entdeckt: Elvis. Er war der rockende Ritter in engen Hosen, der mit seiner samtigen, suggestiven Stimme irritierende Songs wie »Won't You Wear My Ring Around Your Neck?« – eine andere Platte, die Raymond mir geschickt hatte – mit so einer vibrierenden Leidenschaft sang, daß ich vergaß, mich zu fragen, was das eigentlich hieß.

Elvis' Thron begann allerdings zu wackeln, als er in die Armee kam und in Süddeutschland stationiert wurde. Mit seinem kurzgeschorenen, plötzlich braunen Haar und seiner blöden Uniform verlor er all seine Magie und Aufsässigkeit – und das typisch Amerikanische. Und doch, Elvis in Deutschland, der als Reverenz an sein Gastland »Muß i denn zum Städtele hinaus« sang, ohne rot zu werden, war die perfekte Verkörperung der tiefen deutsch-amerikanischen Freundschaft – nur, daß ich fand, daß er ein Verräter war.

Musik war mein ein und alles, und ohne irgendwelche Unterschiede verschlang ich so kritiklos wie gierig jeden musikalischen Ton, solange er nicht deutsch war. Natürlich war ich oft daran erinnert worden, daß ich in einem Land lebte, das die größten Komponisten der Welt hervorgebracht hatte, aber klassische Musik ließ mich kalt. Ich durchlebte die verschiedenen Musikrichtungen wie ein Kind Masern und Windpocken. Manches wurde zum persönlichen Klassiker, anderes war schnell wieder vergessen. Elvis wurde vorübergehend durch Ricky Nelson ersetzt, ein Qualitätsabstieg, der mir damals nicht bewußt war – sozusagen im Schlepptau folgten darauf unter anderen Brenda Lee, Fabian, Dion, The Teddybears, Sam Cooke und Roy Orbison. Glücklicherweise entdeckte ich schließlich den Jazz, und da ich gerade eine ernste, schwarz gekleidete Existentialistin geworden war, die sich dieser existentiellen Musik hingab, erlebte ich die Krönung der amerikanischen Musik durch John Coltrane, Dizzy Gillespie, Charlie Mingus, Gerry Mulligan sowie Ella und Billie und viele andere.
Von Zeit zu Zeit ging mein Interesse und meine Identifikation mit Amerika aber auch über Filmstars und Musik hinaus, denn sogar Politik sah »dort drüben« besser aus als bei uns. John F. Kennedy, nicht Adenauer, entsprach meiner Idee von einem modernen Politiker, und daß er nach eigenen Angaben ein Berliner war, machte ihn mir noch liebenswerter, obwohl *ich* ein »Hamburger« war. Und als Kennedy starb, waren meine Tränen genauso echt wie beim Tod von Martin Luther King, was eigentlich seltsam war, denn in meinem Leben gab es genausowenig Schwarze wie Juden.
Dunkelhäutige Menschen, für gewöhnlich »Neger« genannt, als ich aufwuchs, waren exotische und amüsante Kreaturen, die mit unauffälliger Neugier betrachtet wurden, wenn sie einem über den Weg liefen, so wie man es mit Leuten vom Zirkus tat. Ich glaube, die meisten Kinder in den fünfziger Jahren dachten, »Neger« wären aus Schokolade, besonders,

da das Maskottchen von Sarotti ein Mohr mit Turban war. Kinder zeigten auf der Straße auf Schwarze und fragten ihre Mütter flüsternd: »Färbt der ab?« Daß die farbigen Fabelwesen auch Amerikaner sein konnten, schien mir eine Unmöglichkeit, und selbst nachdem ich »Onkel Tom's Hütte« gelesen hatte, konnte ich die zwei nicht zusammenbekommmen. Farbige hatten aus Afrika, aus dem Dschungel zu kommen, und man erwartete im Grunde von ihnen, daß sie Baströcke und Ringe durch die Nasen trugen. Nur Louis Armstrong war berühmt und offensichtlich amerikanisch, aber er war doch hauptsächlich »Satchmo«, ein mit den Augen rollender schwarzer Mann mit einer Trompete und einem Taschentuch. Er hatte keine wirkliche Nationalität.

Während ich von Amerika träumte, zog meine Schwester Sylvie das große Los. Fast so vom amerikanischen Bazillus angesteckt wie ich, wurde sie 1962 per Frachter nach New York verschifft, um in einer deutsch-amerikanischen Familie auf Long Island als Au-pair-Mädchen zu arbeiten.

»Meine Schwester ist in Amerika«, sagte ich immer in der Schule, und es klang sehr international. »Oh, wirklich?« seufzten meine Freundinnen, und alle waren wir neidisch, daß sie unseren Idolen so viel näher war als wir. Bald kamen die ersten Briefe, und sie rochen nach der großen Neuen Welt. Sie lebte dicht am Strand, die Familie hatte ein Boot, und sie konnte ein- oder zweimal in der Woche nach New York fahren; und überhaupt, die Leute in Amerika waren die Größten, und sie wollte überhaupt nicht mehr zurück. Nach ein paar Monaten fing sie an, ganz locker kleine englische Redewendungen in ihre Briefe zu streuen, wie »never mind« oder »anyway«, und legte außerdem einige Fotos bei.

Mein Neid erreichte seinen Höhepunkt. Sylvie am Jones Beach in einem kleinen, gestreiften Bikini. Sylvie in einem schulterfreien Sommerkleid auf einer Bilderausstellung in Greenwich Village. Wo hatte sie denn die Kleider her? Ich kannte nicht eines davon – wir kontrollierten gegenseitig, was wir anzogen –, und das machte mich nervös. Amerika war ein Dieb, es nahm mir meine Schwester weg, entfremdete sie mir, ergriff Besitz von ihr, veränderte und korrumpierte sie. Ihr Ton wurde noch eingebildeter, fast herablassend, als wären wir ihre einfache, bäuerliche Familie im biederen, alten Deutschland und täten ihr leid, weil wir unser Dasein ohne Marshmallows verbringen mußten – eine widerliche Süßigkeit, soweit ich das beurteilen konnte. Ihr Leben erschien eine einzige Kette von aufregenden Erlebnissen geworden zu sein. In Harlem besuchte sie sonntags Gospel-Gottesdienste, und freitags gab es Jazz »downtown« in einem Club. Sie schwärmte begeistert von »Sak's Fifth Avenue«, von »Woolworth« und vom Central Park, in dem sie »Pretzels« aß. Ihr gelang es sogar, sich auf einen Debütantinnenball ins Waldorf-Astoria einladen zu lassen, und meine Mutter, die sie bereits von einem Prinzen, der mit dem anderen gläsernen Schuh winkte, gejagt sah, nähte ihr schnell ein weißes, besticktes Abendkleid, für das sie bei mir Maß nahm, bevor sie es per Luftpost nach Long Island schickte.

Als Sylvie dann per Schiff wieder in Bremerhaven ankam, konnte ich sie nur anstarren und schwer schlucken. Sie kaute doch tatsächlich Kaugummi und sagte »Hi«, was ich affektiert fand, und schüttelte lässig ihre neue platinblonde Mähne. Ihre langen Beine wurden nur teilweise von einer mir unbekannten Art Kleidungsstück mit schrillem Blumenmuster bedeckt. »Bermuda-Shorts«, erklärte sie gönnerhaft, und als mein Blick langsam auf ihre Füße in weißem Leinen wanderten, meinte sie nur knapp »Keds-Turnschuhe«.

Ihr Gepäck war das allerwahnsinnigste – ein harter, feuerroter Koffer mit passendem Kosmetikcase. »Samsonite, toll nicht?« sagte sie nonchalant. Ich wurde immer stiller und fühlte mich wie eine Landpomeranze. Sie hatte uns als dunkelblonder, linkischer Teenager von neunzehn verlassen und kehrte nun zurück als eine kultivierte Frau von Welt. Es war also wahr. Amerika machte aus jedem einen Star.

Die nächsten Wochen über existierte für meine Mutter und mich, außer ihren Erzählungen, nur der Inhalt ihres Koffers, und es war wieder so wie in unserer Kindheit, als wir Amerika lediglich in Form von Gegenständen kannten, nur daß sie diesmal von keiner amerikanischen Tante, sondern von einem deutschen Teenager gekauft worden waren.
Es gab Schallplatten von Peter, Paul & Mary und Dave Brubeck, Levi's Jeans für mich, eine Reihe von pastellfarbenen »Brooks-Brothers«-Hemden, scheußliche Pralinen, Drops mit einem Loch in der Mitte, weiße Socken, haufenweise Kosmetik und eine ungesunde Menge Aspirin. Das Geheimnis ihrer Blondheit war eine gewisse »Miss Clairol«, und ihre tiefe Sonnenbräune verdankte sie »Coppertone«.
Als sie versuchte, unsere Geschmacksnerven bereits zum Frühstück mit Pfannkuchen und gebratenen Würstchen zu beglücken, protestierten wir energisch und mußten ihr schon kurz darauf verbieten, alles, was ihr unter die Finger kam, mit geschmolzenem Käse zu versehen. Und als sie uns schließlich einen aus Dosen-Ananas hergestellten Auflauf mit einer zahnschmerzerzeugenden süßen Meringuekruste servierte, begannen wir den Glauben an Amerika zu verlieren. Nach dem Sommer wurde langsam alles wieder normal, und Amerika wurde in die richtige Perspektive gerückt. Nur eine leere blaue »Noxzema«-Dose, gut sichtbar im Badezimmer aufgestellt, erinnerte daran, daß einer von uns tatsächlich den Atlantik überquert hatte.

Meine erste eigene Reise nach Amerika folgte zehn Jahre später, bereits in einer neuen Ära. Ich hatte ein paar durchreisende amerikanische Hippies in meiner Kommune kennengelernt und sie sehr gemocht. Der respektlose Cartoonist Robert Crumb, ein von den sich als »hip« bezeichnenden Deutschen sehr geschätzter Chronist des neuen amerikanischen Lebens, hatte mir irrsinnig komische Einsichten über Amerika vermittelt, die sehr wenig mit dem Filmglamour oder mit der heilen Welt von Norman Rockwell zu tun hatten. Ich war begierig, nach Crumbs Leonore Goldberg, Mr. Natural und Fritz the Cat zu suchen. Und so machte ich mich im Sommer 1972 auf nach Amerika, allerdings nicht ohne mir strenge Blicke von meinen Mitbewohnern einzuhandeln, denn zur der Zeit fuhr man in den Fernen Osten und nicht zu den Imperialisten. Für mich war Amerika die Stätte meiner geliebten Kindheitserinnerungen, und ich versuchte, Dichtung und Wahrheit miteinander zu verbinden. Ich reiste mit einem Freund quer durchs Land, von New York bis nach Kalifornien, teilweise in einem Leihwagen, doch meistens per Anhalter, und es war eine wundervolle, aufschlußreiche Reise. Da ich aus einem Land kam, das ungebärdigen Reisenden für gewöhnlich eine gewisse Feindseligkeit entgegenbrachte, war ich von den Amerikanern tief beeindruckt, ihre Großzügigkeit, Wärme und Offenheit Fremden gegenüber waren nicht weniger als eine Offenbarung.

Wir wurden freundlich angelacht, mitgenommen und von Lastwagenfahrern, Studenten und freidenkenden Seelen mit nach Hause gebracht, als wären wir alte Bekannte. Ich hatte keine Ahnung gehabt, daß derartig viele Amerikaner, einschließlich jedes zweiten Highway-Patrol-Polizisten, entweder in Deutschland stationiert gewesen waren oder deutschstämmige Verwandte hatten, und kam schon auf den Gedanken, daß sie einfach nur versuchten, höflich zu sein. Sie alle schienen außerordentlich von Deutschland beeindruckt zu sein, und ich fühlte eine seltsame Erleichterung.

Während wir Amerikas berühmteste Highways herunterfuhren, in kleinen, fast leeren Städten Station machten, in billigen Holzhütten, in »Drive-in«-Motels übernachteten, fettige Hamburger, klebrige Donuts und künstlich schmeckenden Cherry-Pie probierten und Picknicks in atemberaubend schöner Natur machten, entwickelte ich ein Gefühl für die Seele Amerikas. Aber was mich wirklich verblüffte, war, daß Amerika tatsächlich so zu sein schien, wie ich es mir immer

vorgestellt hatte, als hätte dieses Land es sich vorgenommen, all die Dinge der letzten zwanzig Jahre, die ich als »typisch amerikanisch« klassifiziert hatte, extra für mich zu bewahren, nur um mir zu gefallen. Sie waren tatsächlich keine Erfindung, die kleinen sommersprossigen Jungs mit der Meckifrisur, großen Jeans und Turnschuhen, wie ich sie aus »Lassie« kannte, ebensowenig die alten Farmer mit den Latzhosen, großkarierten Wollhemden und der roten Baseballmütze. Die verblühten Society-Damen der New Yorker East Side mit dem dunkelroten, verschmierten Lippenstift, dem Nerzjäckchen und dem bläulichen Haar unter garnierten Hüten waren keine Filmstatisten, San Franciscos letzte Hippies, komplett mit Pferdeschwanz und ausgestellten Jeans, die mit ödem Lächeln »Peace« sagten, wanderten immer noch ziellos auf den Straßen von Haight Ashbury und Berkeley umher. Es war eine große Genugtuung für mich, in meinen amerikanischen Stereotypen schwelgen zu können und mir die Entdeckung dessen, was hinter der Fassade steckte, für später aufzusparen.
Genauer gesagt, für drei Jahre später, als ich nach New York kam, wild entschlossen zu bleiben, falls es den Erwartungen, die ich hatte, auch entsprechen würde. Ich glaube schon, daß der Grund, aus dem ich nach Amerika kam, sehr wohl der war, mir einen Kindheitstraum zu erfüllen, aber die Antwort auf die andere, viel wichtigere Frage, warum ich nämlich Deutschland verlassen hatte, ist eine ganz andere. Ich war auf der Flucht vor einer Vaterfigur und einem Vaterland, und Amerika half mir, diese Flucht in die Tat umzusetzen. Der Wunsch, Deutschland zu verlassen, gründete auch in dem Bestreben, mich von diesem klebrigen Nazi-Erbe zu befreien; das war immer schon ein unbewußtes Verlangen gewesen, in gewisser Weise die logische Folge aus dem Geschehenen und dem daraus entstandenen negativen Bild, das ich von meiner Heimat hatte. Die Frage war nie so sehr gewesen, *ob* es dazu je kommen würde, als vielmehr *wann.*

Amerika war die natürliche Wahl für meine neue Identität, weil ich es, so merkwürdig es auch war, bereits besser kannte als Deutschland. Ich hatte nie das Verlangen gehabt, in Deutschland herumzureisen und mich mit größeren Mengen von Menschen, die ich sowieso nicht leiden konnte, auseinanderzusetzen. Der Rhein, der Schwarzwald, romantische Städte aus dem Mittelalter und das Lederhosen tragende Volk waren für mich so ungewöhnlich und fremd wie für einen Touristen aus einem fernen Land. Bis 1975, bis ich neunundzwanzig war, hatte ich versucht, mein Leben in Deutschland auf die einzige Art zu leben, die ich für einen mißtrauischen, kritischen und wütenden Nachkommen der Nazi-Generation für möglich hielt, und das hieß, nach Werten und wichtigen Zielen außerhalb von Deutschland zu suchen. Es war ein Leben ohne innere Heimat, ohne Schutz und Geborgenheit. Abenteurerin, Vagabundin, heimatlose Weltbürgerin – so sah ich mich selbst, was natürlich auch einem schmeichelhaften Frauenbild von Stärke und Unabhängigkeit entsprach. Mein Gefühl geistiger Entfremdung, Entwurzelung und Isolation war hauptsächlich aus diesem fehlenden Gefühl irgendwo hinzugehören entstanden. Da war weder eine Sippe oder Familie noch ein politisches oder psychologisches Klima, das mich beschützte und nährte. Neben der Familie sind es das Heimatland und die Nationalität, die emotionale Stabilität und ein Gefühl der Identität bieten können, doch ich konnte das Land nicht von den Menschen, die in ihm lebten, trennen; sie schienen zusammengeschweißt. So mußte ich sie beide hinter mir zurücklassen.

In einem fremden Land zu leben, brachte allerdings Gefühle hervor, wie ich sie in dieser Stärke in Deutschland vorher nicht erfahren hatte – Scham und manchmal eine Spur von Schuld. In Amerika fehlte der Schutz, unter meinen eigenen Leuten zu sein; es war nicht möglich, in der Masse zu verschwinden oder mich hinter der Sprache zu verstecken. Was ich in Deutschland so leicht hatte erhalten können, nämlich das Gefühl, unschuldig zu sein, und die Gewißheit, daß jeder um mich herum das auch wußte, löste sich vor meinen Augen auf. Ich fühlte mich fortwährend in Frage gestellt, eine Person, die ihre Unschuld beweisen mußte. Tatsächlich jedoch war es wohl eher so, daß die einzige Person, die ein Problem damit hatte, Deutsche zu sein, ich war.

Wie sahen mich die Amerikaner? Wer war ich ihrer Meinung nach? Eine typische Deutsche, praktisch eine entfernte Verwandte von Adolf Hitler? Mir ist oft gesagt worden, daß ich eine kampflustige Provokateurin sei, was ich immer als Kompliment angesehen habe – als überzeugenden Beweis dafür, daß ich dem folgsamen, autoritätsliebenden deutschen Charakter entflohen war. Und als ein langer, rothaariger Texaner in New York mich seinen Freunden mit einem schiefen Grinsen und den Worten »This is Bini, she takes no shit« vorstellte, war ich ausgesprochen froh, ja fast geschmeichelt.

Die Amerikaner waren tatsächlich die großherzigen, toleranten Gastgeber, die jeden Fremden umarmten, ohne Ansehen seiner Vergangenheit, Rasse und Religon. Keiner fragte mich, was es für mich bedeutete, Deutsche zu sein, oder ob und wieviel ich mich je mit den Nazis beschäftigt hatte. Und warum sollten sie auch? Ich war doch offenbar eine aufrichtige, integre Person, die ihr Land ungefragt aus all den zweifellos richtigen Gründen verdammte und die auch nicht für irgendwelche alten Kriegsverbrechen verantwortlich war. Erst rund sieben Jahre später fing ich an zu überlegen, ob sich die Amerikaner wohl jemals fragten, was denn meine Eltern im Krieg gemacht hatten. Es war mir vorher nie in den Sinn gekommen, wie merkwürdig das Fehlen jeder Neugier und wie auffällig diese höfliche Meinungslosigkeit eigentlich war. Doch ganz tief in mir nahm ich an, daß sie mich haargenau so ansahen und auch behandelten, wie ich es mit den älteren Deutschen immer gemacht hatte: wie eine Art Krüppel, dessen Behinderung man freundlicherweise übersieht. Vielleicht fürchteten sie, meine Gefühle zu verletzen, würden sie die Nazi-Vergangenheit meiner Familie zur Sprache bringen, denn das war die einzige Art von Vergangenheit, die sie sich für die Eltern einer deutschen Tochter, die 1946 geboren worden war, vorstellen konnten. Ich hatte wohl ein-, zweimal erwähnt, mein Vater sei kein Nazi gewesen, dafür aber lediglich ein ungläubiges Lächeln geerntet und daraus geschlossen, daß jeder Deutsche in New York sagte: »Mein Vater war kein Nazi.«

Bis zum heutigen Tag werden Deutschland und die Deutschen vom Gefühl her nach ihrer Nazi-Vergangenheit beurteilt. Nach mehr als fünfzig Jahren fühlen sich die meisten Menschen sehr wohl mit diesem bequemen Vorurteil; es wird in weiten Kreisen akzeptiert und provoziert nur selten strenge Kritik oder scharfe Zurückweisung. Nazis und Deutsche gehören zusammen wie Fred Astaire und Ginger Rogers.

»Ach, die Deutschen waren nicht alle Nazis?« fragte mich eine zweiundvierzigjährige, hochgebildete amerikanische Lektorin mit einer deutlichen Spur von Enttäuschung. Ja, wäre das nicht einfach, wären alle Deutschen einmal Nazis gewesen und wären es noch immer? Einfach zu verurteilen, einfach zu verdammen, nichts Kompliziertes, nur Schwarz und Weiß. Eine bequeme Vorstellung, und alle Deutschen haben Platz darin. Ich weiß aus eigener Erfahrung, daß meine extrem enge Sicht Deutschlands so voller Vorurteile war wie nur möglich, und durch meine Weigerung, mich mit den Themen auseinanderzusetzen und mit einigen Vorstellungen aufzuräumen, änderte sich daran auch lange nichts. Diesen großen Widerstand, ihre Vorstellung von Deutschland zu revidieren, zeigen viele. Fürchten auch etliche Amerikaner, Deutschland habe sich bis heute nicht verändert, so finden sie die Annahme doch gleichzeitig auch sehr beruhigend. Die jüngste deutsche Vergangenheit als Sinnbild und Gipfel des Bösen zu betrachten, hilft vielen anderen Ländern, denn verglichen mit den Verbrechen der Deutschen verblassen ihre eigenen Kriege und Grausamkeiten.

Es mag sein, daß Blonde in Filmen viel Spaß haben, aber im wirklichen Leben wird einem – als blonde Deutsche – dieser Segen, der angeblich Diamanten und lüsterne Anträge von reichen Männern einbringen soll, ins Gegenteil verkehrt. Mir brachte es nichts als ermüdende Routinen ein. Lange habe ich mitgelacht, wenn auch ohne Fröhlichkeit, gaben mir Amerikaner zu verstehen, daß es für sie der Gipfel von köstlichstem ethnischen Humor war, wenn sie unvermittelt »Jawohl!« grölten oder mitten in einer an und für sich durchaus kultivierten Unterhaltung mit erhobenem Arm und knarrender Militärstimme »Heil Hitler!« riefen.

Niemand verstand damals besser als ich, wie tief sich die nicht zu unterdrückende Nazi-Karikatur in den Gehirnzellen der Menschen einzunisten vermag und wie unwiderstehlich solch holzschnittartige Figuren für Witzbolde sind. Mit den Jahren hörte ich auf, darüber zu lachen, und fing an wütend und angeödet zu sein, ohne Erfolg, denn ich mußte mich gegen den Klassiker des Bösen dieses Jahrhunderts behaupten. Den häßlichen Deutschen verschönern zu wollen, kommt dem Wunsch gleich, den Teufel höchstpersönlich mit einem neuen Image zu versehen, indem man seine Hörner absägt, ihm seine Forke wegnimmt und ihn in einen schicken Designermantel steckt, ohne zu merken, daß die Schwanzspitze noch darunter hervorschaut. Das Publikum meutert, es will seinen alten, vertrauten Teufel wiederhaben.

»Was fällt euch ein, wenn ihr an Deutschland denkt?« fragte ich amerikanische Freunde und Bekannte – und auch Fremde. Die Antworten glichen einem Auszug aus einem Universalkatalog des Besten und Schlimmsten des zwanzigsten Jahrhunderts. Hitler, Einstein, Goethe und Göring, Wagner und Würstchen, Mercedes und Marx, Bach und Mozart, Beckmann und Eichmann, Heinrich Heine und Heinrich Himmler, Leni Riefenstahl, Fritz Lang und Marlene Dietrich, Lederhosen und Liederkranz, Bauhaus, Brecht und Bergen-Belsen, Heidelberg und Heidegger. Auschwitz.

Der Schaden ist vor langer Zeit angerichtet worden. Eine Nation zertrampelte ihre legendären Leistungen und hinterließ eine Öde. Keiner *liebt* Deutschland, ist verzaubert, findet es unwiderstehlich oder fühlt sich dazu verleitet, Hymnen auf seinen verspielten Charme, magischen Geist und seine ungebremste Lebensfreude zu dichten. Respekt, unbedingt; Bewunderung, ja; eine seltsame Faszination, ganz klar. Aber niemals Liebe. Man liebt Paris (selbst die Franzosen können das nicht vereiteln) oder Rom und die Italiener, aber Deutschland läßt einen seltsam unbewegt, es hat keine Seele, die sich leicht lieben ließe – oder überhaupt entdecken. »Es ist sehr schön in Deutschland«, heißt es oft, »die Wälder, die romantischen Städtchen, die Kunstschätze.« Physische Schönheit, von genauen, berechnenden Köpfen erhalten und gepflegt. Aber wer würde je die innere Schönheit des älteren Durchschnittsdeutschen von heute erwähnen? Gibt es die überhaupt? Allerdings, wenn ich Stolz und Freude daraus ziehen könnte, aus einem »fantastisch organisierten und ungewöhnlich sauberen und reichen Land« zu kommen, mit »strebsamen, pflichtbewußten und hart arbeitenden Menschen«, dann wäre ich eine begeisterte Deutsche.
Amerika ist, verglichen mit Deutschland, ein liebenswertes, herzliches Land mit hilfsbereiten Menschen. Ich mochte die blankäugige Zutraulichkeit der Amerikaner und selbstverständliche Wärme sofort. Sie kamen mir dabei etwas wie übergroße, verspielte, arglose Kinder vor, deren Aufmerksamkeitsspanne die eines Blitzes war. Ich konnte nicht umhin, die deutsche Seele mit dem amerikanischen »spirit« zu vergleichen: deutsche Melancholie mit amerikanischer Großartigkeit, Fatalismus mit Optimismus, einengendes Mißtrauen mit blindem Vertrauen. Deutsche sind Maulwürfe, stachelige Brüter, kompliziert und nachdenklich; Amerikaner sind Schmetterlinge, anmutige Eistänzer, die heiter davongleiten, wenn das höfliche Geschwätz erschöpft ist, zu einem Zeitpunkt, zu dem ein Deutscher damit beginnt,

mit Wonne die Ärmel hochzukrempeln und sich auf eine schwerwiegende Diskussion einzustellen.
Ich habe die Amerikaner früher heimlich für ihren fahnenschwingenden Patriotismus beneidet und mir gewünscht, daß ich nur ein bißchen davon auch für Deutschland empfinden könnte. Ich war oft neidisch auf andere Nationalitäten, Leute in meinem Alter, die sich nicht unbehaglich fühlen mußten, wenn sie sich mit ihrer Vergangenheit beschäftigten, und die nicht mit einem hastigen »Wir hatten ja keine Ahnung von alledem« zum Schweigen gebracht wurden, sobald sie einmal eine Frage stellten. Ein stolzer Spanier, Engländer, Franzose oder Amerikaner, das war normal, aber ein stolzer Deutscher?
Ich erinnere mich noch genau an die Olympischen Spiele 1960 in Rom. Deutschland gewann viele Goldmedaillen. Die Leistungen der gutaussehenden, kraftvollen jungen deutschen Athleten waren bewundernswert – und brachen etliche Rekorde –, aber ich fand die Siegerehrungen schrecklich, diese Zeremonien mit Medaillen, Nationalhymnen und Flaggenhissen. »Deutschland, Deutschland, über alles« – die Worte, die wir in der Schule nicht mehr singen durften, schallten durch das Stadion. War ich die einzige, die dabei einen plötzlichen Schauder verspürte, betretene Peinlichkeit und dieses seltsame Gefühl, nicht in der Lage zu sein, außergewöhnlichen Leistungen als nationalen Ereignissen zu trauen und sie zu genießen – nicht mal im Sport?
Keine Siege nach dem Krieg waren süß. Viele Male, wenn etwas Deutsches positiv herausgestellt wurde, wenn ein Deutscher eine Auszeichnung gewann, Berühmtheit erlangte, einen Weltrekord brach, dachte ich: »Das haben die nicht verdient. Das ist nicht echt.« Meine Ablehnung war wahrscheinlich stärker als die von Ausländern, aber diese gegensätzlichen Qualitäten verwirrten mich immer wieder: Wie konnten schlechte Menschen nur so gut sein?
Wenige Amerikaner würden sich je von ihrer Nationalität

und ihrem Land lossagen oder trennen. Sie lieben ihre Heimat mit der Leidenschaft einer besitzergreifenden, beschützenden Mutter und würden die Möglichkeit, daß irgendwo auf der Welt vielleicht andere humane und egalitäre Gesellschaftsformen existieren könnten, die in manchen Teilen sogar der ihren etwas voraus hätten, noch nicht einmal in Betracht ziehen. Amerikaner sind fast pathologisch patriotisch. Ich habe einige der intelligentesten und kritischsten Köpfe unruhig auf ihren Stühlen herumrutschen und ihr Gleichgewicht verlieren sehen, als Ausländer in freundlichem Ton und mit wohldurchdachten Sätzen einige der wenig erfreulichen Entwicklungen in Amerika ansprachen. Eine gängige Reaktion darauf ist das verschlagene »Warum bist du dann hier?« oder aber das herausfordernde »Love it or leave it«, dessen deutscher Zwilling »Wenn es dir nicht paßt, dann geh doch in den Osten« – vor der Wiedervereinigung – mir einige Male angeraten wurde.
Man muß kein Deutscher sein, dessen Patriotismus auf dem Kopf einer Stecknadel Platz hat, um von den dröhnenden, nationalistischen Slogans in den Medien alarmiert zu sein, die einen globalen Amerikanismus propagieren und den Bürgern versichern, daß sie alle glücklich werden, wenn sie nur fest genug an die amerikanischen Werte glauben. Das rührselige Märchen vom Tellerwäscher, der es bis zum Millionär gebracht hat, ist immer noch der rote Faden, der die Träume zusammenhält, in denen jeder alles haben kann. All dies zeugt von einer gehörigen Portion Unsicherheit, und ich habe immer noch nicht herausgefunden, was genau es ist, das Berühmtheiten, Politiker und den einfachen Mann von der Straße dazu anhält, ungefragt und aus heiterem Himmel die überraschende Aussage zu machen, daß sie »proud to be an American« sind und daß das Land »the greatest country in the world« ist. Welche tiefsitzenden Zweifel kommen hier versteckt zum Ausdruck? Was ist Patriotismus schon wert, wenn er nichts anderes ist als ein angstvolles Wegschauen

und Zurückziehen, das jede Herausforderung und Inspiration blockiert, wenn er nur dazu dient, sonst sinnlose Leben auszufüllen. Ist das nicht ein Pflaster-Patriotismus, erfunden für die sich selbst zugefügten Wunden eines Landes, das einmal von sich selber glaubte, daß es unverletzbar, unschuldig und rein sei?
Es war für mich eine Überraschung zu entdecken, daß der Durchschnittsamerikaner unglaublich leichtgläubig, einfältig und beängstigend ungebildet ist – ganz besonders, wenn man bedenkt, daß Amerika die am weitesten entwickelte Mediennation der Welt ist. Die amerikanische Art, die Geschehnisse außerhalb des eigenen Landes zu betrachten, gleicht der nebensächlichen Aufmerksamkeit, die man einem Ball, der in den Swimming-pool platscht, zuwenden würde. Warum sollten sie auch ihren Horizont mit »unnötigen« Informationen erweitern, stehen sie doch nur selten etwas wahrhaft Fremdem gegenüber. Sie werden kaum einmal dazu gezwungen, sich anzupassen, sich zu beweisen oder sich in fremde Lebensbedingungen zu finden. Es gibt nur noch wenig Gebiete auf diesem Planeten, die nicht mit amerikanischen Ideen durchtränkt sind und in denen das eigentümliche, unstillbare Verlangen nach Coca-Cola, Big Bucks und Soap-Operas nicht einen beträchtlichen Teil der Bevölkerung beeinflußt.
Ich erwarte von Amerikanern nicht, daß sie genausoviel über Deutschland wissen wie ich über Amerika, aber ich erwarte von ihnen, daß sie Interesse zeigen. Ihr Verhalten verhindert eine fundierte Meinungsbildung. Wie für jeden wäre es auch für die Amerikaner gut und hilfreich, möglichst viel über die Gefahren von Diktaturen, Faschismus, Rassismus und Völkermord zu wissen. Wenn ihr uns nach unserer Vergangenheit beurteilt, beschäftigt euch mit ihr!
Viele von uns wissen ja auch einiges über Vietnam und Watergate, den Koreakrieg, den Civil War, die Civil Rights und den Ku-Klux-Klan.

Lange Zeit übte ich große Zurückhaltung gewissen Themen gegenüber und formulierte Kritik mit größter Vorsicht, wenn sie Kriege, Länder, Schuld und Mittäterschaft betrafen. Viele schienen es als natürlich anzusehen, daß ich Gefühle der Scham und Traurigkeit empfand, aber ich hörte zu meinem Erstaunen selten mehr als nur den Ausdruck eines distanzierten Schocks, obwohl ich meinte, daß die Ermordung von sechs Millionen Juden Grund genug zur Trauer für jeden war. Wieso waren sie *nicht* persönlich betroffen? Wie hatten *sie* den Holocaust verarbeitet? Manchmal, wenn ich mit einer Erklärung kämpfte, warum gerade ich so quälende Gedanken wegen der Vergangenheit hatte, blickten mich die Leute mit der warmen Sympathie derer an, die zwar nicht ganz verstehen, wovon man redet, sich aber absolut sicher sind, selbst rein gar nichts mit der Sache zu tun zu haben. Ich suchte nicht nach freiwilligen Rettern, die mich von meinen Poblemen befreiten, ich wollte lediglich meine Gefühle mit jemandem teilen. Aber es schien, als ob die Rollen der Unschuldigen und der Schuldigen vor langer Zeit bereits für immer verteilt worden waren.

Ich hatte noch nie etwas von den Internierungslagern für Japaner im Zweiten Weltkrieg gehört, die sich im sonnigen Kalifornien befanden und in denen über 10 000 Japaner eingesperrt wurden, nachdem es ihr Volk gewagt hatte, 1942 Pearl Harbor anzugreifen. Es ist nicht gerade ein Thema, das einem in Amerika ständig aufgezwungen wird. Es ist ein Unglück und scheint überall so zu sein, daß man einen Jagdinstinkt und die Mentalität eines Archäologen entwikkeln muß, um mehr als nur flüchtige Informationen über unpopuläre und schmerzende historische Ereignisse zu erhalten. Ich war bestürzt zu erfahren, daß die von mir so idealisierten Amerikaner einfach andere amerikanische Staatsbürger aus ihren Heimen herausreißen, abtransportieren und sie hinter Stacheldraht hatten gefangenhalten konnten, ohne daß massiver Protest dagegen entstanden war. Wie

die meisten Völker haben auch sie ihre unmenschlichen, unwürdigen, ja verbrecherischen Akte gegen die Menschenrechte in der Versenkung verschwinden lassen.
Die Kinder von Vietnamveteranen mögen glauben, so wie ich es zwanzig Jahre lang getan habe, daß sie nichts mit diesem Krieg zu tun haben, daß es nicht ihre Vergangenheit und nicht ihr Erbe ist, mit dem sie sich auseinandersetzen müssen. Doch ich weiß, daß die Schatten des Krieges auch die Generationen verfolgen, die nichts damit zu tun haben möchten. Sind sie besser präpariert und können sich erfolgreicher gegen ein übermächtiges Gefühl von Schuld und Scham wehren, wenn sie ein durch Narben entstelltes japanisches Atombombenopfer oder vietnamesische Krüppel in ihren amerikanischen Städten treffen, als ich es konnte, als ich einmal eine blaue Nummer auf einem Arm entdeckte?
Meine amerikanischen Zeitgenossen müssen – ähnlich wie die Deutschen – sehr subtil manipuliert oder vielleicht auch nur entmutigt worden sein, irgendwelche Fragen über den Krieg zu stellen, an dem ihre Väter teilgenommen haben. Ich fand heraus, daß die amerikanischen Väter kein bißchen mehr über den Zweiten Weltkrieg (geschweige denn Vietnam) sprechen mochten als ihre deutschen Gegenstücke – und dabei waren sie doch die Sieger. Ich habe selten jüngere Amerikaner getroffen, die genau Auskunft darüber geben konnten, was ihre Väter an den Ufern Europas und des Pazifiks, vor den Toren der Konzentrationslager oder vom Himmel aus, als sie Deutschland, Hiroshima und Nagasaki bombardierten, gefühlt und gedacht haben, noch welche, die wild darauf waren, es herauszufinden. Was haben die amerikanischen Väter, die die Konzentrationslager befreiten, *ihren* Töchtern und Söhnen, Ehefrauen und Enkelkindern erzählt? Sie müssen mehr Unvergeßliches gesehen haben als die meisten Menschen, einschließlich der Deutschen. Es scheint, als ob Kriege nur lebendig sind, solange sie gekämpft werden; wenn sie erst einmal ihr bitteres Ende gefunden haben, wird

der Schmerz in den Untergrund verbannt, die Schlachten werden in der Erinnerung weitergeschlagen. Wenn unsere Väter den Horror des Krieges lebendig erhalten und seine Glorie hätten wegfallen lassen, vielleicht würden wir dann die Sinnlosigkeit des Krieges besser verstehen.
Die meisten Amerikaner haben noch immer eine heroische, romantische Sicht des Zweiten Weltkrieges, eines Krieges, der für sie ein »guter« Krieg war, weil in ihm die Welt vom Faschismus befreit wurde und die Amerikaner eine ihrer liebsten Fantasien ausleben durften – als hehre Retter den Versklavten, Verfolgten und Entrechteten zur Hilfe zu kommen und mit selbstverständlicher Noblesse Ordnung, Frieden und Gerechtigkeit wiederherzustellen. Aber da sie ihre Schlachten immer außerhalb des eigenen Landes geschlagen haben und es nie Bomben über Pittsburgh und Trümmer in Manhattan gegeben hat, sind sie nicht in der Lage, die traumatische Angst, die ohnmächtige Wut und die Hilflosigkeit der Menschen zu erfassen, die stumm erleben mußten, wie ihre Heime, ihre Heimatstädte und ein großer Teil ihres Landes von fremden Bombengeschwadern in eine Ruinenlandschaft verwandelt wurden. Denn vergraben unter den Trümmerbergen, die einmal Kinderzimmer, gemütliche Küchen und liebevoll gepflegte Gärten waren, lag nicht nur das verbrannte Fleisch eines Mitbürgers, Freundes oder Verwandten, sondern auch das Konzept der Unverwundbarkeit in der Sicherheit des eigenen Zuhauses. Die Deutschen wurden aus ihren Träumen und ihrer angenommenen Unschuld herausgebombt, und diese Erfahrung bewußt geplanter und exakt ausgeführter Zerstörung hat sie mit großen Narben und als übervorsichtige Menschen zurückgelassen.

Meine vierzehn Jahre in Amerika haben mir geholfen, meine Einstellung nicht nur Amerika, sondern auch Deutschland gegenüber zu ändern und meine ehemals blinde Zustimmung für alles Amerikanische und meine extreme Feindselig-

keit allem Deutschen gegenüber zurechtzurücken. Aber was noch entscheidender war: Von einem gewissen Punkt an begann ich zu verstehen, daß mein amerikanisches Abenteuer einen höheren Sinn hatte, ich versuchte durch die Ferne Nähe zu finden. Auch ich mußte nämlich an einer »Wiedervereinigung« mit Deutschland arbeiten, wie so viele Menschen, denen dieses Land Wunden beigebracht hat.
Mit einiger Nervosität beobachtete ich meine Heimat aus der Ferne, war aber stolz, die gleiche Nationalität wie Heinrich Böll, Fassbinder, Joseph Beuys und viele andere zu haben. Ich las über die Jahre ermunternde und lobende Worte in Zeitungen und Magazinen über die blühende deutsche Kunstszene, besonders Theater, Film und Malerei, und das Wiedererwachen von demokratischen Instinkten, das sich unter anderem in der Gründung der Grünen, der Anti-Atom- und der Umweltschutzbewegung äußerte. Und doch, hinter all der Anerkennung und dem gelegentlichen Enthusiasmus der Amerikaner lauert immer noch Mißtrauen, verbirgt sich eine bange Aufmerksamkeit für bestimmte Zeichen.
Was für Zeichen? Was erwarten sie? Daß der Führer in moderner Verkleidung ein heimliches Comeback feiern könnte? Daß eine neue Generation von Nazi-indoktrinierten Deutschen sich über Nacht dazu entschließen könnte, die demokratische Regierung zu stürzen und das Vierte Reich auszurufen? Wann wird es sein, daß Deutsche zum erstenmal endlich auf Ausländer treffen, die nicht gleich die Nazis im Kopf und Verdacht im Herzen haben?
Viele Amerikaner meiden Deutschland. Deutschland wird ausgespart, oder man nimmt, möglichst eilig, wenige Kostproben – ein paar alte Schlösser, eine mit Sauerkraut dekorierte Schweinshaxe en route oder, noch wagemutiger, man riskiert einen Zwei-Tage-Trip in die Berge. Für viele Ausländer ruft ein ganzes Land voll von Deutschen eine latente Teutonophobie hervor, sie bilden sich ein, das Klacken marschierender Knobelbecher zu hören.

Trotzdem, diejenigen, die mutig genug sind, diesem komplizierten Land einen Besuch abzustatten, sind positiv beeindruckt, ist auch immer ein Element der Überraschung unter das Lob gemischt, als hätte man zuvor doch im stillen erwartet, daß als Nazis verkleidete Bürger alle Ausländer, die es ablehnen, Bier zu trinken, zusammentreiben – mit Hilfe kläffender Schäferhunde – und sie in ein bewachtes Umerziehungslager abtransportieren würden. Bohrt man etwas tiefer und versucht, genauer zu definieren, was denn vom heutigen Deutschland erwartet wird, sind die Antworten so vage wie alle vorgefaßten Meinungen, die keiner wirklichen Prüfung unterzogen werden. »Ich weiß nicht«, sagen manche zögernd, »Deutschland erscheint mir nicht sehr attraktiv.« »Ich hab einfach keine Verbindung dazu«, sagen andere. Und alle fügen ein klein wenig entschuldigend hinzu: »Und natürlich der Holocaust.« Natürlich.

»Was, du hast keinen amerikanischen Paß?« Ungläubigkeit und hochgezogene Augenbrauen sind die Reaktionen von amerikanischen Fremden und Freunden. »Wann beantragst du einen?«

Was ist bloß los mit mir? Ich lebe lange genug in Amerika, um einen amerikanischen Paß zu bekommen, und lasse diese Chance, meine Nationalität und die Belastung, die damit verbunden ist, loszuwerden, an mir vorbeiziehen? Eine Deutsche, die nicht verzweifelt nach dem angebotenen kostbaren Schutz greift? Vielleicht bin ich nur »typisch deutsch« – störrisch, schwierig, bleifüßig. Es mag eine Zeit gegeben haben, in der ich das häßliche grüne Ding mit einem schicker aussehenden blauen hätte vertauschen wollen, aber das interessiert mich schon lange nicht mehr. Ich bin zwar nur eine »halbe« Deutsche – wegen der litauischen Mutter –, fühle mich aber durch meine Geschichte ganz als Deutsche. Für nichts in der Welt würde ich diese Nationalität aufgeben, mit der ich so zu kämpfen hatte und die mich dazu gezwungen hat, entscheidende psychologische Ausgrabungen zu unternehmen. Ich bin nicht stolz darauf, Deutsche zu sein, aber ich würde auch nicht stolz darauf sein, Amerikanerin zu sein. Zuviel Nationalstolz hält einen sowieso nur von den wichtigen Entdeckungen ab.

»Vermißt du Deutschland eigentlich nicht? Hast du nicht manchmal Heimweh?« werde ich oft gefragt. »Heimweh?« Ein kurzes, fast zynisches Lachen. »Dafür müßte ich erst mal eine Heimat haben.« Ich bin da zu Hause, wo ich meinen Hut hinhänge. Hutständer habe ich mehrere in meinem Leben gefunden, aber eine Heimat? In Amerika bin ich kein Besucher mehr. Ich bin eine freiwillige Immigrantin, die neue Form einer älteren deutschen Tradition. So wie sie damals vor Hitler geflohen sind, habe ich es auch probiert. Doch er hat mich eingeholt.

Heimweh? Ja, ganz bestimmt. Nach den Bildern, Gefühlen, Geräuschen und Gerüchen meiner Kindheit. Ich habe Heimweh nach meinen Erinnerungen, nicht nach meinem Land. Ich habe nach dem Amerika der rosa Hasenschuhe und der schäbig aussehenden Pakete Heimweh, nach Trümmergrundstücken, Mänteln aus Militärdecken und den Männern auf Krücken, die aus dem Krieg heimkehrten.

Ich habe Heimweh nach der Sprache. Ich liebe die deutsche Sprache. Sie ist meine echte Heimat, alles andere sind adoptierte Kinder, die auf den ersten Blick leicht mit dem eigenen Fleisch und Blut verwechselt werden können. Sprachen sind wunderschöne Brücken. Sie führen von einem Ufer zum anderen. Und Amerika? Ich liebe Amerika so, wie eine Waise seine Stiefeltern liebt und das erste eigene Zimmer.

Doch nicht nur die Vergangenheit hat mich eingeholt. Auch die Sehnsucht – nach Europa und, ich muß es zugeben, nach Deutschland. Ich möchte wieder zurück in dieses seltsame, schwierige Land.

10
Keine Reue, kein Bedauern

Ich habe mich oft gewundert, warum die älteren Deutschen nicht an ihrer emotionalen Zurückhaltung erstickt sind. Wohin haben sie bloß ihre Gefühle von Schuld und Schande verschwinden lassen? Die Verleugnung bestimmter Teile ihrer Vergangenheit hat Spuren in ihrem *und* unserem Charakter hinterlassen. Wir haben die Nichtverarbeitung, die Ungelöstheit der Nazi-Vergangenheit von ihnen geerbt, und was uns quält, ist nicht die erlebte, sondern die verdrängte Realität des Dritten Reiches und des Holocaust.

Wegen dieser fast vollkommenen Verdrängung waren wir jüngeren Deutschen nie in der Lage, entsetzt und wütend über die Schuld und Mitwisser- und Mittäterschaft unserer Eltern zu sein. Der Schmerz über die vielen Millionen ermordeter Menschen konnte von uns nie wirklich empfunden werden, wir konnten nichts herausschreien, vermochten nicht vor Empörung zu explodieren, Gedanken und Gefühle zu äußern, die einen Anfang dazu bedeutet hätten, die Größe der Verbrechen zu verstehen, die uns – selten genug – im Fernsehen vorgeführt wurden. Wenn einem nichts über Verlust erzählt wird, wenn keiner um dich herum Trauer, Scham oder Bedauern ausdrückt, wirst du selbst auch stumm und gefühllos. Aber sehr viele von uns drohten an dem unverdauten emotionalen Ballast zu ersticken, so daß eine Explosion

unvermeidbar wurde. So kam es, daß ein großer Teil der Generation der zwischen 1940 und 1950 Geborenen ihre Entrüstung und Wut in der Studentenrevolte von 1968 (und dem nachfolgenden RAF-Terrorismus) auf die Straße und in die Geschichte trug.
Wir wollten uns hören, uns vergewissern, daß wir Stimmen hatten, und mit diesem kollektiven Aufschrei meiner Zeitgenossen entlud sich die massiv unterdrückte Wirklichkeit der Vergangenheit mit doppelter Stärke und manchmal in übertriebener Form. Es waren unsere Eltern, die darüber hätten schreien und toben sollen, was in ihrem Namen passiert war. War es unsere Bestimmung, es jetzt für sie zu tun? Ließen wir *ihre* unterdrückten Schreie jetzt aus *uns* heraus? Viele Menschen aus beiden Generationen gingen damals auf die Straße, um ihre Meinung zu äußern – aus gegensätzlichen Gründen und mit unterschiedlichen Resultaten. Begeistert zujubeln sollen hätten sie uns bei den Anti-Atombomben-Märschen durch die Straßen, bei den Forderungen, mit dem Vietnamkrieg Schluß zu machen – oder sich uns sogar anschließen. Warum vereinigten sich nicht beide Generationen zu einem mächtigen Kreuzzug gegen Krieg, Unterdrückung, Unrecht und Unmenschlichkeit? Wir taten doch nur, was auch sie angeblich getan hätten, hätte nicht Hitlers Terrorherrschaft schon den bescheidensten Ausdruck von Protest verhindert. Jetzt hatten sie endlich einmal die Chance, ihren Mut und ihre politische Reife zu beweisen, und was taten sie? Sie waren befremdet von der Art, auf die wir anders geworden waren. Und während wir »das Establishment« bekämpften, nahmen sie auf den Zuschauerbänken Platz oder riefen die Polizei. Empfanden sie Neid oder Scham, als sie beobachteten, daß es möglich war, auf die Barrikaden zu gehen und sich öffentlich zu wehren?
Zu einem gewissen Teil bin ich der Nazi-Generation dankbar dafür, daß sie mich gezwungen hat, die Rebellion zu entdekken und einen gewissen Geschmack für Anarchie zu entwik-

keln – ich fand's wunderbar. Protest wurde für mich eine wichtige Ausdrucksform, und 1968 hatte ich bereits angefangen zu brüllen, zu johlen und zu fluchen. Nach *der* Vergangenheit den Luxus zu haben, auf die Straße zu gehen und eine Meinung zu demonstrieren, war erfrischend, heilend und für einen Moment befreiend. Ich war ganz versessen auf Ungehorsam und Umbruch, etwas emotional Befriedigendes, das außerdem noch radikale soziale und politische Verbesserungen versprach. Nach dem die Luft verpestenden Gestank der preußischen Militär- und Bürokratenmentalität und einem Jahrzehnt wahnsinniger Diktatur war der umstürzlerische Ausbruch der meuternden deutschen Jugend in den sechziger Jahren wie ein Hurrikan frischer Luft, der in seiner Überschwenglichkeit sowohl schwindelerregend als auch anstekkend war.

Da ich keinerlei geistige Beziehung zu meiner alles andere als inspirierenden Umwelt hatte, die von den Nazi-Bürgern aufgebaut worden war und kontrolliert wurde, war es für mich unmöglich, nach etwas Geringerem als der »neuen Ordnung« zu verlangen. Ich wurde mitgerissen von erhabenen Ideen und weder durch falschen Respekt noch konventionelle Rücksichtnahme auf Eltern, Staat oder andere Autoritäten eingeschüchtert. Ich muß zugeben, daß es nicht nur ehrenhafte Gründe waren, die mich auf die Straße trieben und aus mir eine leidenschaftliche Demonstrantin machten. Ich ging sehr instinktiv an die Sache heran und mit einer Begeisterung für die Aktion selbst, die manchmal über den Inhalt hinausreichte. Im Zweifelsfall war ich dagegen, besonders, wenn es um die Ungerechtigkeiten der Welt ging. Meine Empörung war echt. Vietnam hieß für mich ganz einfach, daß Kriege immer Völkermord sind und daß die amerikanische Invasion in ein fremdes Land ein verdammenswerter Akt war. Das war genug Motivation für mich, hinter Anti-Vietnam-Plakaten zu marschieren und den stoisch dreinblickenden Polizisten aus dem Stegreif gemachte

Sprüche entgegenzuschleudern. Um ein neues politisches Bewußtsein aufbauen zu helfen, war ich bereit, mich verhaften (glücklicherweise passierte das nie) und von alten Bürgern beschimpfen zu lassen, die auf unsere unbändigen Aufstände mit voraussehbaren Weisheiten wie »Und wir Steuerzahler müssen euch faule Penner auch noch unterstützen« reagierten. Es gab die großen, inzwischen legendären Demonstrationen in Hamburg, Frankfurt, Köln, München und Berlin, die teilweise groß angelegten Polit-Partys ähnelten, an denen man einfach teilnehmen mußte, es sei denn, man wollte sich ein »reaktionäres Schwein« nennen lassen – und ich erinnere mich gerne daran.

Trotzdem, einiges schmückende Beiwerk der Revolution, so dekorativ es auch war, blieb mir rätselhaft. Während nur wenige dachten, daß Molotowcocktails die Antwort der Linken auf Martinis seien, gab es doch eine große Zahl von Leuten, die sich plötzlich Arm in Arm mit fremden »Genossen« in grimmig aussehenden Gestapo-Ledermänteln auf der Straße wiederfanden und im Laufschritt »Ho-Ho-Ho-Chi-Minh« riefen, ohne eine präzise Idee davon zu haben, wer der würdevoll aussehende Asiate auf den mitgebrachten Plakaten war. Es war auch nicht einfach, eine eindeutige Verbindung zwischen einem studentischen Aufstand in Tübingen und dem Tragen der kleinen roten Mao-Bibel zu sehen. Che Guevara war ein anderer Pin-up-Held, der mit Plakaten in Wohngemeinschaften und an Häuserwänden geehrt wurde, und während genaues Wissen über Ches Hintergrund nicht die Norm war, so besaß er doch drei unwiderstehliche Attribute: Er war für etwas gestorben, er sah sehr gut aus, und er brachte die Baskenmütze wieder ins Gespräch und auf die Köpfe der deutschen Straßenkämpfer.

Mein ungezwungenes Verhältnis zu Politik machte mich besonders für effektvolle, provokative und doch einfache Aktionen empfänglich, die nicht mißverstanden werden konnten. Außer den Politclowns Teufel und Langhans, deren Vorbild

wohl mehr Groucho als Karl Marx war, erwies sich Beate Klarsfeld als unschlagbar. Für mich war Kurt Georg Kiesinger, der damalige Kanzler, schon von der Mentalität und dem Aussehen her ein ultrakonservativer, durch und durch verachtenswerter Mann. Und eines Tages im Jahre 1968, während des CDU-Parteitages in Berlin, schoß plötzlich, schnell wie ein Blitz, eine junge, recht bieder aussehende Frau auf die Sprechertribüne und gab Kiesinger eine saftige Ohrfeige mit dem Ausruf: »Nazi!« Ich sah es in der Tagesschau, heulte auf vor Begeisterung und rief: »Jawohl, gib's ihm!« Ich hatte keine Ahnung, warum sie das tat und was speziell er getan hatte (er war Mitglied der NSDAP gewesen), aber ich war sicher, daß er es verdient hatte, öffentlich eine geknallt zu kriegen. Ich ahnte die Wichtigkeit dieser Affäre, denn sie bedeutete mehr als nur Ungehorsam gegen den Staat. Hier ohrfeigte eine Tochter symbolisch einen Nazi-Vater vor den Augen aller Deutschen. Daß es eine Frau war, die sich einer so wirkungsvollen Technik bediente und ein so pompöses und frauenfeindliches Szenario wie einen Parteitag ausgesucht hatte, machte sie mir noch sympathischer. Immer wenn ich an die sechziger Jahre zurückdenke, bleibt Beate Klarsfelds furchtlose Ohrfeige eine der besten Aktionen.
So verblüffend das Sechziger-Jahre-Phänomen auch in seiner weltweiten Entstehung war, so war die europäische Studentenrevolte von 1968 doch aus völlig anderen historischen Wurzeln entstanden als die Ereignisse außerhalb Europas. Unsere Länder hatten in Trümmern gelegen; unsere Eltern waren Opfer, Täter und Überlebende. Mehr als alles andere waren die deutschen rebellischen Sechziger eine Reaktion auf unsere Väter. Obwohl physisch anwesend, waren sie doch als Vorbilder, Helden und emotionale Stützen nicht verfügbar. Wir waren eine vaterlose Generation und eine heimatlose dazu – entmutigt, verwirrt, isoliert und ziemlich einsam. Doch auf den Straßen waren wir nicht länger allein, ich fühlte mich wie ein Teil einer großen Ersatzfamilie, und

ich empfand Solidarität mit anderen Leuten, die für Gemeinsamkeit, Kampfgeist und herausfordernde Ideen standen. Wenn ich meine zwanzig- bis fünfundzwanzigjährigen Mitstreiter und Mitstreiterinnen so betrachtete, sah ich hitzige, wütende und verletzte Gesichter. Durch das Fehlen von Wurzeln und Stolz fühlten wir uns unvollkommen – vielleicht konnten wir uns auf den Straßen, in Kommunen und Universitäten zumindest sinnbildlich umarmen und ein Stückchen Vollkommenheit wiedererlangen.

Wir hatten gar keine andere Wahl, wir *mußten* rebellisch werden – es war die einzige Chance zu beweisen, daß wir anders waren als unsere Eltern. Wir hatten gegen so viel zu protestieren, gegen die Vergangenheit unserer Eltern, gegen die »neue« Demokratie, die alte Nazis wieder in hohe Ämter ließ, und gegen eine Regierung, die ein Gesetz durch den Bundestag drückte, das verdächtige »subversive« Leute wie uns von öffentlichen Anstellungen fernhalten sollte.

Auch heute noch werden die Beziehungen zwischen Jung und Alt in Deutschland von einem unüberwindlichen Mißtrauen bestimmt. Sie trauen uns nicht, wir trauen ihnen nicht. Sie sind dafür bestraft worden, daß sie einem Mann und einem System getraut haben; wir sind damit bestraft worden, daß wir sie als Väter und Politiker hatten.

Ich bin mit Kindern von Nazis aufgewachsen und zur Schule gegangen, lebte und protestierte später auf der Straße mit ihnen, aber ich fühlte keinerlei Mißtrauen ihnen gegenüber, da wir schließlich alle aus dem großen Nazi-Topf gekrochen und somit gleichermaßen belastet waren. In der Kommune, in der ich lebte, und in den politischen Gruppen, in denen ich manchmal verkehrte, gab es viel dogmatisches Geschwätz und schwerwiegende Diskussionen, die von langhaarigen jungen Männern mit glühenden Augen und angespannten Gesichtern geführt wurden, die unter anderem den Kapitalismus und die Ausbeutung anprangerten. Sie waren außerdem

der seltsamen, recht anmaßenden Überzeugung, daß sie höchstpersönlich den täglichen Kampf der von Diktaturen und Terrorregimen geknechteten Menschen in Südamerika und den Dritte-Welt-Ländern teilten. Bedenkt man die deutsche Tradition politischer Ignoranz gegenüber der eigenen Geschichtsaufarbeitung, war diese Suche nach einem Engagement für eine Sache, mit der sie nichts zu tun hatten, gar nicht so überraschend. Die Frauen saßen herum, hörten zu, servierten Tee und warfen hier und dort Kritik oder wohldurchdachte Bemerkungen ein, die aber den Kurs der trockenen, unergiebigen Abhandlungen nicht änderten.
Nicht einmal in diesen Jahren hörte ich jemanden über seinen Vater, seine Mutter oder die Nazi-Zeit sprechen, erlebte, wie jemand Fragen zur deutschen Vergangenheit stellte oder sie gar zum Mittelpunkt einer Diskussion zu machen versuchte. Wir nahmen die Welt auseinander, verdammten schändliche Regierungen und zeigten mit Fingern auf Unterdrückung und Unmenschlichkeit, aber wir konnten nicht in die Herzen und Köpfe derer sehen, die uns aufgezogen hatten; wir handelten wie ein Abziehbild unserer Eltern, die ja auch ihre Vergangenheit nicht untereinander besprachen. In all der hektischen Aktivität hatten wir vergessen, woher wir kamen.
Was in den Sechzigern nicht gelang – und was zum Scheitern des Großteils der damaligen Ideale führte –, war, daß wir uns nicht mit der Vergangenheit unserer Eltern und also auch der eigenen auseinandersetzten; die neue Linke hatte ganz einfach den überragenden Stellenwert des Dritten Reichs und des Holocaust nicht begriffen. Das Ziel der Rebellion war letzten Endes diffus, weil schiere Wut und Aggression als Politik getarnt wurden, und so blieb sie in einer primitiven Form stecken, in der Reflexion keinen Platz hatte, so daß die notwendige innere Auseinandersetzung und Selbstfindung nicht stattfinden konnte. Bei vielen führte die daraus resultierende Enttäuschung zu Aggressionen, Fanatismus, Verbitte-

rung und auch Selbstzerstörung. Es war schwer, die hochemotionalen Hülsen mit wirklichen Inhalten und vernünftigen Visionen zu füllen. Also war die Enttäuschung groß und kam sehr schnell, kaum daß wir feststellten, daß sich über Nacht nicht so viel verändern ließ – als hätte man alte Strukturen in einem einzigen heißen Jahr zerschlagen und neue schaffen können.

Ich würde sagen, daß sehr viel an der Form und auch den Inhalten der Proteste in den Sechzigern hochneurotisch und eher Ausdruck einer verwundeten Psyche als des Wunsches zu verändern war. In der Psychoanalyse spräche man von einem Fall, in dem der Patient die Behandlung frühzeitig abgebrochen hat. Wir waren noch in unseren Zwanzigern, eine Generation, der die Vergangenheit bislang vorenthalten worden war. Es ist nicht genug, einfach nur rebellieren zu wollen, weil und solange man jung ist. Wahre Rebellion, die spirituelle, die gesunde Veränderungen mit sich bringt, ist Ausdruck eines lebendigen Prozesses, der nie zum Abschluß kommt und daher auch nicht aufhört, wenn der jugendliche Eifer einmal verschwunden ist. Für viele von uns fing die Suche nach den Gründen unseres Verhaltens erst lange nach den sechziger Jahren an.

Es ist diese unheimlich wirkende Straflosigkeit, die mir manchmal angst macht. Für das Ausmaß der Taten im Dritten Reich ist so schrecklich wenig bestraft und gebüßt worden. Ich wußte zwar nicht genau, wie ich die Deutschen bestraft sehen wollte, aber es war beunruhigend, daß von diesen Terrorjahren nicht mehr übriggeblieben war als der Zorn der überlebenden Opfer auf ihre Peiniger und Unterdrücker.

Manchmal findet noch ein Prozeß statt, ein »kleiner«, unsensationeller, zähflüssiger, von den meisten Deutschen kaum zur Kenntnis genommener Prozeß, »weil damit ja auch mal Schluß sein muß«. Und die Angeklagten leiden alle unter einer sehr populären Form der Vergangenheitsbewältigung –

dem Gedächtnisschwund – und können sich absolut nicht mehr daran erinnern, ob sie einen Befehl gegeben haben, »nur« zehn oder dreißig oder aber fünftausend Menschen töten zu lassen, oder ob sie gar selbst Hand angelegt haben. »Ach, das ist schon so lange her«, sagen sie und kratzen sich am Kopf, können sich dabei aber an kleine, unwichtige Ereignisse, die viel weiter zurückliegen, präzise erinnern. Meist werden sie schließlich von großzügigen Richtern freigesprochen, die weitaus mehr Empörung und Härte für einen Dieb oder Tierquäler aufbringen. Es scheint die älteren Deutschen nicht zu stören, wenn Nazi-Verbrecher unbelastet und unbekümmert wieder in ihrer Mitte weilen, in die man sie voller Vergebung eingelassen hat. War und ist das ein uneingestandenes Zeichen der eigenen Schuld – die Mörder weitgehend ungestraft zu lassen und ihnen die Mitwirkung an einer noch jungen Demokratie zu erlauben?
Es ist eine psychologisch verständliche Handlung, den Belastungen quälender Erinnerungen entfliehen und »die besten Jahre« mit all ihren Hoffnungen und Idealisierungen beschützen zu wollen. Die Deutschen haben die Realität des Dritten Reichs und der eigenen Beteiligung verfälscht, herabgespielt und unterdrückt. Wer möchte schon gern die Blüte seines Lebens von der Finsternis und Grausamkeit des Krieges umrankt sehen? Es ist schwer zu ertragen, daß die Zeit des großen Aufbruchs und der selbstherrliche Traum von der eigenen Allmacht nichts als ein unentrinnbares Schreckenskapitel war. Es war ihnen nicht möglich, die unverbrämte Wahrheit zuzugeben und als Teil ihres Lebens zu verstehen. Statt dessen entwickelten sie einen einmaligen psychologischen Trick, mit dem es scheinbar gelang, die Tat vom Täter zu trennen. Diese beschützende Schizophrenie diente dazu, den Verbrechen und der Schuldigkeit zu entfliehen. Ohne die Vergangenheit total zu leugnen, ließ man die Taten bestehen, aber man war es nicht wirklich selbst, der sie verübt hatte, sondern das »andere« in einem, das Abgespaltene, das

automatisch der Autorität gehorchen mußte, ohne die Notwendigkeit einer persönlichen Prüfung.
»Daß Menschen so was machen können«, hörte ich sie oft sagen, und sie schüttelten ungläubig die Köpfe über diese »anderen« Monster in Menschengestalt. Sie hatten ja nun wirklich nichts damit zu tun, sondern konnten lediglich eine Form von Entsetzen produzieren, die losgelöst von ihnen selbst existierte. Daß sie alle zusammen die emotionale und politische Grundlage für die Unzahl von Morden geschaffen hatten, wollte und will nicht in ihren Kopf. Leider fand Hitler in den Deutschen ein Volk, dem man per Knopfdruck den programmierten Gehorsam ein- und das Gewissen ausschalten konnte.
Ein Schaudern erzeugendes, aber perfektes Beispiel für die verbogene Art, mit der die Deutschen sich von der physischen und moralischen Mittäterschaft freigesprochen haben, ist Rudolf Höss, Kommandant von Auschwitz. Wie alle großen Kriegsverbrecher fühlte er sich als Opfer seiner Tugend: Gehorsam. Höss scheint der Inbegriff eines wahrhaften Nazis zu sein, wenn er betont: »Ich selber hatte persönlich nichts gegen Juden. Sie waren zwar die Feinde unseres Volkes, waren aber deswegen den anderen Häftlingen gleich. Das Gefühl von Haß ist mir nicht eigen.« Er selbst hat sich auch immer »korrekt« verhalten, sich nie an Häftlingen vergriffen. Ihm gelingt es sogar, verabscheuungswürdiges Morden in eine persönliche Tragik umzuwandeln, indem er die »armen, unschuldigen Kinder«, die ja leider in die Gaskammern geschickt werden mußten, bedauert – denn er hatte »eine viel zu weiche Einstellung«. Schuldgefühle hat er nicht. »Ich für meine Person habe nie einen Häftling mißhandelt oder getötet.«
Ich glaube tatsächlich nicht, daß die Mehrzahl der Deutschen einen außergewöhnlich starken, persönlichen Haß auf Juden hatte. Obwohl, in gewisser Hinsicht wäre es weniger furchtbar gewesen, hätten sie aus echter Überzeugung her-

aus gehandelt. Dann wäre ihre Teilnahme an den Verfolgungen und Tötungen zumindest ein Akt von Leidenschaft gewesen. Aber der eiskalte Fanatismus konzentrierte sich auf die Ausführung, nicht auf das, *was* man tat. Was die Juden tötete, war nicht so sehr der Haß auf sie, sondern die Liebe des Deutschen zu Gehorsam und Befehlsausführung. Nachdem die Deutschen ihre Juden dann umgebracht hatten – selbst den »einen anständigen«, den ja, laut einem pikierten Himmler, jeder Deutsche gekannt zu haben schien –, waren sie entrüstet darüber, *wie* es passiert war, nicht so sehr, *daß* es überhaupt passiert war. Viele Deutsche fühlten sich allem Anschein nach von den Massenexekutionen abgestoßen, nicht weil es organisierter Mord an unschuldigen Menschen war, sondern weil die Sache mit soviel Grausamkeit, Mißhandlungen und Gewalt verbunden war. Keiner wollte das. Wie Höss fanden auch sie, daß kein guter, aufrechter Deutscher sich dazu herablassen sollte, Juden zu quälen, sondern daß er lediglich korrekt und anständig seine Pflicht tun sollte – einfach nur unpersönliches, ordentliches Schießen oder direkte, saubere Gaskammerarbeit ohne sadistische Einlagen. Und noch wieder andere hätten gewußt, wie man die Juden »menschlicher« und weitaus einfacher hätte loswerden können, so wie mir ein ehemaliger Arzt aus Stalingrad vertraulich verriet: »Etwas Geld hätte man ihnen geben sollen, 'n paar Koffer mit ihren Habseligkeiten einpacken lassen, dann innerhalb von ein paar Wochen das Land verlassen. Das wäre fair gewesen und auch weiser.«
Bei dieser grausamen Einstellung ist es kein Wunder, daß die Deutschen unfähig zur Trauer waren, da sie wirkliche Traurigkeit und ein Gefühl des Verlustes voraussetzt. Eine Person kann nur betrauern, was von Wert und Wichtigkeit für sie war und wozu eine emotionale Beziehung bestand. Die Deutschen mußten ihre negative Einstellung den Juden gegenüber aufrechterhalten, denn die Vorstellung, daß sie gleichwertig waren, wertvoll genug, um vermißt zu werden, und daß

sechs Millionen Menschen unschuldig sterben mußten, ist so unglaublich grauenvoll und frevelhaft, daß ihr Gewissen immer noch dagegen rebelliert und selbst die Tatsache des massenhaften Judenmords aus dem Bewußtsein zu verdrängen sucht.
Die Autoren Margarete und Alexander Mitscherlich schrieben in ihrem Klassiker »Die Unfähigkeit zu trauern«, daß die Deutschen unter anderem den Tod und Verlust ihres Führers nicht betrauern können, doch ich habe nur verblüfft feststellen können, daß eine Menge alter Leute in ihrem Bedauern über das Ableben des Führers nicht einmal diskret waren. Vergleicht man, wie viele das Verlangen nach einer Rückkehr Hitlers und wie viele den Wunsch nach der Wiederkehr der Juden ausdrückten, dann liegt Hitler weit an der Spitze. Doch nicht nur für die Millionen von Menschen, die bewußt und akribisch getötet worden sind, vermögen die Deutschen keine Trauer zu empfinden, ihnen scheint jede Art von Trauer unmöglich. Selbst der Tod der eigenen Soldaten und geliebten Personen hat in diesem Land keinen wirklichen Ausdruck finden können – so tief sind die Beschädigungen, die das deutsche Selbstwertgefühl erlitten hat. Da ist kein Unterschied zwischen der kalten, erbarmungslosen Art, mit der sie andere behandeln, und der Art, wie sie sich selbst behandeln. Obwohl ungewöhnlich arrogant nach außen hin, sind die älteren Deutschen tief drinnen voller Unsicherheit und Selbstverachtung – der anderen Seite von Arroganz und Grandiosität.
Ich glaube, daß die bestürzende Leichtigkeit, die Präzision und das Selbstverständnis, mit denen die Deutschen in den Lagern und Einsatzgruppen wußten, wie man Menschen degradiert, quält und letztendlich auch tötet, eindeutig in ihrer harten, lieb- und mitleidslosen Erziehung und dem daraus resultierenden Selbsthaß zu suchen sind. Nur Menschen, die als Kinder nichts als Gefühlsroheit, Respektlosigkeit und keinerlei Mitgefühl erfahren haben, können eine solche Verach-

tung für jede Art von Menschenwürde entwickeln und die – selbst erfahrenen – Grausamkeiten obendrein noch mit Genugtuung und Schadenfreude ausführen. Daß eine selbsternannte Herrenrasse es als ihr selbstverständliches Recht ansah, andere Menschen auszurotten, zeugt nicht nur von extremem Narzißmus, sondern auch von Infantilität und gewalttätiger Rachsucht.

Es war von großer Wichtigkeit für die Deutschen, einen Sündenbock zu finden, auf den alle Gefühle von Selbsthaß und Impotenz projiziert werden konnten. Die Juden dienten als Mittel, sich dieser Gefühle zu entledigen, der Grund für die rasende Verachtung und das Mißtrauen, das ihnen entgegengebracht wurde, lag außerhalb ihrer Person. Es ist die Sprache des Hasses, der Vorurteile und der Hilflosigkeit, die in den Lagern gesprochen wurde. Gib irgendeiner Gruppe in der Welt, die voll von Vorurteilen, Angst und Selbsthaß ist, eine ganz bestimmte Minderheit als Zielscheibe, und die Resultate werden niederschmetternd sein. Und wenn wie in den KZs ein »Sündenbock«-Volk seinen Peinigern bereits als entrechtet, gefährlich und wertlos vorgestellt wird, wird es überall genug Menschen geben, die töten und mißhandeln, ohne besondere Gewissensbisse zu verspüren.

»Wir dachten, da sind nur Kriminelle, Homosexuelle und Asoziale in den Lagern«, hörte ich oft, wenn alte Deutsche sich daran erinnerten, daß sie durchaus von Mißhandlungen und Tötungen gehört oder selbst bemitleidenswerte Kreaturen in gestreifter Kleidung auf der Straße gesehen hatten, ohne besonders alarmiert zu sein. Wo liegt da der Unterschied? Ist es nicht egal, ob man gefoltert oder getötet wird, weil man Jude, Pole, homosexuell, Kommunist oder auch kriminell ist? Wie viele Möglichkeiten zu reagieren bleiben einem, wenn man Unmenschlichkeit sieht? Ein Mensch sieht, fühlt, beurteilt, entscheidet. Wissen hat etwas mit Gewissen zu tun. Befehle auszuführen ist genauso eine Entscheidung wie Befehle zu verweigern. Die Unwissenheit der Deutschen – ob nun wegen Denkfaulheit, blindem Glauben oder nur In-die-andere-Richtung-Blicken – ist Teil ihrer Schuld. Massentötungen von der Dimension, wie sie in den KZs stattgefunden haben und von denen große Teile der Bevölkerung wußten, sind nur möglich, wenn es einen gemeinsamen Nenner gibt: Zustimmung. Die logische Schlußfolgerung aus all den Ausreden, die versuchen, das in Abrede zu stellen, kann nur sein: Nichts, ganz gleich was die Reichsbürger sahen und hörten, konnte sie dazu bewegen, sich einzuschalten und zu versuchen, etwas zu verhindern. Später, als sie dann vom ganzen Ausmaß des Geschehens erfuhren, waren sie nicht etwa schockiert über ihre »Blindheit«, sondern eher perplex, wie raffiniert Hitler sie alle hinters Licht geführt hatte. Sie waren Opfer einer »menschlichen Schwäche« geworden – Dinge einfach nicht durchschaut zu haben. Es ist nicht überraschend, daß die Deutschen sich nie mit der Figur ihres mächtigen Führers – ebensowenig wie mit dem gemeinsam geschaffenen Dritten Reich – auseinandergesetzt haben. Immerhin war er der Kopf einer gewählten und umjubelten Regierung. Hitler war der Mann, den die Deutschen verstanden und der in vielem wie sie war. Sie können sich noch heute einfach nicht von ihm freimachen: Er war ein Kamerad, ein Vater, ein bewunderter Bruder. Sie lebten zwölf intensive Jahre mit ihm, teilten Höhen und Tiefen, Leid und Siege mit ihm – von der Herrlichkeit bis zur Hölle. Sein größenwahnsinniges Gesicht hing in vielen deutschen Wohnzimmern an der Wand oder verbreitete auf so manchem Nachttisch siegestrunkene Stimmung. Diese intime Beziehung, vergleichbar mit einer stürmischen Ehe, die in einer gewaltsamen und schmerzhaften Scheidung endet, ist der Grund für die quälende Bindung, die die Deutschen ihm gegenüber noch immer verspüren. Denn egal, wie traumatisch eine Heirat auch gewesen sein mag, wie frustrierend und enttäuschend, vieles an ihr war einst richtig, erwünscht und befriedigend.

Die meisten älteren Deutschen hassen es, Hitler hassen zu müssen, und ihre ambivalente Haltung ihm gegenüber zeigt sich in der weitverbreiteten Meinung, daß, hätte er den Krieg nicht so falsch geführt und die Juden nicht vergast, absolut nichts an ihm auszusetzen gewesen wäre, denn der Nationalsozialismus sei alles in allem eine großartige Idee gewesen, die leider zum Teil nicht richtig verwirklicht worden ist. Dennoch sind sie wütend auf ihn und enttäuscht. Nicht so sehr, weil Hitler das Land ruiniert hat, sondern, viel unverzeihlicher, weil er sie an der Nase herumgeführt hat, weil er nicht war, was er vorgab, weil er sie benutzt, belogen und manipuliert hat und dann obendrein noch so feige und unehrenhaft gestorben ist – nicht im Feld oder im Kampf, sondern im Bunker, mit Gift, wahrscheinlich vor Angst zitternd und hilflos wie ein gewöhnlicher Mensch, weil er sie um die Chance gebracht hat, ihn als einzigartigen Volkshelden in Ehren zu halten und zu idealisieren. Anstatt seiner mit prächtigen marmornen Statuen und nach ihm benannten Parks und Alleen gedenken zu können, hat man ihn als einen heimtückischen, feigen Diktator zu verachten – zu einem »heimlichen Helden« zu degradieren. Trotzdem ist er irritierend unsterblich geblieben, was nur zeigt, daß das Böse genauso unauslöschlich ist wie das Gute, und sein Name ruft bei seinen Zeitgenossen nach wie vor negative *und* positive Reaktionen hervor.

Im Laufe meiner Gespräche mit älteren Deutschen habe ich sie so gut wie nie echte Bestürzung über die eigene Haltung oder Reflexion und Selbstkritik ausdrücken hören, wie man sich nur so tief hat mitreißen lassen können. Erkenntnis und Einsicht erfordern Demut und Courage – beides nicht gerade deutsche Erfindungen. Der Deutsche ist nur mutig, wenn er Befehlen und Anordnungen folgt – möglichst perfekt. Es war immer eine beliebte Schutzbehauptung, daß ein Sich-Widersetzen gegen Befehle unweigerlich mit der Bestrafung durch den Tod geahndet worden wäre. Warum sollte man sich auch

Befehlen widersetzen, hatte doch ihre genaue Ausführung immer die größte Bedeutung gehabt? Wirkliche Unabhängigkeit und Entscheidungsfreiheit hatten die Deutschen nie besessen.

So liebend gern Deutsche alles bis zum letzten durchorganisieren – von humoristischen Veranstaltungen bis zum Massenmord –, bei organisiertem Widerstand findet man sie selten. Widerstand entsteht aus einem starken inneren Freiheitsbedürfnis, dem instinktiven Impuls, seine Freiheit um jeden Preis zu verteidigen, sobald sie angegriffen wird, oder sie überhaupt erst zu erlangen. Solidarität, Loyalität und Spontaneität sind keine deutschen Ideale. Befehle auszuführen, zu gehorchen, sich der Autorität zu unterwerfen, das ist die Freiheit des deutschen Staatsbürgers. Es ist eine Auszeichnung, dem jeweiligen Führer zu dienen.

Spontanen menschlichen Widerstand gab es natürlich auch – meist durch den Mut von einzelnen. Und die Menschen, die anderen geholfen und dabei sogar ihr Leben riskiert haben, lehnen es in der Regel ab, als besonders mutig angesehen zu werden. Für die meisten Deutschen ist das allerdings anders: ein Stück Brot, ein Händedruck oder ein Lächeln in der Öffentlichkeit, ein Türaufhalten für gelbbesternte Mitmenschen; hier mal ein Auge zudrücken, dort einen entscheidenden Stempel geben, der Gestapo den Unterschlupf eines Bekannten verschweigen – und schon sehen sich die, die nicht getötet, verraten oder absichtlich jemanden belastet haben, als Widerstandskämpfer. Wie tief muß ein Volk gesunken sein, wenn menschliche Gesten zu Heldentaten geraten und Grausamkeiten zur alltäglichen Routine gehören? Wenn jeder Deutsche nur eine Winzigkeit Mut, eine bescheidene Menge von Anstand gezeigt hätte, dann hätte sich vielleicht eine Atmosphäre von Solidarität schaffen lassen, die viel Schlimmes hätte verhindern können.

Als ich nach Menschen für meine Gespräche suchte, war ich unbewußt auch auf der Suche nach starken Gefühlen, die ich als nur natürlich ansah – wie Entrüstung, Haß, Wut, Scham, Bedauern und Reue. Nie zuvor hatte ich ältere Deutsche explizit ihre Seelennot oder Bestürzung über ihre Nazi-Vergangenheit ausdrücken hören, nahm aber an, daß beides irgendwo in ihnen versteckt sein mußte. Sie müssen sich doch in Frage gestellt und Gott und die Menschheit angezweifelt haben. Sie müssen doch das Schicksal verdammt haben, das ihnen einen Mann wie Hitler bescherte, müssen ihre Eltern verflucht haben, die sie zu blindem Gehorsam erzogen hatten. Müssen sie nicht ihre Mitmenschen hassen, die in ihrem Namen so viele Morde begangen haben? Müssen sie sich nicht selbst hassen, wenn sie die Mörder gewesen sind? Sie müssen doch ihre versteinerten Herzen hassen!

Aber den Deutschen ist die Fähigkeit zu irrationalen Gefühlsausbrüchen nicht gegeben. Die deutsche Seele trägt Uniform, Impulsivität ist ihr fremd. Lauthals für jemanden einzutreten, ihn zu verteidigen, Unrecht anzuklagen oder gar einen Nazi-Verbrecher anzuspucken, das gibt es nicht. Gebrüllt wird nur, um Befehle zu geben oder jemanden einzuschüchtern.

Die Mitscherlichs drücken in ihrem Buch die Hoffnung aus, daß »irgend etwas den Deutschen ihre Fähigkeit zu trauern zurückgeben muß«. Zwanzig Jahre später konnte ich nur zu der entmutigenden Feststellung gelangen, daß dieses Etwas noch nicht gefunden wurde.

Die Deutschen sind immer noch unfähig zu trauern. Ich saß in ihren Wohnzimmern, hörte ihren Reminiszenzen, Interpretationen und Entschuldigungen zu und bekam eine Gänsehaut. Ihre Augen waren kalt und teilnahmslos, ihre Stimmen blieben sachlich und unberührt, als sie von Massenvernichtungen, blutigen Schlachten und ihrem ruhigen Gewissen sprachen. Sie waren wie Imitatoren, deren marionettenhafte Vorführungen zwar durchaus von Talent zeugten, die letztendlich aber kalt und gefühllos waren. Aber unterdrückte Erinnerungen sind keine vergessenen Erinnerungen – ein paar Stiche in die Oberfläche genügen, und alle möglichen miteinander in Konflikt stehenden Gefühle bersten hervor; doch bleiben sie unakzeptiert, ungeprüft und werden schnell wieder mit Gleichgültigkeit zugedeckt. Diese Menschen sind zu alt für die Gefahr, ihre verdorrten Herzen zu öffnen und den lange unterdrückten Strom der so vielschichtigen wie ungeklärten Gefühle herauszulassen. Sie müßten noch einmal von vorn anfangen, Wunden würden aufreißen, setzten sie sich mit sich und der Vergangenheit auseinander, der Schmerz wäre sehr groß, weil er sich tief in ihnen eingenistet hat – ungelebt. Sie müßten ihr Leben ändern und die letzten fünfzig Jahre in Frage stellen. Aber ihre Uhr ist abgelaufen, die Weichen sind gestellt – sie können nicht zurück.

Erstaunlich war die Entdeckung, daß die von mir Befragten kaum Interesse an ihren eigenen Zeitgenossen haben oder gar Zusammengehörigkeitsgefühle verspüren. Trotz der vielgerühmten »guten Kameradschaft« mit ihren alten Kriegskameraden scheinen sie wenig Kontakt mit ihnen zu haben. Sie haben soviel miteinander geteilt, und doch hat der Krieg sie nicht wirklich zusammengebracht. Aus ihren Kriegserfahrungen ist kein neues politisches Bewußtsein erwachsen, kein Wunsch, für eine bessere Zukunft zu kämpfen. Auch über mich wollten sie nichts wissen. Warum ich sie fragte, wer ich bin, was ich denke, oder gar, was *mein* Vater im Krieg gemacht hatte. Jegliche Neugier war erloschen. Es war, als ob sie Angst hätten, sich jemals wieder zu öffnen, zu begeistern, zu engagieren, Stellung zu beziehen. Das Überleben der Katastrophe scheint sie zu einer einzigen logischen Schlußfolgerung gebracht zu haben: Halte nie wieder deinen Kopf für einen Führer, eine Sache, eine Ideologie oder *irgend etwas* hin. Das jedenfalls hat das Dritte Reich gründlich besorgt. Es hat ein seelisch verkrüppeltes, freudloses, manisch arbeitendes Volk ohne Orientierung hinterlassen, das bitter über die Vergangenheit und besorgt über die Zukunft ist.

Der italienische Schriftsteller Primo Levi, ein Auschwitz-Überlebender, schreibt, daß viele, die glauben, an der Zukunft zu leiden, tatsächlich mit ihrer Vergangenheit kämpfen. Einerseits fühlte ich Trauer, als ich die Brutalität einer Diktatur erkannte, die wie eine Schablone gewirkt und ihrer Ideale beraubte, deprimierte Figuren zurückgelassen hatte, die ihr Gefühl und ihr Gewissen nach und nach in den blutigen Spuren des Krieges verloren hatten. Andererseits jedoch, als ich mir diese irgendwie bemerkenswert störrischen und ignoranten Kämpfer, die soviel Zähigkeit und so wenig Mitgefühl besaßen, ansah und anhörte, kam die Wut wieder mit unverminderter Stärke in mir hoch, und ich wußte, worin für mich ihr Verbrechen bestand – ein Verbrechen, das ich noch spüren konnte und das nicht verjährt: Nichts, was in ihrem Namen geschah und was sie selber getan oder zugelassen haben, scheint ihnen leid zu tun. Unter den vielen tausend Sätzen, angeführt von Klassikern wie »Wir haben nichts gewußt«, »Ich war immer dagegen«, »Ja, und was hat der Russe alles gemacht?«, »Es gab doch auch viele gute Sachen im Dritten Reich«, kamen die Wörter »Scham«, »Bedauern«, »Mitleid«, »Reue«, »Einsicht« und »Trauer« so gut wie nicht vor. »Das mit den Juden hätte nicht passieren dürfen«, war noch eine der engagiertesten Formen von Mitgefühl. Eine Gruppe von Leuten, die sechs Millionen ermordeter Menschen damit aufrechnete, daß unter Hitler dafür aber die Frauen nachts gefahrlos und unbelästigt mit ihrer Handtasche durch die Straßen gehen konnten, jagte mir Furcht und Entsetzen ein.

Und wir, die Söhne und Töchter dieses reuelosen, unbarmherzigen Volkes? Ich glaube, wir haben die Möglichkeit, uns gegen diese Gefühllosigkeit zu wehren. Natürlich haben un-

sere Eltern ihre Unfähigkeit zu trauern an uns weitergegeben, aber indem wir anfangen, uns ihnen gegenüber Gefühle von Mitleid zu erlauben, sie in ihrer Empfindungslosigkeit zu sehen, werden wir sie auch wegen ihrer Trauerlosigkeit betrauern können.
So sehr ich auch an den Deutschen verzweifelte, ab und zu geschah bei Kaffee und Keksen ein kleines Wunder. Ich traf Menschen, die die Nazis gehaßt und von Anfang an durchschaut hatten, auch wenn sie den mörderischen Abfahrtslauf ihres Landes in den Abgrund nicht stoppen konnten. Dasselbe Potential, das niedrige, brutale Schreibtischtäter und stumpfe Befehlsempfänger züchtete, brachte ebenso wundervolle, ungebrochene, kämpferische Menschen hervor wie eine ganze Reihe risikobereiter Sozialisten und Kommunisten, die sich nicht von den Nazis hatten einschüchtern lassen, sowie einige Mitglieder von antifaschistischen Organisationen. Diese Handvoll weiser, reflektierender Männer (und Frauen), alle alert, engagiert und kompromißlos, sind auch die, die mit der Aufarbeitung der Vergangenheit beschäftigt sind. Sie können sich Entrüstung und Mitleid leisten, weil sie auch gestehen dürfen, daß sie sich verraten, verkauft, betrogen und benutzt vorgekommen sind. Diese eher seltenen Individuen fachten meine schon fast erloschene Flamme der Hoffnung neu an. Und sie machten es möglich, daß ich zwar mit blauen Flecken, ansonsten aber heil von meinem Kopfsprung in den Abgrund, genannt Vaterland, wieder aufgetaucht bin.
Ich vermute, daß das generelle Mißtrauen, das die Deutschen sehr stark ausstrahlen, nicht nur auf dem Betrug durch ihren Führer basiert, sondern auch etwas mit ihrer tiefen Verwirrung über ihr eigentümliches Schicksal zu tun hat, daß sie am Leben bleiben durften, während so viele andere sterben mußten. Warum haben sie überlebt? Wenn es wirklich Gerechtigkeit gäbe, dann würden es die Unterdrückten und die Opfer verdienen zu überleben, nicht die Unterdrücker. Die Deut-

schen begriffen auf eine ganz intuitive Weise, daß ihr Überleben ein unverdientes, irrationales Geschenk war, nach dem man sofort gierig greifen und das man festhalten sollte, ohne Fragen zu stellen. In einem großzügigen, mitfühlenden Menschen würde der Umstand des Überlebens durch Glück Bedauern für die weniger Glücklichen hervorrufen; nicht so bei den Deutschen. Es liegt daran, daß es ihnen an Nächstenliebe fehlt, daß sie nicht über ihr eigenes Leid hinwegsehen und den Opfern die Hand reichen können.
Die Deutschen haben nie einen menschlichen Tribut für das Leid gezahlt, das sie anderen zugefügt haben. Statt dessen boten sie Geld an. Und obwohl die deutsche Regierung immer noch »Wiedergutmachung« an ehemalige jüdische Verfolgte zahlt, ist diese Aktion genauso eine administrative Angelegenheit, wie es das Töten derselben Gruppe einmal war. Beiden Abwicklungen fehlt die Vorstellungskraft des Leidens, die emotionale Identifikation. Behörden schieben wieder einmal Nummern, Namen und Akten hin und her, und Bürokraten sollen dann anhand von Papieren, nicht Schicksalen, den »Schaden« beurteilen und klassifizieren, den ein Mensch, der aus rassischen Gründen eingekerkert wurde, erleiden kann. »In welchem KZ waren Sie? Können Sie beweisen, wie sehr Sie gelitten haben?«
Jean Améry, der österreichische Philosoph und Auschwitz-Überlebende, der sich 1978 das Leben nahm, schrieb, daß niemand, der einmal Folterungen erleiden mußte, je wieder unbekümmert leben könne, weil die Greuel der Vernichtung nie ausgelöscht würden. Wenn die jüdischen KZ-Überlebenden mit ihren Erinnerungen an Folterungen, Herabsetzungen und Demütigungen leben und vor Traurigkeit und an gebrochenem Herzen sterben mußten, warum ging es den Deutschen dann nicht ebenso? Wie haben sie das alles abgeschüttelt? Fühlen sie sich sogar im Leiden überlegen?
Die Wahrheit ist, daß auch die Deutschen gefolterte Menschen sind, sie es als Unterdrücker auch sein sollten – sie

haben eine nicht wiedergutzumachende Schuld auf sich geladen. Deutschland ist ein Land in Trauer, ein Land, das vor langer Zeit in eine tiefe Depression verfallen ist, aus der es sich nicht befreien kann, trotz seines materiellen Reichtums. Auch die Deutschen sind zu Verfolgten geworden, in ihren Träumen, Erinnerungen und Gedanken. Sie sind Gefangene einer Schuld, die sie nie anzuerkennen vermochten. Natürlich haben sie die kaltblütige Ausrottung anderer Menschen nicht ohne substantiellen psychologischen Schaden überstanden – aber sie sind sich dessen nicht bewußt. Täter und Opfer verbindet die Tat, und mit jedem einzelnen ausgelöschten Leben in den Gaskammern, Öfen und Gräbern starb, zusammen mit den Gemordeten, auch etwas in den Mördern. Der Rauch, der aus den Öfen der Todeslager in den Himmel stieg, war mit einer metaphysischen Substanz vermischt, die den Schuldigen verlorenging, die nicht ersetzbar ist und die ihnen ihr Leben lang fehlen wird. Ihre Seelen sind beschädigt worden, und so wird ihnen, was sie nach dem Krieg so verzweifelt suchten, für immer verweigert sein: Frieden und Glück.

11

Es ist doch noch gar nicht so lange her

Wegen der Übersetzung ins Deutsche verbrachte ich mehrere Monate in Deutschland und konnte so meine Detektivrolle wiederaufnehmen, durch die ich schon damals bei meinen Recherchen für das Buch einige schwer verdauliche Wahrheiten hatte entdecken müssen. Ich hörte mich um und stellte schon bald fest, daß die Verdrängung mittlerweile mehr und mehr mit der Behauptung verbrämt wird, man habe sich nun lange genug mit der – so weit zurückliegenden – Vergangenheit beschäftigt. Ich mußte daran denken, wie ich in den letzten Jahren in New York wissend, fast mitleidig gelächelt hatte, wenn mir ein neustolzer junger Deutscher beteuerte, daß man sich ja nun mit der Nazi-Zeit genügend beschäftigt, sie verarbeitet habe und somit endlich aufatmen könne, befreit von der Last. Ich weiß dagegen, daß sie immer wiederkommen, sich heranschleichen und zuschlagen wird, diese deutsche Vergangenheit, weil sich die in die Versenkung verbannten, nie hinreichend beantworteten Fragen stets in alter Frische ins Bewußtsein bohren.
Allerdings soll hier auch nicht verschwiegen werden, daß sich jedesmal, wenn sich ein neuer Schub dunkles, zählebiges Gedankengut aus der Zeit der Herrenrasse, des Siegestaumels und des Völkermordes über die Deutschen ergießt und ihnen die Poren verstopft, sich doch immer wieder einige

junge, mittelalte und manchmal sogar sehr alte Deutsche entschließen, das Risiko einzugehen und gefährliche Geschichtsausgrabungen zu machen, während andere diese Chance mit großer Entschiedenheit ablehnen.
Diese Ablehnung der Beschäftigung mit der deutschen Vergangenheit ist inzwischen zu einem natürlichen und legitimen Zustand geworden, der wenig Betroffenheit zu produzieren scheint. Die blutigen Spuren der Nazi-Vergangenheit haben alle Deutschen hinterlassen, unabwaschbar, und ohne Nazis hätte es keine DDR gegeben. Erbe und Last sind deshalb für die Nachkriegsgeneration in Ost und West die gleichen, auch wenn die Verdrängung in beiden Staaten in verschiedene Formen gepreßt wurde. Endlich, im vereinten Deutschland, gäbe es heute die Chance, sich gemeinsam mit der Nazi-Vergangenheit auseinanderzusetzen, den Holocaust gemeinsam anzunehmen, um dann die auf einer so grauenvollen Geschichte aufgebauten beiden deutschen Staaten in ihren verschiedenen Staatsformen und -entwicklungen zu verstehen. Nicht in der geradezu lustvollen Verdrängung und der immer mehr zur Nichtigkeit gemachten deutschen Geschichte liegt die Möglichkeit des Kennenlernens – von dem berühmten »Zusammenwachsen« sollten wir nicht so schnell reden –, sondern im Austausch und der Konfrontation dessen, was uns immer noch bedrücken sollte.
Mir kommt inzwischen die häufig dahingesagte Erklärung: »Ich interessiere mich nicht für das Thema«, wahnsinnig arrogant vor, als gäbe es bei »diesem Thema« die Möglichkeit, sich dafür oder dagegen zu entscheiden, je nach Vorlieben und Aversionen. Wie kann jemand, *irgend jemand,* nicht an diesem Thema interessiert sein, wo doch die Auseinandersetzung damit für alle Menschen lebensnotwendig ist?
Es gab wundersame Erklärungen, Ausreden und Ausflüchte, mit denen einige Deutsche die englische Fassung dieses Buches und meine für sie unverständliche »Besessenheit« mit diesen »uralten Dingen« kommentierten, die eine solch über-

triebene Aufmerksamkeit nun wirklich nicht verdienten. Dazu kamen befremdliche Blicke, leises Kopfschütteln und sogar eine Art von falscher Besorgnis, die in der Frage gipfelte: »Sag mal, was ist eigentlich dein Problem?« Überhaupt scheint es nach vorherrschender Meinung nur einer ganz bestimmten Personengruppe gestattet zu sein, kritische Bemerkungen, Beobachtungen und Beschwerden zu äußern, nämlich Menschen, die nachweisbar selbst im ganz engen Sinne betroffen sind – wie die Kinder von Nazi-Verbrechern oder KZ-Überlebenden – und mit traumatischen Konflikten zu kämpfen haben. Ich konnte ja noch nicht einmal einen waschechten Nazi-Vater vorweisen und mußte auf beiden Kontinenten verblüfften Menschen auseinandersetzen, daß man keine Nazi-Eltern haben muß, um den Würgegriff der Vergangenheit zu spüren, die, ganz gleich, was für Eltern man hatte, so voller Grauen ist.

»Ich kenne das alles, so wie du aufgewachsen bist und so, da ist nichts Neues dran«, urteilte eine Deutsche, und der enttäuschte Unterton war nicht zu überhören. Warum muß ich etwas »Neues« erfinden, wenn das »Alte« noch so unreflektiert und unverarbeitet ist, oder »Sensationelles« über eine Zeit enthüllen, die gerade wegen ihres »Alltäglichen« unser aller Leben und Charakter so sehr geformt und beeinflußt hat, daß wir auch heute noch daran zu ersticken drohen?

Eine Frau meines Jahrgangs hielt sich für kompetent genug – immerhin war sie Journalistin und hatte das Ohr direkt am Puls des Volkes –, mir als Stellvertreterin der deutschen Leserschaft schonungslos ihre Analyse zu unterbreiten: »Ach, das Thema interessiert uns hier nicht so, ich kann mir gut vorstellen, daß die Amerikaner von so was mehr fasziniert sind. Es gibt hier ja genug Bücher und Berichte.« Genug? Als ob die Quantität der Versuche, sich mit Nationalsozialismus und Holocaust auseinanderzusetzen, gleichbedeutend mit einer gelungenen Verarbeitung wäre und als ob »dieses Thema« jemals abgeschlossen sein könnte. Und warum sollten die

Amerikaner oder sonst irgendein Volk, *mehr* an »dem Thema« interessiert sein als diejenigen, die die Urheber des so perfekt ausgeführten Vernichtungsprogramms waren? Das ist etwa so, als würde mir ein Amerikaner erklären, daß es nur natürlich und verständlich sei, daß sich die Deutschen stärker für den Vietnamkrieg und die Rassenprobleme interessierten als die Amerikaner selbst.

Durch die amerikanische Ausgabe dieses Buches, die im Mai 1989 unter dem Titel »What Did You Do in the War, Daddy« in einem New Yorker Verlag erschien, hatte ich Gelegenheit herauszufinden, wie denn unsere Befreier, Freunde und Verbündeten mit dem »deutschen Thema« umgingen, und ich war irrsinnig gespannt. Mir wurde versichert, daß das Buch natürlich besonders Juden, Intellektuelle und deutschstämmige Amerikaner ansprechen werde, was bis auf die Intellektuellen auch zuzutreffen schien. Es passierten genau die schönen und überraschenden Dinge, die sich ein Autor immer erträumt: Allem Anschein nach hatte ich einige Menschen mitten ins Herz getroffen und wurde mit bewegenden Briefen und manchmal einem wortlosen Händeschütteln belohnt – was mir bewies, daß ich mit meinen Gefühlen, meiner Wut, meinen Ängsten und meiner Betroffenheit nicht allein war.

Ein Vietnamveteran kam nach einer Lesung zu mir und gestand, daß auch er mit seinen Kindern nicht über den Krieg sprechen könne, obwohl er die Gefahr durchaus erkenne, die Schweigen und Verdrängung mit sich brächten, er könne aber die schrecklichen Erinnerungen einfach nicht herauslassen. Zwei achtzehnjährige Schülerinnen hingegen, die seine Töchter hätten sein können, wollten gleich nach Hause laufen, um ihre Väter, die in Vietnam gewesen waren, endlich zum Sprechen zu bringen. Die Briefe, die meist von Männern und Frauen aus verschiedenen Altersgruppen mit deutsch-jüdischer/amerikanischer Abstammung kamen, sprachen fast alle von Aussöhnung, Verständigung, Selbstkritik – und Trost, nämlich für mich. Sie wollten mir helfen, mich von der, ich glaube für sie immer noch nicht verständlichen, Scham, Deutsche zu sein, zu befreien. Ein Jude aus Brooklyn schrieb mir: »Ich finde, Sie sind ein bißchen zu hart mit Ihrem deutschen Vaterland, denn es ist wertvoller, als es Ihnen erscheint. Es ist zwar verständlich, wie Sie sich fühlen, doch lassen Sie mich Ihnen versichern, daß die Nazi-Verbrechen nicht spezifisch deutsch waren. Es wird auch in Zukunft solche Verbrechen geben, vielleicht sogar in den USA.« Oder, wie es ein anderer Leser ausdrückte: »Das Potential, Nazi zu werden, tragen wir alle in uns.«

Immer wieder machte man mich darauf aufmerksam, daß wir alle – also nicht nur die Deutschen – uns mit dem Holocaust auseinandersetzen müssen, weil es nur so möglich sei, eine Wiederholung der Greuel zu verhindern. Ich war dankbar dafür, weil mir das in diesen Tagen als die wichtigste Richtung in der Vergangenheitsbewältigung erscheint.

Auf jeden fünften Brief kam ein Brief ohne Absender, und ich wußte bald, was das bedeutete. Von antisemitischen Feiglingen wurde mir die »Auschwitz-Lüge« aufgetischt, mit Broschüren und gedruckten Handzetteln, die Gaskammern, Deportationen und die Authentizität von Anne Franks Tagebuch anzweifelten. Auch das ist Amerika – ein Land, in dem ich die antisemitischsten Bemerkungen meines Lebens gehört habe.

Vielen Menschen tat ich offensichtlich leid, Menschen, die sich in der Rolle der verständnisvollen Unschuldigen mächtig wohl fühlten und die Hoffnung aussprachen, daß ich eines Tages von meinem deprimierenden Leiden und meinem »Selbsthaß« genesen würde. In Holland, wo mein Buch im Herbst 1989 erschien, fragte mich eine Reporterin, ob ich mir vorstellen könne, vor fünfzig Jahren auch Nazi gewesen zu sein, keine so absurde Frage, hätte sie sich dabei selbst miteinbezogen. Da waren sie wieder, diese Abgrenzungen durch Nationalitäten, die dazu benutzt werden, diese oder jene Verbrechen diesen oder jenen Völkern zuzuordnen, damit keinerlei globale Verantwortung und Schuldfrage entstehen kann. Aber ist das nicht die einzige Chance, die Verbrechen der Nazis als Verbrechen zu sehen, die von *Menschen* ausgeführt wurden – und daher potentiell auch von uns? Nur so können sich doch *alle* Deutschen – auch die ganz jungen – und die übrige Welt angesprochen und persönlich betroffen fühlen.

Ich möchte an dieser Stelle aus einem Brief zitieren, den mir eine in den USA lebende Jüdin auf mein Buch hin geschrieben hat. Er zeigt gut, wie wenig »national« Vergangenheitsbewältigung, Schuldanerkennung und Leiden wie Mitleiden sind: »Ich bin 1945 in Breslau, im heutigen Wroclaw, in Polen geboren – meine Eltern sind jüdische Überlebende des Holocaust–, und ich möchte Dir dafür danken, daß Du dieses Buch geschrieben hast. Ich weiß, wie viele schmerzliche Seelenausgrabungen dafür nötig waren. Unsere Reaktionen auf den Holocaust, obwohl von verschiedenen Seiten, sind so ähnlich, daß ich jetzt genau weiß, daß das Dritte Reich genauso tiefe Wunden in seine eigenen Kinder wie in die seiner Opfer geschlagen hat. Für mich verdoppelt das die Tragödie, aber es gibt mir auch ›Seelenkameraden‹.

Breslau 1945 war so ähnlich wie Hamburg 1946, ausgebombt und voll von verwirrten, verlorenen Seelen, die noch nicht ganz aus dem Alptraum erwacht waren. Mein Vater, ein polnischer Jude von vierundzwanzig Jahren, der aus einer großen orthodoxen Familie aus Lodz stammte, war mit neunzehn nach Rußland geflüchtet und kam mit einer schwangeren, jüdisch-russischen Ehefrau zurück in ein völlig niedergemachtes Polen. Er erfuhr, daß nicht nur seine ganze Familie, sondern fast die gesamte jüdische Bevölkerung ermordet worden war. Das hat ihn für immer verändert und zu einem stummen, düsteren Mann werden lassen. Meine Kindheit, nein, mein ganzes Leben, ist von seinem ewigen Schmerz und seiner Trauer überschattet worden.

1946 kamen wir in ein DP-Lager in Deutschland und ließen uns für ein paar Jahre in dem idyllischen Kurort Bad Reichenhall nieder, bis wir 1952 nach Amerika auswanderten. Wir wurden nach Denver in Colorado geschickt, zusammen mit dreihundert anderen Überlebenden, deren Gesichtern und Geschichten ich seitdem vergeblich zu entfliehen versuche. Du denkst, Deutsche zu sein ist eine Bürde. Versuch's mal mit Jüdin. Mein ganzes Leben lang hätte ich alles gegeben, um jemand anderes zu sein. Es ist schrecklich, Teil einer Gruppe von Menschen zu sein, die einmal ausgerottet werden sollte.

Ich habe niemals die Deutschen ganz allein für verantwortlich gehalten. Ich habe in meinem Herzen einen sehr bitteren Platz für die Polen reserviert, die so eifrig die jüdische Bevölkerung an die Nazis ausgeliefert haben. Die meisten der Lager waren in Polen. Die Deutschen haben lediglich den Polen ermöglicht, das auszuführen, was sie sowieso wollten. Und Amerika, oh, großes Amerika – wo war Amerika in dieser Sache? Ja, wo? Ohne Pearl Harbor hätte sich Amerika niemals in den Krieg eingemischt. Wenn die Deutschen gewonnen hätten, wäre Amerika das erste Land gewesen, das einen Botschafter ins Dritte Reich geschickt hätte. Amerikanische Juden sind auch schuldig – sie haben nichts getan, um ihresgleichen zu retten.

Genau wie Du schreibst, sind die meisten Amerikaner, selbst die amerikanischen Juden, dieser außerordentlichen Tragödie gegenüber gleichgültig. Amerikanische Juden, genau wie die Deutschen, setzen sich nicht emotional mit dem Geschehen auseinander. Was sie tun ist, sich keinen Mercedes kaufen oder Deutschland nicht betreten. Das ist alles. Sogar meine engsten Freunde, alles belesene, gebildete Leute, sagen Dinge wie: ›Vergiß es! Es ist doch schon so lange her. Die Nazis sind doch inzwischen alle tot.‹

Tote Juden interessieren nicht, *das* ist der Grund, warum die Deutschen so einfach davongekommen sind. Sie haben nur einen Job getan, dem der Rest der Welt soweit zustimmte.

Unser beider Leben scheinen Spiegelbilder zu sein – mit

schwierigen Kindheiten, umgeben von düsterem Schweigen, bis zu Rebellion, Flucht und Versöhnung. Du und ich, wir sind sehr dicht am Abgrund. Wir können hineinsehen. Unsere Eltern haben ihn gesehen, aber können nicht darüber sprechen. Die kommenden Generationen werden sprechen, aber ohne direkte Verbundenheit, ohne zu fühlen, worüber sie sprechen. Wir können diesen Abgrund fühlen *und* über ihn sprechen. Das ist unsere besondere Position in der Geschichte. Ich umarme Dich als meine spirituelle Schwester. Wenn Du die Schande für sechs Millionen Tote auf Dich nehmen kannst, dann erlaube ich mir, Dir sechs millionenmal zu vergeben. Ich vergebe Dir aus meinem tiefsten, verwundeten Herzen und sage, Sabine, du bist frei. Weil wir uns gegenseitig ansehen können, können wir uns von unserer schrecklichen Bürde befreien. Zu sehen, daß es Deutsche in meinem Alter gibt, die sich bereit erklären, den Sarg mit mir zu tragen, ist die größte Befreiung, die ich in meinem Leben erfahren habe.«

Interessanterweise nahm eine ganze Anzahl Amerikaner an, daß »so ein Buch« ganz bestimmt von deutschen Lesern verschlungen würde, eine Annahme, der ich mit gewissen Zweifeln begegne. Die Frage tauchte überhaupt immer wieder auf: »Wie werden die Deutschen darauf reagieren?« Ich hatte und habe keine zuverlässige Antwort darauf, nur ein Gefühl, das mir empfiehlt, mich auf alles gefaßt zu machen: totale Ablehnung, vorgeschobenes Desinteresse, Empörung, schärfste Kritik wegen »Unsachlichkeit«, aber auch Betroffenheit, Identifikation und vielleicht sogar Begeisterung.

Eine häufig geäußerte Frage meiner amerikanischen Leser lautete: »Was denken eigentlich die ganz jungen Deutschen über ihre Vergangenheit?« Ich mußte ungewisse Antworten geben, denn ich habe selbst ziemlich unterschiedliche Reaktionen erlebt und von Ansichten gelesen, von denen ich ganz besonders eine kaum ertragen konnte, weil ich mich, vor

fünfundzwanzig Jahren, darin wiedererkennen konnte, nämlich: »Ich habe nichts damit zu tun, ich bin unschuldig.« Ja, und? Persönliche Schuld oder Unschuld sollten doch nicht den Beschäftigungsgrad mit einer außergewöhnlichen historischen Entwicklung eines Volkes bestimmen. Aber natürlich steckt Altbekanntes hinter diesem Unwillen. Wie immer, wenn Gefühle zu stark, zu verwirrend und bedrohlich sind, werden Rationalisierungen zu Hilfe genommen. Natürlich, objektiv gesehen, trifft weder meine noch die nachfolgende Generation irgendeine reale Schuld, aber was schon mich und meine Altersgenossen gequält hat, nämlich die verdrängte Schuld unserer Eltern, quält, wenn auch wohl mit weniger Intensität, auch die heute Zwanzigjährigen. Und während die nicht erfolgte Vergangenheitsverarbeitung unserer Eltern meiner Generation vererbt wurde, wurde die heute junge Generation gleich doppelt bedacht: mit der Nichtverarbeitung unserer Generation und der unserer Eltern.
Die Forderung unzähliger junger Deutscher, daß nun endlich mit der verdammten Nazi-Vergangenheit aufgehört werden soll, weil's ihnen aus den Ohren herauskommt, ist eine Abwehr und ein Schutz, der schon von meiner Generation und der meiner Eltern benutzt wurde. Warum auch sollten sie anders reagieren? Die Tragik der Wiederholung ist hinreichend bekannt.
Unsere Lehrer waren Kriegsteilnehmer. Sie sagten nichts – wir spürten den Widerstand gegen das Thema. Die jungen Lehrer heute sagen eine Menge, ihren Widerstand – den es durchaus gibt – spürt man in den Berichten und Informationen, denen trotz der Fülle die unmittelbare Eindringlichkeit fehlt, die bei diesem Thema so nötig ist. Die Augenzeugen der Nazi-Ära haben selbst nie das Wort ergriffen, und für diese Authentizität unserer Eltern und Großeltern gibt es keinen Ersatz, da kann ein Lehrer noch so großartig und bemüht sein. Das Gefühl der Betroffenheit wird immer mehr abgeschwächt, weil der direkte Druck weg ist. Und man muß

auch sehen, was ihre Ablehnung erleichtert: daß den jungen Leuten seit Jahren von allen Seiten Nazi-Themen zugeschoben werden, in der Schule, im Fernsehen, im Kino, in Zeitschriften. Noch nie gab es soviel Aufklärung wie in den letzten zehn Jahren, was ganz eindeutig eine Überkompensation all der Stummheit und Versäumnisse ist, denen *wir* ausgesetzt waren. Es ist kein Wunder, wenn sie bei dieser Überbelastung und Überfütterung fühlen, daß ihnen zuviel aufgebürdet wird, daß von ihnen verlangt wird, auch noch die Schuld und das schlechte Gewissen ihrer Eltern und Großeltern aufzuarbeiten. Sie können diese Arbeit nicht für uns übernehmen, sondern nur mit uns.

Es hat keinen Sinn, Jugendliche in KZ-Gedenkstätten und Ausstellungen zu schicken, ihnen Filme, Monumente und Bilder zu zeigen, läßt man sie anschließend damit allein. Eltern und Lehrer müssen sich zusammen mit ihnen der Auseinandersetzung stellen und dürfen nicht den Eindruck erwecken, persönlich nichts damit zu tun zu haben. Jugendliche merken, wie ich es damals getan habe, daß hinter einer derartig vordergründigen Offenheit Unbewältigtes, Schmerz und Unbehagen verborgen sind, und sie werden wie wir nicht von sich aus an etwas rühren wollen, was unergründliche Gefahren bereithalten und sogar belastend sein könnte.

Es ist für die ganz jungen Deutschen natürlich leichter, als es für uns gewesen ist, sich von der Vergangenheit zu distanzieren. Sie sind in ein glänzendes, glattes, reiches Wirtschaftswunder hineingeboren worden, sind aufgewachsen in einer Überfluß- und Konsumgesellschaft, in der die Spuren der physischen und psychischen Vernichtung längst vergessen und vergraben schienen. Sie kennen keine Trümmerspielplätze, keine Linsensuppe im blechernen Kochgeschirr in der Schule, keine großen Säume an eingefärbten Militärdecken-Mänteln und keine Kriegsheimkehrer mit einem Bein.

Doch entgegen ihren Vorstellungen und Wünschen haben sie viel mit der deutschen Vergangenheit zu tun, denn sie leben in dem Land, das noch immer in einer Nachkriegsdepression erstarrt ist, unfähig zu bedauern und zu trauern. Deutschland ist noch immer das Land, das nicht bewußt Buße getan hat. Noch immer das Land der kalten Blicke, harten Stimmen, der unbarmherzigen Forderungen nach Ordnung und Pflichterfüllung, der gefühllosen Urteile anderen gegenüber. Noch immer ein tränenloses Land.

Eine schädliche Entwicklung der letzten Jahre ist die immer wiederkehrende Lüge von der »unbelasteten jungen Generation«. Auch die jungen Deutschen sind belastet, und ich glaube, sie fühlen es. Zumindest für junge Deutsche, die in Ländern und Städten mit einem hohen Anteil von Juden gewesen sind – soweit das möglich ist–, hat sich sehr wohl nach einigen Versuchen von Abwehr, unterstützt durch die Erklärung: »Ich habe doch selbst nichts getan«, eine Beklommenheit, eine Art Schamgefühl eingestellt. Doch Traurigkeit, Mitgefühl und selbst eine Spur von Scham sind gesund. Warum nur wird immer wieder versucht, diese Gefühle abzuschwächen und sie den jungen Leuten auszureden, anstatt sie zu ihnen zu ermutigen oder, noch besser, sie mit ihnen zusammen zu empfinden? Wohl am entscheidendsten ist, daß jüngere Menschen zwar keine persönliche, reale Schuld anerkennen müssen, daß sie aber lernen, Leiden anzuerkennen und zu empfinden. Sie müssen verstehen, daß das Leiden der anderen kein »verdientes« Leiden war und auch kein unglücklicher Zufall der Geschichte, der jedem anderen Volk ebenso hätte passieren können. Außerdem müssen sie verstehen, daß Geschichte von Menschen gemacht wird, die einmal erzogen worden sind, die Lehrer und Eltern, Politiker und Vorbilder hatten, die ihrerseits von Eltern und Lehrern großgezogen wurden, die unentrinnbar die Erfinder, Unterstützer und Ausführenden des Holocaust waren.

Es muß gelingen, sich mit der Geschichte zu verbinden und sich nicht von ihr abzugrenzen. Man muß Geschichte an die Haut lassen, die Fähigkeit entwickeln, auch in diesem Sinne

Intimität zuzulassen, Berührungsängste müssen abgebaut werden, und das gilt nicht nur für die Deutschen. Genau wie Sexualität kann eine unliebsame, schamerzeugende Geschichte ein Geheimnis sein, über das zwar nach außen hin mit einer zur Schau getragenen Geschwätzigkeit offen geredet wird – um die erfolgreiche Bewältigung eines Tabus vorzutäuschen –, das aber dennoch von unbewältigten inneren Ängsten beherrscht wird. Unsere Geschichte sollte ein fester kontinuierlicher Bestandteil der Erziehung sein, der früh ansetzt und ins tägliche Leben miteinbezogen wird.
Genau wie es einigen meiner Generation möglich war, sich mit der Vergangenheit auseinanderzusetzen, sie anzunehmen und für sich nutzbar zu machen, zu einer Verarbeitung fähig zu sein, wird es auch heute und in Zukunft wieder eine Anzahl junger Deutscher geben, die sich nicht vor Gefühlen und unserer Geschichte drücken wollen, sondern sie in sich hineinlassen und verarbeiten, soweit das möglich ist.
Als eine, die auszog, die Vergangenheit gewaltsam von sich abzuschütteln, kann ich garantieren, daß sich, wenn man sie umarmt, ihre Bedrohung in eine ungewöhnliche Bereicherung und die Chance zur Selbsterkenntnis wandelt.
So empfindet es auch die amerikanische Jüdin, aus deren Brief ich bereits weiter oben zitiert habe: »Nach Jahren der Flucht erkannte ich, daß ich meiner Vergangenheit und der Bürde von sechs Millionen Toten – der Trauer in meines Vaters Augen – nicht entfliehen konnte und heiratete einen polnischen Juden, ebenso ein Kind von Holocaust-Überlebenden. Und dann dämmerte es mir eines Tages, und ich begann zu sehen, genau wie Du, daß der Fluch des Holocaust in Wirklichkeit auch ein Geschenk ist, das mir viel klargemacht hat. In unseren verzweifelten Versuchen, mit der Vergangenheit umzugehen, öffneten wir beide Türen, die wir nie zu öffnen gewagt hätten, und entdeckten Welten, die uns als Menschen bereichert haben. Heute haben wir eine reichere Gefühlsskala und sind subtilerer Wahrnehmung fä-

hig, weil wir unsere Probleme an den Menschen messen, die in den Todeszügen nach Auschwitz saßen, und erkennen können, wie wertvoll jeder Tag ist, verglichen mit dem Horror, den dieser Planet schon gesehen hat.«

Im Jahre 1990 war dieser Brief ein versöhnlicher und hoffnungsvoller Abschluß für ein Buch, das immerhin anfing: »Es ist immer noch kein besonderes Vergnügen, Deutsche zu sein. Es ist fast so wie eine Erbkrankheit, gegen die noch kein Mittel gefunden wurde.« Die sachte Hoffnung auf Genesung ist zerschlagen. Das Erbe ist wieder sichtbar, und mit ihm die Krankheit. Wieder hat es sich herangeschlichen wie ein hinterhältiger Verfolger – und mit aller Kraft zugeschlagen. Man mag der jungen Jüdin wahrlich nicht wünschen, heute in Deutschland zu landen – sie könnte ihre vergebende Haltung verlieren oder sogar ihr Leben und erneut an die Trauer in den Augen ihres Vaters erinnert werden.

Die Augen der Welt sind seit 1992 wieder voller Entsetzen auf Deutschland gerichtet. Eine erdrückende, Angst und auch maßlose Wut erzeugende Welle von Rassenhaß, übler rechtsradikaler Hetze, Antisemitismus, Naziparolen und Brandstiftungen, die in feigen Morden an zahlreichen Ausländern, Obdachlosen und Außenseitern ihren Höhepunkt fand, schwappt über Deutschland. Man hat im Westen wie im Osten wieder das Bedürfnis und auch die Gelegenheit, ganz ungehindert jüdische Grabsteine mit Hakenkreuzen zu beschmieren, »Sieg Heil« zu brüllen, des Führers Geburtstag zu feiern, die Lügen von der »Auschwitz-Lüge« zu verbreiten und Feuer ausgerechnet im ehemaligen KZ von Sachsenhausen zu legen. Dem »Ausländerpack« wird empfohlen, abzuhauen, jüdische Mitbürger, die der Todesmaschinerie wie durch ein Wunder entronnen sind, werden am Telefon mit »Dich haben sie damals leider nicht erwischt, aber wir werden dafür sorgen, daß du krepierst« bedroht.

Das klingt vertraut, doch es sind nicht die »alten Nazis«, mit deren Wünschen nach der Rückkehr des Führers und der KZs sich meine Generation in den späten 60er Jahren herumschlagen mußte. Es sind fast ausschließlich junge deutsche Männer ab 14 Jahren, die Enkelgeneration der Mitläufer und Täter von damals, deren abgestumpfte, häßliche Gesichter uns daran erinnern, daß Dummheit und Ignoranz tödlich sind und Verdrängung und Nichtwissen tatsächlich Wiederholung bedeuten können.

Als eine Art ironische Bestrafung für die Arroganz, mit der sich Westdeutschland die DDR einverleibt hat, hat uns Ostdeutschland mit einem wüsten Krach etwas in die so sorgsam aufgebaute Demokratie geschleudert, was alle verbannt, verjährt und vergessen glaubten. Die Quittung für die gemeinsam von Staat und Eltern in beiden Teilen Deutschlands begangene Sünde, die Vergangenheit verschwinden zu lassen und damit die Zukunft zu verbauen, ist da: ein brodelnder, brauner Sumpf, dumpfe Brutalität, bodenloser Haß und Ausrottungsphantasien, die denen des neuerdings wieder als Vorbild dienenden Original-Reichs in nichts nachstehen.

Daß junge Deutsche in der Lage sind, auch nur die winzigste Inspiration und Hoffnung aus der Hitler-Diktatur zu ziehen, die bekanntermaßen nichts außer Verbrechen, Zerstörung und Völkermord produziert hat, kann nicht allein ihre Schuld sein. Was sie über menschliches Leiden, Mitgefühl und Verantwortung hätten lernen sollen, haben sie nicht gelernt. Man hat es ihnen fahrlässigerweise nicht beigebracht. Die zwei Generationen vor ihnen haben wohl, ob sie es wollten oder nicht, einen Hauch nostalgischen Herrenrasse-Glorienscheins oder zumindest einen Deut Zustimmung zu der Zeit der grassierenden Menschenverachtung übermittelt. Es ist nur möglich, diese Form des Hasses auf andere Menschen zu empfinden und zu schüren, wenn man über die Vergangenheit nichts weiß oder ihr nicht glaubt, weil man nicht mit überzeugender Eindeutigkeit darauf hingewiesen wurde. Die andere Ursache für diesen erschreckend unbändigen Wunsch nach der Vernichtung anderer Menschen ist noch dieselbe wie vor 50 Jahren: Wir sind weit davon entfernt, eine Nation zu sein, die Kindern Güte, Großzügigkeit und Respekt entgegenbringt. Statt·dessen werden sehr viele von ihnen geprügelt, gedemütigt und psychisch zerstört. Was nachbleibt, ist die Suche nach Sündenböcken für das eigene Elend und nach Kompensation für die Gefühle von Wertlosigkeit, der Wunsch nach Nationalstolz als Ersatz für persönliches Selbstbewußtsein.

An vielen Orten der Welt ist in letzter Zeit ein Wachsen des Rechtsextremismus zu beobachten, aber Deutschland ist ein besonderes Land. Was viel mehr in Erschrecken versetzt als idiotische Kritik an Ausländern und verquaste politische Ansichten, ist die geifernde Gier dieser schaurigen Jung-Stürmer nach der Ausrottung mit Stumpf und Stiel von allem, was nicht »rein deutsch« und unterwerfungswillig ist. Was Angst erzeugt, ist ihre kalte Erbarmungslosigkeit, das Fehlen jeder hitzigen, leidenschaftlichen Wut, die reine Freude am Quälen und Zerstören.

Ich habe in den letzten 15 Jahren in den USA Deutschland häufig verteidigt. Ich tat es aus Überzeugung – zu viele Berichte und Fragen beruhten auf bequemen Vorurteilen, die auf der Nazi-Vergangenheit aufgebaut waren. Doch es ist schwerer geworden, brennende Häuser, Rassenhaß und »Heil Hitler« grölende Jugendliche wegzureden.

Der Staat und eine breite zivile Opposition sind zwar dabei, den Eindruck von Gleichgültigkeit und Machtlosigkeit geradezurücken, indem sie zeigen, daß sich weder der braune Pöbel noch angeödete und ziellose Jugendliche in einer Demokratie mörderisch austoben können. Doch was ist mit der

wirklichen Gesinnung vieler junger und nicht so junger Deutscher? Hat Werner Lansburgh recht, wenn er seine Zweifel über die wahre Farbe Deutschlands in diesem Buch anmeldete? Kommt unter dem neuen Lack das verfluchte alte Braun wieder zum Vorschein, wenn man lange genug kratzt?
Die Morde der Neonazis haben den Nebel der Verharmlosung zerrissen, die anfängliche »Betroffenheit« hat sich in Horror verwandelt, dem sich selbst Politiker nicht mehr entziehen können. Doch sie tun sich schwer mit echter Entrüstung und wahrhaftiger Scham, denn diese kommen aus dem Herzen, nicht aus dem Verstand. Am Herzen aber hapert's in diesem Land. Die wenigsten Politiker haben sich selber mit der Nazivergangenheit auseinandergesetzt. Jetzt werden sie zum erstenmal in der Geschichte der Bundesrepublik dazu gezwungen, mehr zu tun, als pathetische Beileidsworte zu murmeln. Das ist positiv.
Deutschlands unbewältigte dunkle Last gehört diesmal uns allein. Keine Alliierten werden uns zwingen, von Intoleranz, Rassismus und Menschenverachtung zu lassen. Wir müssen selber erkennen, warum es in unserem Land wieder Judenwitze, Hetzschriften und Rockgruppen, die zur Gewalt auffordern, gibt – ja ein Bedarf danach besteht –, und müssen es auch selber ändern. Das ist die Aufgabe der Zukunft.